Unterwegs

Erarbeitet von
Elke Bleier-Staudt,
Katrin Bothe,
Günter Lange,
Jörg Ulrich
Meyer-Bothling,
Karin Schröer,
Eike Thürmann,
Günter Waldmann

Lesebuch für das 5. Schuljahr

Ernst Klett Schulbuchverlag Leipzig
Leipzig Stuttgart Düsseldorf

1. Auflage A 1 5 4 3 2 1 | 2008 2007 2006 2005 2004

Dieses Werk folgt der reformierten Rechtschreibung. Ausnahmen bilden Texte, bei denen künstlerische, philologische oder lizenzrechtliche Gründe einer Änderung entgegenstehen.

Internet: http: //www.klett-verlag.de

Redaktion: Herbert Schnierle-Lutz, Bad Teinach
Layout, Illustration und Satz: Uwe Häntsch, Berlin
Umschlagkonzeption: MetaDesign AG, Berlin unter Verwendung einer Illustration von Uwe Häntsch
Druck:
W-Nr. 300051 zur ISBN 3-12-309140-6

Teil 1 Unterrichtsvorhaben und Projekte

Leseabenteuer in Hieroglyphien

LESEN ÜBEN

Was tun mit Geschichten?

GESCHICHTEN VERSTEHEN

Bilder, Klänge, Gedichte

SPRACHSPIELE UND GEDICHTE

Es war einmal, es war keinmal

MÄRCHEN

Wozu eigentlich Bücher?

BÜCHERWELT

BILDER

Sprechende Bilder

BILDER LESEN

Projekt

Wir stellen unsere Schule vor

PROJEKT

Teil 2 Themen und Texte

Träumen

Mädchen und Jungen

Schelme, Narren und seltene Vögel

Tiere und Menschen

Jahreszeiten, Tageszeiten

Kinder anderswo

Den Römern auf der Spur

Auf dem Meer der Fantasie

Teil 3 Informationen

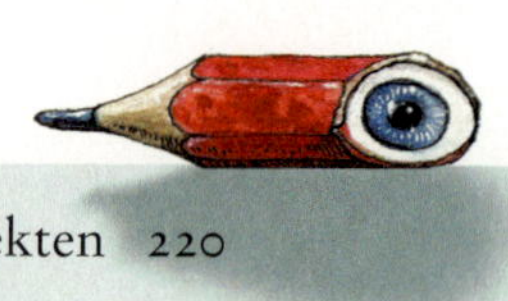

Teil 1
Unterrichtsvorhaben und Projekte

Leseabenteuer in Hieroglyphien

1 Im Reisebüro LETTER-JET

Alles begann mit diesem merkwürdigen Brief von Silke und Peter, der uns zwei Tage nach Ende der Sommerferien erreichte:

BY AIR MAIL 航空

liebefünfbe

holtunsbittesoforthierraus
wirsitzeninHIEROGLYPHIENfestundwennihrnichtinfünftagenein
wörterbuchinderzentralbibliothekdeponierthabtsindwirunse
resprachelos
umdiesezeilenschreibenzukönnenhabenwirdieerstenopferbrin
genmüsseneswirdfurchtbarwennihrnichtbaldkommt
buchtimreisebüroLETTERJET

eureverzweifeltensilkeundpeter

PAR AVION

Natürlich mussten wir der Sache sofort nachgehen. Und mit dem Besuch im Reisebüro LETTER-JET begann unser Leseabenteuer. – Leider haben Lena und Felix das Gespräch dort vor lauter Aufregung etwas unübersichtlich protokolliert. Aber ihr werdet den tatsächlichen Ablauf des Gesprächs sicherlich leicht herausfinden:

Reiseberater	Wir
Guten Tag, was darf es sein?	Klar doch. Wir haben keine Angst. Suchen Sie uns die beste Flugverbindung heraus.
Einen Augenblick. Ich hol mir eben noch meine Stoppuhr.	Sehr gut. Wie lange dauert denn so ein Flug?
Also: Express und Non-Stop.	Guten Tag. Wir brauchen dringend einen Flug nach Hieroglyphien.
Seid ihr da auch ganz sicher? Flüge nach Hieroglyphien sind nicht ungefährlich.	Worauf warten Sie noch? In fünf Tagen müssen wir spätestens in der hieroglyphischen Zentralbibliothek sein.
Also, das hängt ganz davon ab, wie schnell und wie sicher ihr den Vertragstext lesen könnt.	

Als der Reiseberater seine Stoppuhr geholt hatte, legte er uns folgenden Vertragstext vor, den wir laut vorlesen mussten, während er die Zeit stoppte:

FABELREISEN GESELLSCHAFT MIT BESCHRÄNKTER HAFTUNG

LETTER JET

Sehr geehrte Damen und Herren,

Sie haben Geschmack, aber auch Mut. Hieroglyphien ist ein noch weitgehend unbekanntes Reiseziel und wir, die Firma LETTER-JET Fabelreisen, sind das einzige Reiseunternehmen, das Verkehrsverbindungen zu dem Land der geheimnisvollen Sprachmagier unterhält. Herzlichen Dank für Ihr Vertrauen.

Die genaue Reisedauer nach Hieroglyphien ist davon abhängig, wie schnell und genau unsere Fluggäste diesen Vertrag lesen. Eine Tabelle mit den Punktzahlen und entsprechenden Flugstundenangaben finden Sie im Anhang zu diesem Vertrag. Wir weisen Sie darauf hin, dass Sie außerdem Punkte für das genaue Lesen des Vertragstextes erhalten, die ebenfalls in Reisezeit umgerechnet werden. Sie haben es also selbst in der Hand, wie schnell Sie an Ihr Reiseziel gelangen.

Für ausländische Reisende ist der Aufenthalt in Hieroglyphien zur Zeit nicht ungefährlich. Hieroglyphien wird von Bibliotheken aus durch so genannte Sprachmagier regiert. Diese Sprachmagier kämpfen gegenwärtig um die Herrschaft über die Zentralbibliothek der Hauptstadt und damit auch um die Macht über das gesamte Land. Halten Sie sich von diesen Personen fern, widrigenfalls kann Sprachverlust drohen. Außerdem wird von dem längeren Aufenthalt in Bibliotheken abgeraten. Infektionen durch Grammatikviren sind nicht vollständig auszuschließen. Auch diese verursachen Sprachverlust.

Das Reisen innerhalb des Landes ist beschwerlich. Die Einreise und das Benutzen öffentlicher Verkehrsmittel ist jeweils mit Leseprüfungen verbunden. Abhängig von Ihren Erfolgen oder Misserfolgen in den Lesekontrollen ist – Sie ahnen es sicherlich schon – Ihre Reisegeschwindigkeit. Bereiten Sie sich darauf vor, Texte ggf. auch laut vortragen zu müssen.

Sie verpflichten sich mit Unterschrift unter diesen Vertrag bis auf weiteres zum Stillschweigen über die genaue Lage des Landes, seiner Städte und Bibliotheken sowie über die dortigen Lebensbedingungen. Sie erkennen außerdem an, dass Sie bei Sprach- oder Schriftverlust LETTER-JET Fabelreisen gegenüber keinerlei Ansprüche geltend machen können.

....
(Unterschrift)

NEUHAUSEN AN DER BERGSTEIGE
TELEFAX 09901-44556677

Anhang zur Festsetzung der Reisezeiten:

TEIL A

Lesezeit	**Dauer der Anreise:**
weniger als 30 Sekunden	Aufschneider und Lügner werden von der Reise ausgeschlossen.
zwischen 30 und 60 Sekunden	1 Stunde
zwischen 60 und 90 Sekunden	12 Stunden
zwischen 90 und 120 Sekunden	18 Stunden
zwischen 2 und 3 Minuten	2 Tage
mehr als 3 Minuten	Lesen Sie zu einem späteren Termin den Vertragstext noch einmal.

TEIL B

Beantworten Sie bitte die folgenden Fragen. (Es ist jeweils nur eine Antwort richtig.) Für jede Aufgabe, die Sie nicht korrekt lösen, müssen Sie mit weiteren vier Stunden Reisezeit rechnen:

Die genaue Reisezeit nach Hieroglyphien ist abhängig von der
- ☐ Wahl des Flugzeugs
- ☐ Höhe des Flugpreises
- ☐ Genauigkeit und Schnelligkeit, mit der man den Vertragstext liest
- ☐ Schnelligkeit und Genauigkeit, mit der die Fluglotsen arbeiten

In Hieroglyphien droht Sprachverlust durch
- ☐ Wortviren
- ☐ Kehlkopfentzündung
- ☐ Grammatikmagier
- ☐ Grammatikviren

Reisende verpflichten sich, über die genaue Lage des Landes, seiner Städte und Bibliotheken
- ☐ Berichte zu schreiben
- ☐ Stillschweigen zu wahren
- ☐ jedermann Auskunft zu geben
- ☐ genaue Zeichnungen anzufertigen

Hieroglyphien ist das Land der
- ☐ heiligen Kühe
- ☐ geheimnisvollen Sprachmagier
- ☐ Knotensprachen
- ☐ Sprachcomputer

Die Benutzung öffentlicher Verkehrsmittel ist abhängig von
- ☐ Leseprüfungen
- ☐ Übersetzungen
- ☐ geltenden Tarifbestimmungen
- ☐ dem korrekten Gebrauch der Satzzeichen

Bei Sprach- oder Schriftverlust können die Reisenden
- ☐ ärztliche Behandlung verlangen
- ☐ gegenüber Hieroglyphien Ansprüche geltend machen
- ☐ gegenüber LETTER-JET Ansprüche geltend machen
- ☐ gegenüber LETTER-JET keine Ansprüche geltend machen

Na – wie lange hättet ihr gebraucht, um nach Hieroglyphien zu kommen?

2 Bei der Einreise nach Hieroglyphien

Wie merkwürdig Hieroglyphien ist, merkten wir spätestens nach Verlassen des Flugzeugs. Alle Reisenden wurden einzeln vor zwei große Türen geführt und erhielten einen Handzettel mit einem verschlüsselten Hinweis, welchen Weg sie zu nehmen hatten. Wer diesen Weg verfehlte, musste umgehend wieder die Rückreise antreten. So sah unser Handzettel aus:

K	U	X	L	I	N	K	E	A	R	A
O	V	R	O	S	Y	G	T	Ü	R	G
D	A	N	N	H	S	O	F	O	R	T
Z	K	O	P	N	R	E	C	H	T	S
U	N	D	F	T	U	X	D	I	E	V
N	Z	W	E	I	T	E	X	Q	B	A
T	Ü	R	J	R	W	B	A	U	F	S
R	D	E	R	S	E	C	D	E	T	E
A	O	S	D	O	L	I	N	K	E	N
X	T	H	N	Q	S	T	V	U	E	S
I	Z	Ä	R	W	L	Z	J	K	N	S
S	E	I	T	E	K	B	I	T	T	E
N	R	Ü	C	K	W	Ä	R	T	S	F
S	P	L	Ü	X	U	G	E	H	E	N

Natürlich haben die meisten von uns den Weg gefunden. Am Ende des Ganges war dann der Zoll. Die Abwicklung ging sehr schnell. Zwei Hieroglyphier hielten uns fest und ein dritter spiegelte uns die Augen. Welchen Zoll wir bezahlt hatten, merkten wir erst, als wir abends einen kurzen und vorläuflgen Relseberlcht In unser Tagebuch schrelben wollten:

L • ebes Tageb • ch, d • e Re • se nach H • eroglyph • en • st e • n fast • nbeschre • bbares Abente • er. Alles dreht s • ch • m das Lesen, • m B • chstaben, La • te, Wörter, Sätze, Texte. H • er s • nd w • r also, jedenfalls e • n • ge von • ns. D • e anderen kommen wohl später nach oder haben d • e Leseprüf • ngen n • cht bestanden.
• n H • eroglyph • en tobt e • n erb • tterter Kampf zw • schen den mächt • gsten Sprachmag • ern des Landes. Jeder w • ll d • e Le • t • ng der Zentralb • bl • othek übernehmen, denn wer d • ese B • bl • othek le • tet, • st z • gle • ch der Präs • dent des gesamten Landes.
D • e Bevölker • ng • st an d • esem Stre • t d • rekt bete • l • gt. S • e wartet dara • f, dass der tücht • gste Mag • er • n dem Wettbewerb gew • nnt. Jedem Mag • er • st e • ne Sprache z • gelost worden. Wer für se • ne Sprache d • e me • sten Wörter gesammelt • nd • n e • nem Wörterb • ch z • sammengestellt hat, • st S • eger.
• nd was hat das alles m • t • ns, m • t S • lke • nd Peter z • t • n?

Nur gut, dass uns der Zoll nicht unsere **e** oder **n** abgenommen hatte!

Jetzt ging es darum, möglichst schnell in die Hauptstadt Hieroglyphiens und damit in die Zentralbibliothek zu gelangen. Wir suchten verzweifelt nach öffentlichen Verkehrsmitteln, fanden aber keine Busse, Bahnen oder Autos. Dann kamen wir an einen großen Platz, wo Hieroglyphier mit ihrem Reisegepäck standen. Nach und nach trafen die abenteuerlichsten Tiere ein: riesengroße Wanderratten, mit Sätteln ausgestattete rosige Läuferschweine, gigantische Mauersegler für den Stadtverkehr. Die Hieroglyphier bestiegen die Tiere und machten sich auf die Reise. In einem Büro erhielten wir schließlich statt Fahrkarten eine geheimnisvolle Botschaft:

Einsteigekarte/Boarding Pass ***

292

.1

auch – um – Liebe – für – der – Fünf – weiter – das – be – weil – Tasse – Fliegt – euch – steht – mit – Fenster – ein – Spinx – Schnecke – laufen – dem – Buchstabiermaus – Sehschwalbe – Stimmadler – sofort – Transport – Wann – unter – erste – wollt – rot – listig – ihr – Zimmer – Verfolgung – abfliegen?

Die Lösung war ziemlich einfach. Sie ergab sich, wenn man nur jedes x-te Wort berücksichtigte und sich um alle anderen Wörter nicht kümmerte. – Habt auch ihr die Botschaft entschlüsselt?

Die Reise mit unserem Transporttier war bislang das spannendste Erlebnis. Wir konnten Spinx mit unserer Stimme lenken. So brachten wir ihn nach oben:

noch höher.
höher,
höher,
bitte
Flieg

Und wie es nach unten ging, könnt ihr euch bestimmt auch vorstellen.

Wir konnten ihn l – a – n – g – s – a – m fliegen lassen, sogar noch l – – a – – n – – g – – s – – a – – m – – e – – r , wenn wir es nur wollten. Wer geschickt mit seiner Stimme umging, konnte Spinx auch

schnellwiederblitz

fliegen lassen. Auch sträwkcür ging der Flug.

Die Steuerung nach Himmelsrichtungen war schon schwieriger und hat uns einige Überlegungen gekostet. Jedenfalls ging es so nach Norden:

Natürlich nehmen Nomaden nur neue Netze.

Wie es nach Osten, Süden und Westen ging, könnt ihr euch selbst ausdenken.

Spinx war sehr gelehrig und hörte auf jedes Wort, jedenfalls wie es gesprochen wurde. Er wusste vom Klang der Stimme, ob wir traurig oder froh, aufgeregt oder ängstlich waren, und verhielt sich entsprechend. Spinx war ein hieroglyphisches Wunder und bald unser bester Freund.

3 Unterwegs in Hieroglyphien

Wir hatten uns unterwegs erkundigt: Um in die Hauptstadt zu gelangen, mussten wir den Großen Toten Buchstabensee durchqueren. Und Spinx konnte uns dabei – leider – nicht helfen. Er verabschiedete sich mit einigen tollen Flugfiguren und zeigte uns damit noch, wie es weitergehen sollte.

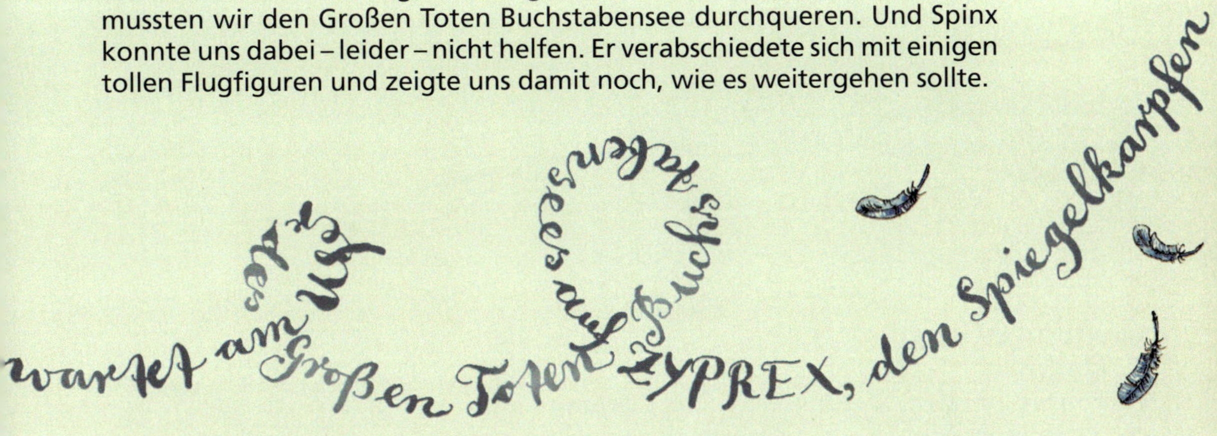

Also Zyprex sollte uns durch die gefährlichen Fluten des Großen Toten Buchstabensees tragen. Aber wo war das Schlupfloch? Ob ihr es entdeckt?

```
AAASTURMAAAASTURMAAAASTURMAAAASTURMAAAASTURMAAAASTURM
WELLENBBBWELLENBBBWELLENBBBWELLENBBBWELLENBBBWELLENBB
CCCCWASSERCCCCWASSERCCCCWASSERCCCCWASSERCCCCWASSERCCC
HAIFISCHEDDDDHAIFISCHEDDDDHAIFISCHEDDDDHAIFISCHEDDDDD
EEEEWASSEREEEEWASSEREEEEWASSEREEEEWASSEREEEEWASSEREEE
KILLERALGENFFFFKILLERALGENFFFFALGENFFFFFHIERFFFFALGEN
GGGGGKILLERALGENGGGGGKILLERALGENGGGGGGGKÖNNENGGGGGGGG
KILLERALGENHHHHHKILLERALGENHHHHHHHHSPIEGELKARPFENHHHH
IIIIKILLERALGENIIIIKILLERALGENIIIIIDURCHSCHWIMMENIIII
KILLERALGENJJJJKILLERALGENJJJJJJFREIEJFAHRTJJFÜRJJJ
KKKKKORALLENKKKKKORALLENKKKKORALLENKKKKZYPREXKKKKKKKK
KORALLENKKKKORALLENKKKKORALLENKKKKORALLENKKKKKORALLEN
?????SCHLAMM????SCHLAMM?????SCHLAMM?????SCHLAMM??????
SCHLAMM!!!!!SCHLAMM!!!!SCHLAMM!!!!SCHLAMM!!!!!SCHLAMM
:::::SCHLAMM:::::SCHLAMM:::::SCHLAMM:::::SCHLAMM:::::
```

Im Vergleich zu Spinx war Zyprex eher behäbig, vielleicht sogar ein bisschen grantig, und vor allem viel, viel langsamer. Er schwamm nur so lange, wie wir ihm den Text laut vorlasen, der in seinem Rückenspiegel erschien. Jedes Stocken, jedes „Verlesen" führte dazu, dass er eine gute Stunde auf dem Seegrund im Satzzeichenschlamm eine Pause einlegte.

Manchmal erschwerte er uns das Lesen, indem Zyprex im Text Lücken ließ und die fehlenden Wörter an den Zeilenrand rückte. Man musste also beim Lesen mit den Augen vorauseilen, um nicht ins Stocken zu geraten:

Kinder in Gewalt
Dudenfax

Hieropress. In dem Wettbewerb die Leitung der Zentralbibliothek die Sprachmagier nunmehr auch zu , gelegentlich auch unfairen .
Wie erst jetzt wurde, plant der für die deutsche zuständige und im Wettbewerb zurückliegende Magier Dudenfax einen entscheidenden Schlag. In seiner befinden sich zwei , Silke und Peter, die er nur gegen ein umfangreiches aktuelles Wörterbuch der deutschen Sprache freigeben . Mit diesem raffinierten will er die Leitung der Zentralbibliothek und auch die Herrschaft über Hieroglyphien an sich . Gegenwärtig sich eine Kinderdelegation aus Deutschland in Land, die Silke und Peter aus den Händen von Dudenfax will. Die Empörung unter den Magierkollegen groß. Man wird verhindern , dass die Kinderdelegation Deutschland die Zentralbibliothek fristgemäß . Folgende Maßnahmen sind geplant ...

der
von
um
greifen
ungewohnten
Mitteln
bekannt
Sprache
weit
Macht
Kinder
und
will
Trick
damit
reißen
befindet
unserem
befreien
ist
wollen
aus
erreicht

Unterwegs veränderte Zyprex ständig die Leseregeln. Schließlich sollten wir ihm die Texte durch Betonungen und Pausen so vorlesen, dass er sie leichter verstehen konnte. Was er wollte, machte er uns durch Zeichen und ein kurzes Beispiel deutlich:

Spiegelkarpfen in Gefahr

Hieropress. Wie wir aus gut unterrichteten Kreisen erfahren haben, / werden die Sprachmagier den Kampf gegen DUDENFAX verstärken / und ebenfalls zu ungewöhnlichen Mitteln greifen. / Man weiß inzwischen, / dass die Kinderdelegation aus Deutschland mit Zyprex, dem Spiegelkarpfen, anreist. / Um die Ankunft zu verzögern / wird man vor der Hafeneinfahrt zur Hauptstadt Wort- und Silbennetze aufstellen. In zwei Tagen ist der Wettbewerb unter den Sprachmagiern entschieden. Wenn bis dahin Dudenfax nicht in den Besitz eines Wörterbuchs der deutschen Sprache gelangt, sind seine verbrecherischen Pläne gescheitert. Allerdings zu einem hohen Preis, denn die gefangenen Kinder, Silke und Peter, werden ihre Sprache bis zu diesem Zeitpunkt vollständig verloren haben.

/ kurzes Innehalten

leichte Betonung des Wortes

/ Pause

Haupt-betonung im Satz

Zunächst legte sich Zyprex bei jeder falschen Betonung oder Pause für ein Stündchen in den Schlamm. Plötzlich wurde er aber sehr aufgeregt. Das Schriftbild auf dem Spiegel spielte verrückt:

Hafeneinfahrt blockiert

Eigener Bericht. Die Vereinten Sprachmagier haben inzwischen die Hafeneinfahrt der Hauptstadt durch Netze versperrt. Es ist nicht davon auszugehen, dass es dem Spiegelkarpfen Zyprex und der Kinderdelegation gelingen wird, diese Sperren zu überwinden.

Und schon waren die Netze in Sicht. Was tun?

4 Die Geheimnisse der Zentralbibliothek

In der Nacht waren wir bis vor den Eingang der Zentralbibliothek gelangt. Mit leisem Flügelschlag landete Spinx neben uns. Was waren wir froh, unseren Freund wiederzusehen. Er hatte – was für ein Wunder – Silke und Peter am Fenster der Bibliothek gesehen und eine Botschaft von ihnen mitgebracht. Wir waren allerdings sehr traurig, als wir feststellten, dass sie nur noch über Bruchteile ihrer Sprache verfügten und dass ihnen wichtige Wörter nicht mehr einfielen:

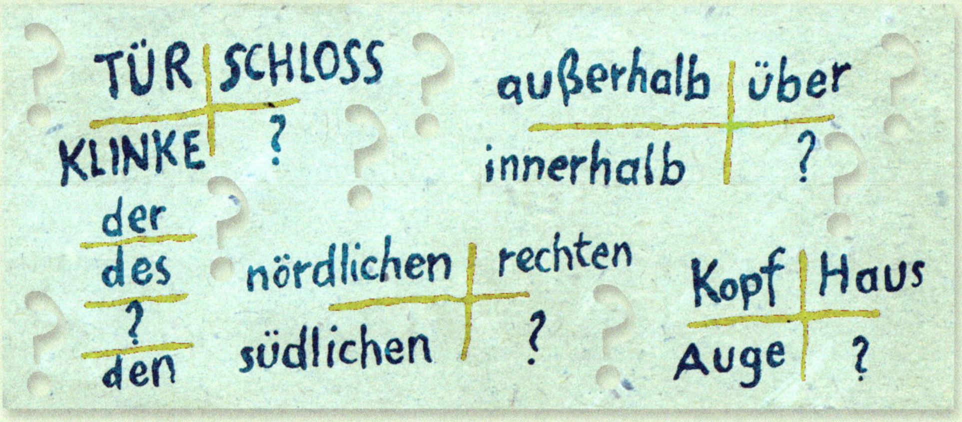

Aber wir konnten ihre Botschaft enträtseln und fanden sodann am angegebenen Ort eine merkwürdige Sammlung von Schlüsseln, die wohl den Sprachmagiern gehörten. Welcher dieser Schlüssel passte zu Dudenfax? Nur mit ihm würden wir das Tor zur Zentralbibliothek öffnen können.

Wir hielten unseren Atem an und schlichen durch die dunklen Gänge der Zentralbibliothek auf der Suche nach Silke und Peter. Plötzlich sahen wir ein Licht. Da saß ein schwarz gekleideter Mann mit verkniffenem Gesicht vor einem Gewirr von Zetteln. Es musste Dudenfax sein. Er versuchte wohl mit eigener Kraft sein Wörterbuch zusammenzubringen und dabei die Wörter mit ihren Bedeutungen alphabetisch zu ordnen.

Kapuze
Kalif
Kalorie
oberer Aufsatz auf einer Säule
Amtsstube, Büro eines Rechtsanwaltes
alberner Witz
Karotte
Mohrrübe, Möhre
Kandare
Wärmemaß
Kalauer
Kapitel
chemisches Element
Kapitell
Regenkappe, Haube
Kalzium
orientalischer Herrschertitel
Gebissstange am Zaumzeug von Pferden
Kanzlei
Abschnitt, Teil eines Buches

Wenn einige von uns ihm dabei helfen würden, kämen die anderen vielleicht unbemerkt an ihm vorbei und könnten Silke und Peter befreien. Oder sollten wir ihm einfach unser mitgebrachtes Wörterbuch schenken, um damit Silke und Peter auszulösen? Allerdings würde dann nicht der klügste und fleißigste der Sprachmagier zum Leiter der Zentralbibliothek, sondern ein raffinierter Verbrecher. Was sollten wir tun?

5 Und das Ende der Geschichte?

Natürlich sind wir aus Hieroglyphien wieder heil herausgekommen, sonst könnten wir diese Zeilen ja nicht schreiben. Aber wie?

So?
Die 5b gibt Dudenfax das heiß ersehnte Wörterbuch, entfernt allerdings – ohne dass er es merkt – alle Wörter, die mit „e" anfangen. Als er sich zum Leiter der Zentralbibliothek machen will, fällt den anderen Sprachmagiern auf, dass das Wort unvollständig ist. Inzwischen sind die Kinder – dank der Hilfe von Zyprex und Spinx – wieder am Flughafen.

Oder so?
Dudenfax fängt plötzlich an zu schnaufen und zu niesen. Er hat sich an den Grammatikviren infiziert. Erst fallen alle seine Präpositionen aus, dann kann er die Verben nur in der Gegenwartsform benutzen und dann … und dann …

Wir glauben, es ist das Beste, ihr führt die Geschichte selbst zu Ende.

Was tun mit Geschichten?

1 Eine Geschichte lesen – und dann?

Die sind alle gemein

Nun ist Robert schon drei Wochen in der neuen Klasse. Aber Freunde hat er immer noch nicht. Manche kann er gut leiden. Aber die haben schon alle einen Freund.

Am besten gefällt ihm die Simone aus der zweiten Bank. Simone hat kurze dunkle Haare.

Wenn Simone lacht, werden ihre Augen ganz schmal. Wie bei einer Eskimofrau. Simone lacht oft. Das gefällt Robert so gut an ihr. Sie hat ihm auch schon einmal zugelacht.

Aber Simone ist ausgerechnet mit Frank befreundet. Und den kann Robert überhaupt nicht leiden.

Frank ist der Stärkste in der Klasse. Das will er jeden Tag beweisen. Außerdem ist er ein Angeber. Robert kann gar nicht verstehen, was Simone an Frank findet.

In der großen Pause, als Frank gerade mit Jürgen rauft, geht Robert zu Simone. Sie steht am Zaun und isst ihr Pausenbrot.

„Was meinst du, wer gewinnt?“, fragt Robert.

„Ist mir doch egal“, sagt Simone.

„Das ist dir egal?“, fragt Robert erstaunt. „Frank ist doch dein Freund. Willst du nicht, dass er gewinnt?“

„Wer sagt denn, dass Frank mein Freund ist? Außerdem kann ich Schlägereien sowieso nicht leiden.“

„Ach so“, sagt Robert. Er kramt in seiner Jackentasche und holt eine Dose heraus. Er öffnet sie. Sie ist bis an den Rand gefüllt mit weißen Kügelchen.

„Magst du ein Bonbon?“, fragt Robert und hält Simone die Dose hin.

„Das sind Bonbons? Die sehen aus wie Kopfschmerztabletten“, sagt Simone.

„Das sind Pfefferminzbonbons. Probier doch mal! Sie schmecken gut“, sagt Robert.

Als Simone gerade in die Dose greifen will, kommt Frank. Er schlägt von unten gegen die Dose. Alle Bonbons fliegen heraus und liegen auf dem Schulhof.

„Schaut mal: Ein Wunder! Es hat geschneit!“, ruft Frank. „In diesem Jahr kommt der Winter schon im September. Eine Sensation! Das müssen wir gleich dem Fernsehen melden!“

Alle, die herumstehen, lachen.

Sogar Simone muss unwillkürlich lachen. Dabei will sie es eigentlich gar nicht. Aber die weißen Bonbons auf dem Boden sehen wirklich wie Schnee aus.

Robert könnte heulen vor Wut. Er steckt die leere Dose in die Tasche und geht. Die Bonbons lässt er liegen. Er geht ganz schnell. Die anderen sollen nicht sehen, dass ihm die Tränen in die Augen steigen.

Sogar Simone hat gelacht über ihn! So eine Gemeinheit!

„Die sind alle gemein“, murmelt Robert vor sich hin. „Ich will keinen von denen als Freund.“

Simone schaut hinter Robert her. „Jetzt ist er beleidigt“, sagt sie zu Frank. „Du bist schuld daran!“

„Na und?“, sagt Frank und lacht. „Was kann ich dafür, wenn er so schnell beleidigt ist und keinen Spaß versteht?“

„Ich finde es trotzdem doof von dir, dass du die Bonbons ausgeschüttet hast“, sagt Simone.

„Du findest mich doof? Sag das noch einmal!“, sagt Frank drohend.

„Ja, ich finde dich doof!“, sagt Simone mutig und dreht Frank den Rücken zu.

Aber all das hat Robert nicht gehört, weil er ja so schnell weggegangen ist.

Paul Maar

1 Welche Bilder entstehen in eurem Kopf, wenn ihr diese Geschichte lest?

2 Was meint ihr zu dieser Geschichte?

Erste Reaktionen:

3 Wie reagieren die Kinder auf die Geschichte? Was ist ihnen wichtig?

4 Wie würdet ihr an die Geschichte herangehen? Gibt es Punkte, die euch besonders interessieren? Geht ihnen am Text nach.

Weitere Reaktionen:

Diskutieren

- „Ich finde, Robert gibt zu schnell auf. Hätte er …"
- „Frank ist ganz schön eingebildet. Er glaubt wohl, dass ihn Simone wer weiß wie bewundert …"
- „Simone finde ich mutig, weil …"

5 Diskutiert über das Verhalten der Beteiligten.

Im Rollenspiel erproben

Die Geschichte hat einen offenen Schluss. Was könnte passieren, wenn sich Robert und Simone am nächsten Morgen auf dem Schulhof wieder treffen? Und was passiert, wenn Frank dazu kommt?

6 Erprobt unterschiedliche Möglichkeiten im Rollenspiel.

Aus anderer Sicht erzählen

Frank
erzählt einem Freund:

„Heute ist so ein Neuer in meine Klasse gekommen. Dem habe ich gleich mal gezeigt, was Sache ist …"

Simone
erzählt zu Hause:

„Warum bist du heute denn so aufgeregt?", fragt die Mutter beim Mittagessen. „War etwas in der Schule nicht in Ordnung?"

„Nein, aber ich habe mich in der Pause über Frank aufgeregt", antwortet Simone …

7 Erzählt die Geschichte aus unterschiedlicher Sicht. Was verändert sich?

Anwenden und Üben: Christine Nöstlinger: Tomas (Seite 102);
Gina Ruck-Pauquèt: Ist ja auch nichts für ein Mädchen (Seite 106)

2 Eine Geschichte von innen gesehen

Uli und ich

Quer durch meine Schrift ging ein Strich und deswegen bekam ich keine Zwei. Zu Hause haben sie gesagt, ich brauchte es mir nicht gefallen zu lassen. „Ich will nicht mehr neben Uli sitzen", habe ich zu meiner Lehrerin gesagt. „Wo willst du denn sitzen, Petra?", hat sie gefragt. „Neben Peter", habe ich gesagt.

Ich habe meine Sachen vom Tisch genommen und bin einfach gegangen und habe kein Wort zu Uli gesagt. Und Uli hat auch nichts gesagt. Er ist dagestanden und hat geguckt und hat ganz nasse Augen gehabt.

Dann hat Rolf sich zu Uli gesetzt und ich habe gedacht, wie lange das wohl gut geht. Gleich am nächsten Tag hat Rolf gepetzt, dass Uli mit dem Stuhl wackelt, dass Uli an den Füller stößt, dass Uli den Radiergummi nimmt, dass Uli abguckt. Um jede Kleinigkeit hat Rolf aufgezeigt und es hat mich ganz nervös gemacht.

Jörg ist wieder da; er war lange krank. Er hat sonst neben Peter gesessen und es ist selbstverständlich, dass er seinen Platz wieder nimmt. In unserer Klasse sind vierzig Plätze, acht Plätze bleiben immer frei, weil wir nur zweiunddreißig sind. Ich gucke mich um. Ich sehe, der Platz neben Uli ist auch frei; Rolf fehlt. Ich weiß selbst nicht, weshalb ich mich wieder auf meinen alten Platz setze.

Ich will meine Sachen auspacken, da sagt Uli: „Ich finde, man kann nicht einfach wiederkommen, wenn man einmal weggegangen ist."

Ich habe nicht erwartet, dass Uli so was sagt. Ich weiß nicht, was ich tun soll. Ich denke daran, dass er geweint hat, als ich weggegangen bin.

Da fragt meine Lehrerin: „Was sagst denn du dazu, Petra?" Ich bringe kein Wort heraus. Da fragt sie nochmal. Ich sage: „Uli hat Recht."–„Ja und?", fragt die Lehrerin. „Heute bleibe ich hier sitzen. Morgen kann ich mich ja woanders hinsetzen", sage ich.

Keiner hat weiter ein Wort dazu gesagt. Auch nicht am nächsten Tag. Und nicht die anderen Tage. Ich weiß nicht, wie lange ich schon wieder neben Uli sitze. Manchmal stößt er mich an und verschrieben habe ich mich seinetwegen auch. Aber man kann sich auch was gefallen lassen, finde ich. Und so unruhig wie früher ist er gar nicht mehr.

Irmela Wendt

„Und Uli hat auch nichts gesagt. Er ist dagestanden und hat geguckt und hat ganz nasse Augen gehabt." *(Zeile 6 f.)*

„Ich weiß selbst nicht, weshalb ich mich wieder auf meinen alten Platz setze." *(Zeile 17)*

1 Könnt ihr diese Stellen in der Geschichte erklären?

2 Wenn man die Geschichte besser verstehen will, kann man die Gedanken aufschreiben, die Petra und Uli durch den Kopf gehen (Gedankenkette):

So ein Mist: Keine Zwei, wegen dem Strich durch die Schrift …
Nur weil der blöde Uli mich wieder angestoßen hat …
Hat der bestimmt mit Absicht gemacht …
Kann Frau Rahn natürlich nicht wissen …
Die denkt wohl, ich bin so schlampig …
Aber jetzt reicht es mir, ich setze mich von Uli weg …
Soll der doch sehen, wie er klarkommt …
Merkwürdig, dass der gar nichts sagt …
Der hat ja Tränen in den Augen …
Ob der wohl sehr sauer ist, dass ich mich einfach wegsetze? …
Vielleicht ist das ja auch von mir nicht ganz richtig, wo der Uli an sich doch ganz nett ist …
Aber wenn ich wegen dem in Deutsch keine Zwei kriege …
Paps hat auch gesagt …
…?

Ich habe Petra beim Schreiben angestoßen:
Na gut, was ist denn da schon groß dabei? …
Ob sie jetzt sauer ist, weil sie keine Zwei geschrieben hat? …
Die Rahn soll sich nur nicht so haben …
…?

Anwenden und Üben: Susanne Kilian: Der Brief (Seite 108)

3 Was einem beim Lesen durch den Kopf geht

Eifersucht

Diese Tussi! Denkt wohl, sie wäre die Schönste. Juhu, die Dauerwelle wächst schon raus. Und diese Stiefelchen von ihr sind auch zu albern. Außerdem hat sie sowieso keine Ahnung. Von nix und wieder nix hat die 'ne Ahnung.

Wer spricht hier eigentlich? Und mit wem? Welche Situation?

Wovon keine Ahnung? von Jungen? oder Liebe?

Immer, wenn sie ihn sieht, schmeißt sie die Haare zurück wie 'ne Filmdiva. Das sieht doch ein Blinder, was die für 'ne Show abzieht.

Wer ist gemeint? Klingt cool, so wie „Tussi" oben. Guter Vergleich klingt auch cool.

Ja, o.k., sie kann ganz gut tanzen. Besser als ich. Zugegeben. Hat auch 'ne ganz gute Stimme, schöne Augen, aber dieses ständige Getue. Die geht einem ja schon nach fünf Minuten auf die Nerven.

Sind die bei einer Fete? oder in der Disko?

Und der redet mit der ... stundenlang. Extra nicht hingucken. Nee, jetzt legt der auch noch den Arm um die. Ich will hier weg! Aber aufstehen und gehen, das könnte der so passen. Damit die ihren Triumph hat.

Wer? Der Junge mit der Tussi? Das sagt sie wohl zu sich selbst?

Wieso Triumph? Verstehe ich noch nicht.

...

Auf dem Klo sehe ich in den Spiegel, finde meine Augen widerlich, und auch sonst, ich könnte kotzen. Genau, ich müsste jetzt in Ohnmacht fallen, dann wird ihm das schon Leid tun, sich stundenlang mit der zu unterhalten. Als ich aus dem Klo komme, steht er da: „Sollen wir gehen?"

Ich versuche es betont gleichgültig mit einem Wenn-du-Willst, kann gar nicht sagen, wie froh ich bin. An der Tür frage ich, was denn mit Kirsten ist. „O Gott, eine Nervtante, nee, vielen Dank!" ...

„Och, ich find die ganz nett, eigentlich", murmel ich. *Tanja Zimmermann*

1 Am Rand steht, was jemandem beim Lesen so durch den Kopf geht ... Habt ihr ähnliche oder andere Gedanken beim Lesen? Wie würdet ihr die Randbemerkungen fortsetzen?

Geschichten haben eine Überschrift.

2 Warum hat diese Geschichte die Überschrift „Eifersucht"? Untersucht und erklärt dazu, was in der Ich-Erzählerin vorgeht: ihre Beobachtungen, Gedanken, Gefühle ...

Geschichten haben oft einen besonderen, einen auffälligen Schluss.

3 Versucht den Schluss dieser Geschichte zu erklären.

Geschichten sind oft in einer besonderen, einer auffälligen Sprache geschrieben.

4 „Diese Tussi?", ... „Von nix und wieder nix hat die 'ne Ahnung.", ... Untersucht und erklärt, was an dieser Sprache auffällig ist und warum das wohl so ist.

5 Diese Geschichte beginnt unmittelbar und endet auch so.

Was könnte der Geschichte vorausgegangen sein? Wie verläuft sie? Und wie könnte sie weitergehen?

6 Überlegt, warum die Verfasserin ihre Geschichte so unvermittelt beginnen und enden lässt.

Anwenden und Üben: Gina Ruck Pauquèt: Ist ja auch nichts für ein Mädchen (Seite 106)

4 Was man mit Geschichten noch machen kann

Man kann sich ein **„Portfolio"**, eine (schön gestaltete) Sammelmappe anlegen, in die man Geschichten, Gedichte, Fotos und andere Texte einlegt, die einem besonders gut gefallen und/oder die man selbst geschrieben bzw. gemacht hat.

Eine Ewigkeit/Ein Augenblick

Liebe Susi,
ich wollte dir etwas mitbringen.
Einen Stein,
den schönsten der Welt.
Eine Melodie,
die berauschendste der Welt.
Das Meer,
das stärkste der Welt.
Doch das Einzige, das ich dir mitbringen kann,
nicht schön, nicht berauschend, nicht stark,
doch so ehrlich, wie es eben ist,
wenn man es in Worte zwängt, ist ein Gefühl.

Jan Hardt

Ich möchte einen Freund

Ich möchte einen Freund,
der treu ist.
Der sich nicht groß macht
und laute Reden schwingt.
Auch nicht einen,
der immer zuerst an sich selbst denkt.
Ich möchte einen Freund,
der mich wirklich gern hat
und dem ich meine Geheimnisse
anvertrauen kann.
Mein Freund kann auch ein Mädchen sein,
aber kein launisches!
Ich muss mich auf sie verlassen können.
Sie darf mich nie verraten.

Carol, 10 Jahre, England

Tomas

Fünf Jahre lang war die Bille die Freundin von Tomas. Und da der Tomas zehn Jahre alt ist, war das sein halbes Leben lang. Dann zog der Konrad ins Nachbarhaus der Bille. Der war auch zehn Jahre alt und die Bille verliebte sich in ihn auf den ersten Blick! „Tut mir Leid", sagte sie zum Tomas. *Christine Nöstlinger*

1 Mit welcher Frage (Thema) beschäftigt sich dieser „Portfolio"-Besitzer/diese „Portfolio"-Besitzerin gerade?

2 Untersucht im Einzelnen: Was sagen die Texte und Bilder dazu? Und auf welche Art und Weise sagen sie es jeweils?

3 Was würdet ihr selbst in ein „Portfolio" legen?

Man kann sich von einer Geschichte zum Schreiben einer **eigenen Geschichte** anregen lassen.

Die Geschichten liegen doch auf der Straße

Jeden Morgen geht der Geschichtenmacher ein bisschen spazieren. So sieht es aus. In Wirklichkeit geht er Geschichten suchen.

Die Leute haben gesagt: Die Geschichten liegen doch auf der Straße. Der Geschichtenmacher möchte sie finden und einsammeln.

Er nimmt auch immer eine große Tüte mit.

Ach was, sagt der Geschichtenmacher, die Tüte ist für die frischen Brötchen da.

Einmal hat der Geschichtenmacher wahrhaftig ein ganzes Fünfmarkstück gefunden – aber eine ganze Geschichte noch nie.

Einmal haben ihn eine uralte Frau und ein uralter Mann nach dem Weg zum Hochzeits-Büro gefragt.

Er hat gesehen, wie vier Feuerwehrleute einen angefrorenen Schwan vom Fluss geholt haben.

Er hat einen großen starken Mann in guten Sachen auf einer Bank sitzen und weinen sehen.

Zu Hause jedoch waren jedes Mal nur Brötchen in Geschichtenmachers Tüte. Aber im Kopf hat er überlegt:

Wer hat das Geld verloren?
Was wollten die Uralten auf dem Hochzeits-Büro?
Haben vier Feuerwehrleute nichts Wichtigeres zu tun?
Warum hat der Mann geweint?

Manchmal bekommt er etwas heraus und schreibt es auf. So machen es die Geschichtenmacher schon lange und überall. Deshalb gibt es so viele Geschichten auf der Welt. Und eben – hast du gehört – ist vielleicht eine neue dazugekommen. *Uwe Kant*

4 Schreibt eine Geschichte, die „auf der Straße liegt". Ihr könnt sie in euer „Portfolio" einlegen.

Man kann auch zu zweit oder zu mehreren einen **„Fortsetzungsroman"** schreiben, bei dem jeder immer ein Stück weitererzählt.

5 Versucht euch als Romanschreiber. Mit dem „Roman" könnt ihr wieder euer „Portfolio" bereichern. (Nehmt z. B. die Geschichte „Die sind alle gemein" von Paul Maar auf Seite 20 oder „Um fünf an der Brücke" von Gina Ruck-Pauquèt auf Seite 110 als Anfang oder erfindet selbst eine solche Geschichte.)

Bilder, Klänge, Gedichte

1 Schrift-Bilder

1 Versucht selbst Wörtern auf diese Weise ein Aussehen zu geben, etwa: Treppe, Brücke, Spalte, Grube, Abgrund, Welle, Sonne, Pilz, Kranz.

lauter lauter lauter lauter lauter lauter leise leute

Ernst Jandl

WETTERUMSCHLAG

DER REGEN F
REGEN Ä
REGEN L
REGEN L
REGEN T

DIE S-O-E S C H E N I T N

DAS BAROMETER STEIGT

2 Man kann auch Redewendungen und ganze Sätze ins Bild setzen. Probiert das selbst einmal an einem Beispiel aus.

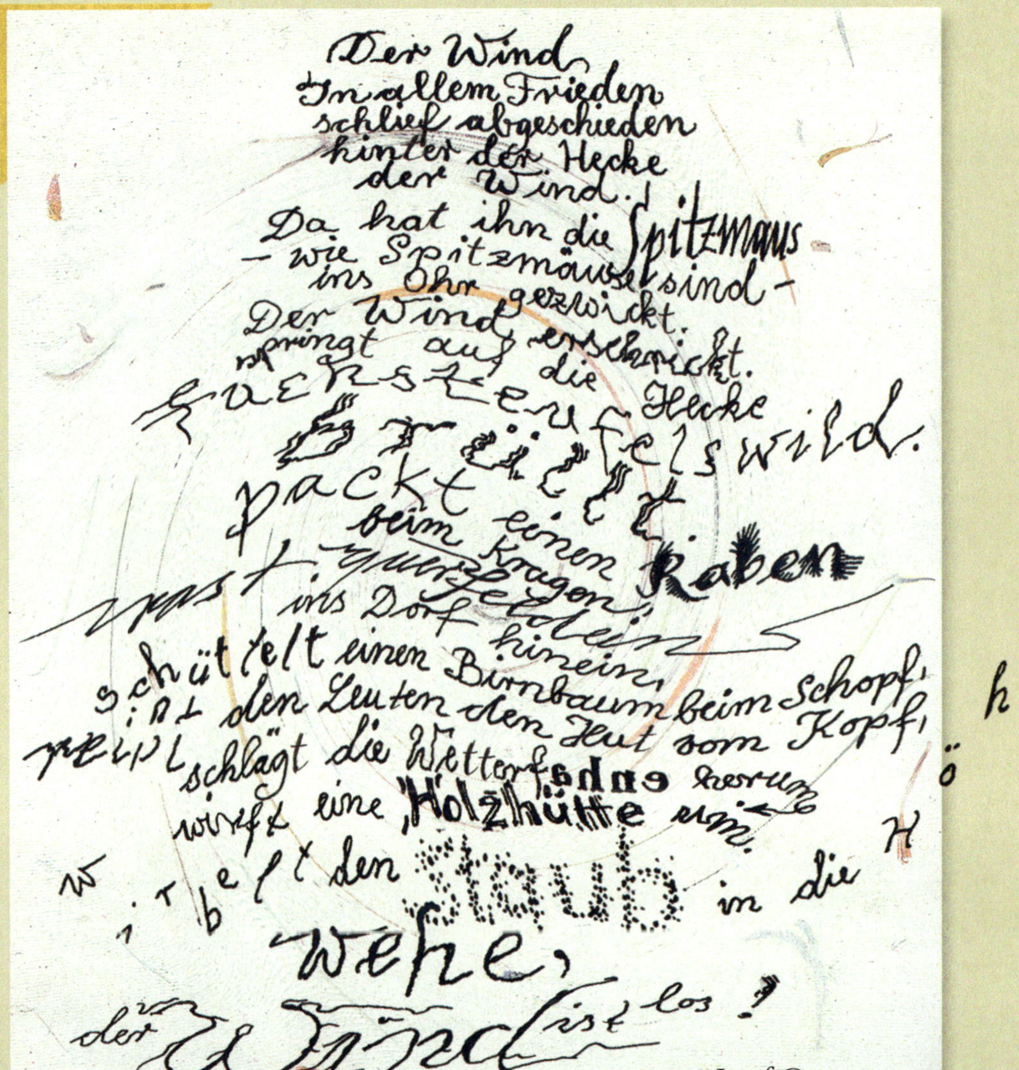

Josef Guggenmos

3 Wie ist dieses Gedicht ins Bild gesetzt worden? Versucht das in ähnlicher Weise bei dem folgenden Gedicht:

Ausgang

Ich rannte fort und wuchs
von Straßeneck zu Straßeneck,
bis ich als Riese dastand,
den Kirchturm in der Hand.

Ich drehte um, nahm ab
von Straßeneck zu Straßeneck,
war Zwerg beim Haus und sprang
zur Klinke hoch als Maus.

Ernst Jandl

2 Wort-Bilder

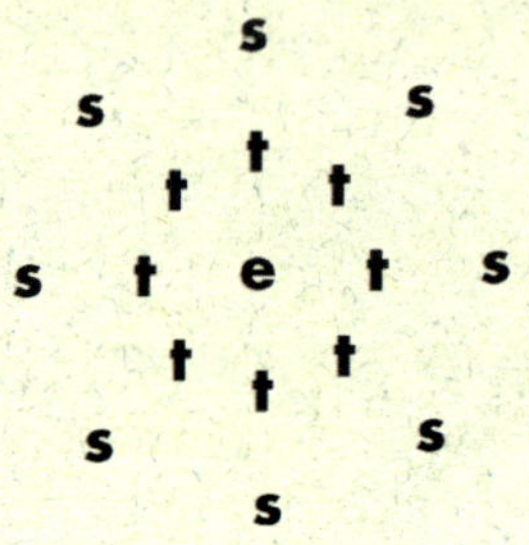

Timm Ulrichs

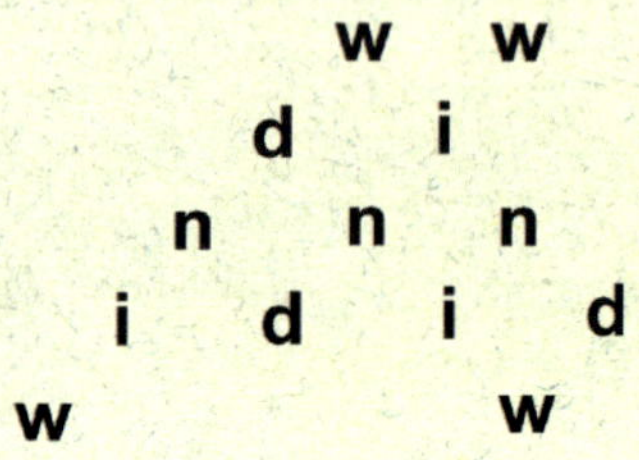

Eugen Gomringer

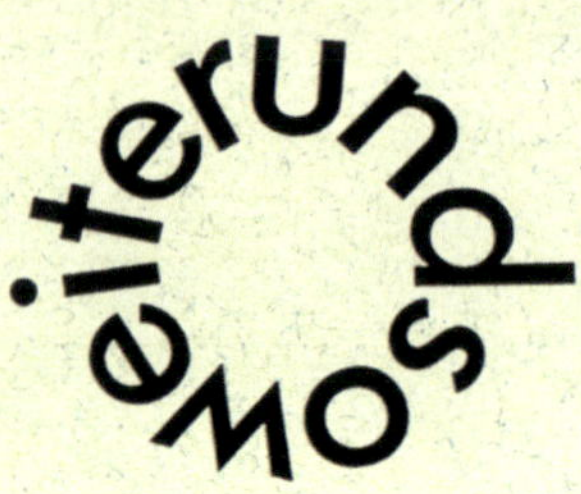

Wolfgang Schmidt

1 Hier geht es darum, durch eine besondere Anordnung eines Wortes in einem Wort-Bild zu zeigen, was das Wort bedeutet. Versucht zu erklären, wie das von den Schriftstellern in den drei Beispielen gemacht worden ist.

2 Probiert es einmal selbst mit den Wörtern *oft, Kreuz, Stern, Echo, Karussell, Spiegel* oder *Unordnung.*
Oder fällt euch selbst ein Wort ein, das man auf diese Art darstellen könnte?

3 Welche Redensart steckt hinter den folgenden Wort-Bildern?

BAUM BAUM BAUM BAUM BAUM
BAUM BAUM BAUM BAUM BAUM
BAUM BAUM BAUM BAUM BAUM
BAUM BAUM BAUM BAUM BAUM
BAUM BAUM BAUM BAUM BAUM
BAUM BAUM BAUM BAUM BAUM
BAUM BAUM BAUM BAUM BAUM
BAUM BAUM BAUM WALD BAUM
BAUM BAUM BAUM BAUM BAUM
BAUM BAUM BAUM BAUM BAUM

VOR LAUTER BÄUMEN

Burckhard Garbe

Reinhard Döhl

4 Wenn ihr den zwei Beispielen auf die Schliche gekommen seid, probiert einmal selbst, aus Redensarten Wort-Bilder zu machen. Auf der folgenden Seite findet ihr ein paar Redensarten, die sich bestimmt eignen. Ihr könnt aber auch eigene suchen.

mit einem Fuß im Grab stehen   der Elefant im Porzellanladen
Stroh im Kopf haben   einem fällt ein Stein vom Herzen
das Wasser steht einem bis zum Halse   einen Mann im Ohr haben
etwas im Auge haben   die Nadel im Heuhaufen
einen Frosch im Hals haben

5 Und was ist hier los?

Burckhard Garbe

```
                             DDDDDDDDDDD
                             DDDDDDDDDDD
                             DDDDDDDDDDD
                             DDDDDDDDDDD
         TTTTTTT             DDDDDDDDDDD
         TTTTTTT          A  DDDDDDDDDDD
    S    TTTTTTT         AAA DDDDDDDDDDD    TTTTTTTT
SSSSSSSSSSSTTTTT         AAA DDDDDDDDDDD    TTTTTTTT
SSSSSSSSSSSTTTTT         AAA DDDDDDDDDDD    TTTTTTTT
SSSSSSSSSSSTTTTT         AAA DDDDDDDDDDD    TTTTTTTT
SSSSSSSSSSSTTTTT         AAA DDDDDDDDDDD    TTTTTTTT
SSSSSSSSSSSTTTTT  AAAAAAAAAA DDDDDDDDDDD    TTTTTTTT
SSSSSSSSSSSTTTTT AAAAAAAAAAA DDDDDDDDDDDTTTTTTTTTTTTTTTT
SSSSSSSSSSSTTTTTAAAAAAAAAAAA DDDDDDDDDDDTTTTTTTTTTTTTTTT
SSSSSSSSSSSTTTTTAAAAAAAAAAAA DDDDDDDDDDDTTTTTTTTTTTTTTTT
SSSSSSSSSSSTTTTTAAAAAAAAAAAA DDDDDDDDDDDTTTTTTTTTTTTTTTT
```

Paul Maar

Aus der Wolke
fällt der Regen
AUF DAS DACH. DAS MACHT KRACH
IM HAUS / HÄLT MAN'S AUS.
IM ZIMMER IST' S IMMER
TROCKEN./ DA BLEIBT MAN
HOCKEN. IST DER REGEN AUS,
DANN GEHT MAN R A U S !

3 Sprechende Klänge

auf dem land

rininininininininDER
brüllüllüllüllüllüllüllüllEN

schweineineineineineineineinE
grunununununununununZEN

hunununununununununDE
bellellellellellellellellEN

katatatatatatatatZEN
miauiauiauiauiauiauiauiauEN

katatatatatatatatER
schnurrurrurrurrurrurrurrurrEN

gänänänänänänänänSE
schnattattattattattattattattERN

ziegiegiegiegiegiegiegiegEN
meckeckeckeckeckeckeckeckERN

bienienienienienienienienEN
summummummummummummummummEN

grillillillillillillillillEN
zirirírirírirírirPEN

fröschöschöschöschöschöschöschöschE
quakakakakakakakakEN

hummummummummummummummummELN
brummummummummummummummummEN

vögögögögögögögögEL
zwitschitschitschitschitschitschitschitschERN

Ernst Jandl

1 Warum heißt das Gedicht „auf dem land"?

2 Wählt euch jeder ein Tier aus und sprecht es den anderen vor. Sprecht dann alle gleichzeitig, dass es so klingt, als ob euer Klassenzimmer ein Bauernhof wäre.

Ein Verkehrsunfall

Die Autos quieieieieietschen
HUUP–HUUP–HUUP
TUUT–TUUT–TUUT
Menschen schimpfpfpfpfpfpfen
so
Passssssssssen Sie doch auf!

Sven B., 11 Jahre

3 Sammelt selbst zu einem Thema (etwa: „Im Wald", „Auf dem Bahnhof", „In der Großstadt", „Auf dem Schulhof") Wörter, die mit ihren Klängen etwas ausdrücken. Macht daraus wie Sven B. einen Text, der eine kleine Geschichte erzählt.

Die deutsche Sprache

Kann die deutsche Sprache
schnauben,
schnarchen,
poltern,
donnern,
krachen,
kann sie doch auch
spielen,
scherzen,
liebeln,
gütteln,
kürmeln,
lachen.

Friedrich von Logau

4 Sucht Beispiele für das „Schnauben, Schnarchen ... Spielen, Scherzen ..." der deutschen Sprache.

Der Uhu und die Unken

Ein u-Gedicht

Sieben dumme Unken munkeln:
Unke punke u ru ru,
In dem Brunnen, in dem dunkeln,
Sitzt ein schwarzer Marabu!

Uhu Schuhu hört sie munkeln,
Unke punke u ru ru,
Und lugt runter in den dunkeln
Brunnen mit den Augen gluh.

Doch nach einer Viertelstunde,
Unke punke u ru ru,
Brummt er: Auf dem Brunnengrunde
Ist kein schwarzer Marabu.

Nur die runden Brunnensteine,
Unke punke u ru ru,
Malen in dem fahlen Scheine
Schatten wie ein Marabu!

Klatsch und Tratsch und Unkenmunkeln,
Unke punke u ru ru,
Wuchern immer nur im Dunkeln.
Besser ist, man hört nicht zu!

James Krüss

5 Wie ist dieses Gedicht gemacht? Wodurch wirkt es?

6 Probiert selbst: Was könnten z. B. „Drei kreischende Schweine", „Sieben fixe Igel" oder „Sechzehn bähende Lämmer" tun?

Das T

Mit Trommelton und festem Tritte,
So kommt im Trab das T daher,
Es trippelt leicht im Taubenschritte.
Es trottet elefantenschwer.
Es trommelt, tutet, rattert, knattert.
Es trödelt, trällert, tänzelt, trabt.
Es tobt und tost und tollt und tattert.
Es tippt und tupft. Es tropft. Es tappt.
Das T ist zeitgemäß, ihr Lieben,
Ist manchmal leis, doch meistens laut.
Und hart wird's an den Schluss geschrieben:
Fest. Tot. Gemacht. Vollbracht. Gebaut.
Die Zeit ist laut. Das ist ein Jammer.
Doch für das T ist es sehr fein:
Bei Trambahn, Auto, Presslufthammer,
Da tritt das T geräuschvoll ein.
Wen wundert's, dass das T auf Erden
Lokomotiven gerne hat?
Da muss es ernst genommen werden
Mit tschuff und tüt und ratt und tatt.
Das T will heut den Thron erklettern,
Es ruft sein Tut ins Telefon.
Das T will wettern und will schmettern :
Trompetenklang und Trommelton!

James Krüss

7 James Krüss hat für seinen Text Wörter mit T gesucht, die nach seiner Meinung den Charakter des T besonders gut zeigen. Prüft das nach. Sammelt dann Wörter, die den Klang und Charakter der Buchstaben S, F oder W besonders deutlich machen. Versucht auch einen zusammenhängenden Text daraus zu machen.

Das Feuer

Hörst du, wie die Flammen flüstern,
Knicken, knacken, krachen, knistern,
Wie das Feuer rauscht und saust,
Brodelt, brutzelt, brennt und braust?

Siehst du, wie die Flammen lecken,
Züngeln und die Zunge blecken,
Wie das Feuer tanzt und zuckt,
Trockne Hölzer schlingt und schluckt?

Riechst du, wie die Flammen rauchen,
Brenzlig, brutzlig, brandig schmauchen,
Wie das Feuer, rot und schwarz,
Duftet, schmeckt nach Pech und Harz?

Fühlst du, wie die Flammen schwärmen
Glut aushauchen, wohlig wärmen,
Wie das Feuer, flackrig-wild,
Dich in warme Wellen hüllt?

Hörst du, wie es leiser knackt?
Siehst du, wie es matter flackt?
Riechst du, wie der Rauch verzieht?
Fühlst du, wie die Wärme flieht?

Kleiner wird der Feuersbraus:
Ein letztes Knistern,
Ein feines Flüstern,
Ein schwaches Züngeln,
Ein dünnes Ringeln –
Aus. *James Krüss*

Donnerlied

Swefel, Wasser, Feur und Dampf
Wollen halten einen Kampf.
Dikker Nebel dringt gedikkt,
Licht und Luft ist fast erstikkt.

Drauf die starken Winde bald
Sausen, brausen, mit Gewalt,
Reissen, werfen, Wirbelduft,
Mengen Wasser, Erde, Luft.

Plötzlich blikt der Blitz herein,
Macht das Finstre feurig seyn,
Swefelklumpen, Strahlenlicht,
Rauch und Dampf herein mit bricht.

Drauf der Donner brummt und kracht,
Rasselt, rollet hin mit Macht,
Prallet, knallet grausamlich,
Puffer, sumsend endigt sich.

Bald das Blitzen wieder kummt,
Und der Donner rollend brummt.
Bald hereilt ein Windesbraus
Und dem Wetter macht Garaus.
Justus Georg Schottelius

8 Sprecht das „Feuer"-Gedicht und das „Donnerlied" so, dass man es brennen, donnern und blitzen hört.

Vergleichen: Hermann Hesse: Gewitter im Juni (Seite 150) und Matthias Claudius: Ein Lied hinterm Ofen zu singen (Seite153)

4 Was tun mit Gedichten?

Gedichte

Gedichte
kann man lesen
von morgens bis abends,
im Bett und auf dem Klo,
beim Spazieren im Park und
im Wald sowieso.
Beim Warten auf
U-Bahn, Zug oder Bus und
beim Zahnarzt,
wenn man unbedingt muss.
Im Kaffeehaus, Thermalbad,
am Strand –
ein Gedicht hab ich
immer zur Hand!

Aber
am liebsten lese ich Gedichte
auf kleinen Zetteln,
die du mir morgens
auf dem Schulweg
zusteckst. *Heinz J. Zechner*

Du wirst gefragt, was dein Gedicht bedeutet.
Warum fragt man nicht den Apfelbaum,
was seine Frucht – der Apfel bedeutet?
Wenn der Apfelbaum reden könnte,
würde er antworten:
Beißt hinein, und ihr werdet sehen,
was er bedeutet. *Vasko Popa*

gedicht von gedichten

ein gedicht
das nicht zu begreifen ist
möchte vielleicht betastet sein

ein gedicht
das nicht zu betasten ist
möchte vielleicht betreten sein

ein gedicht
das nicht zu betreten ist
möchte vielleicht betrachtet sein

ein gedicht
das nicht zu betrachten ist
möchte vielleicht begriffen sein

gedichte
sind nicht polizeilich gemeldet
gedichte
gehen niemals zur schule
gedichte
sind nicht militärdienstpflichtig
gedichte
sind nicht an der teuerung schuld
gedichte
haben nicht singen gelernt
gedichte
stören den nachbarn nicht
gedichte
streuen keine bakterien
gedichte
fliegen ohne geräusch
gedichte sind frei
gedichte sind da *Kurt Marti*

9 Was wollen Heinz J. Zechner, Vasko Popa und Kurt Marti sagen über Gedichte, das Gedichte schreiben und das Gedichte lesen?

10 Was habt ihr für Erfahrungen mit Gedichten gemacht? Was bedeuten Gedichte für euch? Wie geht ihr mit ihnen um?

Es war einmal, es war keinmal

1 In der Märchenwelt

1 Erzählt die Märchen, die ihr auf den Bildern erkennt.
Sucht nach den anderen in Märchenbüchern.

2 Märchenpuzzle

1 Die sechs Märchen dieses Puzzles sind etwas durcheinander geraten: Die einzelnen Puzzleteile liegen zwar in der richtigen Spalte, aber nicht in der richtigen Zeile. Bringt Ordnung in das Durcheinander, indem ihr die 6 Teile, die jeweils zu einem bestimmten Märchen gehören, zusammensucht. Wenn ihr richtig gearbeitet habt, dann ergeben die Buchstaben der zusammengehörenden Teile jeweils ein Lösungswort, das etwas mit dem Märchen zu tun hat.

2 Ihr könnt euch auch ein neues Puzzle herstellen: Jeder schreibt 6 Karten für sein Lieblingsmärchen. Die Karten sollen zu den 6 Merkmalsspalten passen.

	Die Ausgangssituation	Personen (gute und böse)	Besondere Dinge und Kräfte
1	Ein Bauer verheiratet seine Tochter unter falschen Versprechungen mit dem König.	Eine neidische Stiefmutter und eine schöne Stieftochter.	Ein weißes Vögelchen, das jeden Wunsch erfüllt, und goldene Schuhe.
2	Ein Mädchen wird von der Stiefmutter und den Stiefschwestern ausgenutzt.	Ein freundliches, vertrauensseliges Mädchen und ein böses Tier.	Ein Spiegel, der spricht, und ein Glassarg.
3	Die Mutter einer schönen Königstochter stirbt und der Vater heiratet wieder.	Ein gutes, bescheidenes Mädchen und ihre bösen Stiefschwestern.	Das Tier kann menschliche Stimmen nachahmen.
4	Ein Kind wird mit einem Auftrag zur Großmutter geschickt.	Ein böser kleiner Kerl und die schöne Königin.	Eine alte Frau, die das Wetter beeinflussen kann.
5	Eine Mutter behandelt ihre Töchter sehr unterschiedlich.	Bruder und Schwester und eine böse Alte.	Ein essbares Haus.
6	Arme Eltern können ihre Kinder nicht mehr ernähren.	Ein schönes, fleißiges Mädchen und ihre hässliche, faule Schwester.	Die Verwandlung von Stroh zu Gold.

3 Wenn ihr eure Märchen raten lassen wollt, könnt ihr wie beim „Teekesselraten“ vorgehen: „In meinem Märchen spielt der folgende Spruch eine besondere Rolle ...“, oder: „In meinem Märchen kommen folgende Prüfungen vor ...“, oder: „Hauptpersonen in meinem Märchen sind ...“. Wer das Märchen erkannt hat, darf mit seinem Märchen weitermachen.

4 Mithilfe des Puzzles könnt ihr auch ganz neue Märchen erfinden. Zeichnet das Schema in euer Heft und füllt die Felder mit eigenen Ideen. Beachtet dabei, dass z. B. Sprüche nicht in allen Märchen vorkommen, dafür aber manchmal magische Zahlen (3, 7, 12) oder besondere Orte ... Schreibt eure Märchen auf oder erzählt sie euch gegenseitig.

Aufgaben und Prüfungen	Sprüche und Verse	Der Schluss
Verschiedenen Verlockungen muss widerstanden werden.	Ruckedigu, ruckedigu, Blut ist im Schuh ...	Die Böse verbrennt, die Kinder kehren heim.
Haushalt und Garten müssen ordentlich und sorgfältig betreut werden.	Kikeriki, unsere Jungfrau ist wieder hie ...	Der Königssohn heiratet das Mädchen. Den bösen Schwestern werden die Augen ausgehackt.
Schöne Dinge, die eine fremde Frau anbietet, dürfen nicht angenommen werden.	Ach wie gut, dass niemand weiß ...	Der Königssohn nimmt das Mädchen zur Frau, die böse Stiefmutter muss in rot glühenden Schuhen tanzen.
Eine Frau, der ein bestimmter Schuh passt, muss gefunden werden.	Der Wind, der Wind, das himmlische Kind ...	Die Gute wird mit Gold, die Böse mit Pech überschüttet.
Schwere Arbeit muss getan und eine List ersonnen werden, um den Bruder zu retten.	Damit ich dich besser sehen/riechen kann ...	Der Böse wird getötet, seine Opfer werden gerettet.
Ein Name muss erraten werden, sonst folgt eine Strafe.	Spieglein, Spieglein an der Wand ...	Der Böse zerreißt sich selbst, die Königin lebt glücklich.

3 Märchen werden erzählt

Eine der bekanntesten deutschen Märchensammlungen stammt von den Brüdern Jakob und Wilhelm Grimm. Diese ließen sich in der ersten Hälfte des 19. Jahrhunderts von märchenkundigen Frauen Märchen erzählen, die sie mitschrieben und später überarbeitet veröffentlichten. Das Bild zeigt die Brüder zu Besuch bei der Märchenfrau Dorothea Viehmann in Niederzwehren bei Kassel.

Ein Märchen in der Form, wie es die Brüder Grimm erzählt bekommen haben:

Die drei Königssöhne

Ein König hatte drei Söhne und jeder von ihnen sollte in die Welt gehn, und welcher ihm das feinste Linnen bringen würde, der sollte nach ihm regieren. Er stellte sich vor seinen Palast und blies drei Federn in die Luft. Nach welchen Gegenden sie flögen, dahin sollten sie ziehn. Eine flog nach Westen, der folgte der älteste Sohn. Eine nach Osten, der folgte der zweite. Die dritte aber fiel auf einen Stein nicht weit vom Palast, da lachten die beiden ältesten Prinzen den Däumling aus, dass er dableiben und das Linnen bei dem Stein suchen müsste. Der Däumling setzte sich auf den Stein und weinte, und indem er so hin und her wankt, schiebt sich der Stein fort und darunter liegt eine Marmorplatte mit einem Ring, die hebt er auf. Und einige Stufen führen hinab, denen er folgt, und er kommt in ein schönes Gewölbe, wo ein junges Mädchen sitzt, das eifrig spinnt. Er klagt ihm sein Leid, da spinnt es ihm vom allerfeinsten Linnen und heißt ihn hinaufgehn und seinem Vater bringen. Als er hinaufkommt, sind seine Brüder auch schon da mit ihrem Linnen, aber seins wird am feinsten gefunden. Doch wollen die Brüder sich nicht zufrieden geben und der König bläst aufs Neue drei Federn in die Luft und verlangt den schönsten Teppich. Die zwei ältesten Brüder ziehn wieder nach Westen und Osten, Däumlings Feder fällt wieder auf den Stein. Er säumt nicht hinunterzusteigen, wo er das junge Mädchen beschäftigt sieht, einen wunderbaren Teppich zu wirken. Den bringt er hinauf und er ist schöner als die seiner Brüder. Aufs Neue werden Federn in die Luft geblasen. Jeder soll sehn, die schönste Frau zu erhalten. Wie Däumling hinunterkommt, sagt ihm das Mädchen, er solle nur weiter in das Gewölbe gehn, in das goldne Gemach, da werde er die schönste Dame finden. Er eilt hin und öffnet ein Gemach, das von Gold und Edelsteinen blitzt, aber drinnen sitzt keine Dame, sondern ein entsetzlich hässlicher Frosch. Doch fasst er Mut und trägt ihn herauf zu einem nahen Teich, wo er ihn hinabwirft. Kaum aber berührt der Frosch das Wasser, so verwandelt er sich in die schönste Dame, die je gelebt hat. Und nachdem der König sich schon für sie entschieden hat, wollen sich doch die andern Prinzen mit ihren Gemahlinnen nicht zufrieden geben und verlangen, diejenige solle den Vorzug haben, welche springen könne bis zu einem Ring, der mitten in dem Saal hoch befestigt ist. Der König willigt ein und nun versuchen sie alle da hinaufzugelangen. Aber die beiden andern kommen nicht hoch genug und fallen sich tot, nur die Dame aus der Höhle gelangt gleich zum ersten Mal hin und wiegt sich an dem Ring, den sie mit beiden Händen gefasst hat. Darauf wird Däumling König und sie Königin.

Der Anfang desselben Märchens im Märchenbuch der Brüder Grimm:

Die drei Federn

Es war einmal ein König, der hatte drei Söhne, davon waren zwei klug und gescheit, aber der dritte sprach nicht viel, war einfältig und hieß nur der Dummling. Als der König alt und schwach ward und an sein Ende dachte, wusste er nicht, welcher von seinen Söhnen nach ihm das Reich erben sollte. Da sprach er zu ihnen: „Zieht aus, und wer mir den feinsten Teppich bringt, der soll nach meinem Tod König sein." Und damit es keinen Streit unter ihnen gab, führte er sie vor sein Schloss, blies drei Federn in die Luft und sprach: „Wie die fliegen, so sollt ihr ziehen." Die eine Feder flog nach Osten, die andere nach Westen, die dritte flog aber geradeaus und flog nicht weit, sondern fiel bald zur Erde. Nun ging der eine Bruder rechts, der andere ging links und sie lachten den Dummling aus, der bei der dritten Feder, da, wo sie niedergefallen war, bleiben musste.

Der Dummling setzte sich nieder und war traurig. Da bemerkte er auf einmal, dass neben der Feder eine Falltüre lag. […]

1 Was könnt ihr dem Bild und Text über die Brüder Grimm entnehmen? Was erfahrt ihr über die Entstehung ihrer Märchensammlung?

2 Wie unterscheidet sich die mündliche Fassung des Märchens von der Buchfassung? Könnt ihr euch erklären, warum die Brüder Grimm Änderungen vorgenommen haben?

Viele Märchen sind schon über 2000 Jahre alt. Manche sind im Orient entstanden, von wo sie über Italien, Frankreich und andere Länder über ganz Europa verbreitet wurden. Wir können uns heute kaum noch vorstellen, dass die Erzähler die Märchen auswendig konnten und sie mündlich weitererzählt haben.

Märchenerzähler des Orients: die Hakawatis

Viel wussten die Leute nicht über Junis, obwohl er über dreißig Jahre lang das Kaffeehaus nahe beim Thomastor führte. Die Leute schwärmten von seinem jemenitischen Kaffee, von seinem libanesischen Arrak*, von seinen ägyptischen Bohnen und seinem Pfeifentabak aus Latakia*, doch kaum einer wusste, woher Junis kam. […]

Essen gab es bei Junis täglich nur bis zum frühen Nachmittag. Dann begann die Zeit der Wasserpfeifen und des Tees und wenn die Sonne unterging, so war die Nacht für die Erzähler reserviert. Nacht für Nacht stieg der Hakawati* auf einen hohen Sitz und unterhielt die Gäste mit spannenden Liebes- und Abenteuergeschichten. Die Hakawatis mussten oft gegen den Lärm ankämpfen, denn die Zuhörer redeten und kommentierten die Geschichten mit Zwischenrufen, stritten und verlangten manchmal sogar, dass der Hakawati einen Abschnitt, der ihnen gefiel, wiederholte. Je spannender aber die Geschichte wurde, umso leiser erzählte der Hakawati.

Die guten Hakawatis ließen nicht dauernd fliegende Teppiche herumsausen, Drachen Feuer spucken und Hexen die irrsinnigsten Gifte zusammenmischen. Bei den guten Hakawatis schauten die Zuhörer auch dann ganz gebannt hin, wenn sie von den einfachsten Dingen erzählten.

Rafik Schami

Reisende erzählen Märchen

Selim Baruch setzte sich zu den Kaufleuten und aß und trank mit ihnen. Nach dem Essen räumten die Sklaven die Geschirre hinweg und brachten lange Pfeifen und türkisches Sorbet*. Die Kaufleute saßen lange schweigend, indem sie die bläulichen Rauchwolken vor sich hin bliesen und zusahen, wie sie sich ringelten und verzogen und in die Luft verschwebten. Der junge Kaufmann brach endlich das Stillschweigen. „So sitzen wir seit drei Tagen“, sprach er, „zu Pferd und am Tisch, ohne uns durch etwas die Zeit zu vertreiben. Ich verspüre gewaltig Langeweile; denn ich bin gewohnt nach Tisch Tänzer zu sehen oder Gesang und Musik zu hören: Wisst ihr gar nichts, meine Freunde, das uns die Zeit vertreibt?“ Die vier älteren Kaufleute rauchten fort und schienen ernsthaft nachzusinnen; der Fremde aber sprach: „Wenn es mir erlaubt ist, will ich euch einen Vorschlag machen. Ich meine, auf jedem Lagerplatz könnte einer von uns den andern etwas erzählen. Dies könnte uns schon die Zeit vertreiben.“ – „Selim Baruch, du hast wahr gesprochen“, sagte Achmet, der älteste der Kaufleute. „Lasst uns den Vorschlag annehmen!“ – „Es freut mich, wenn euch der Vorschlag behagt“, sprach Selim. „Damit ihr aber sehet, dass ich nichts Unbilliges verlange, so will ich den Anfang machen.“ Vergnügt rückten die fünf Kaufleute näher zusammen und ließen den Fremden in ihrer Mitte sitzen. Die Sklaven schenkten die Becher wieder voll, stopften die Pfeifen ihrer Herren frisch und brachten glühende Kohlen zum Anzünden. Selim aber erfrischte seine Stimme mit einem tüchtigen Zuge Sorbet, strich den langen Bart über dem Mund weg und sprach: „So hört denn die Geschichte von Kalif Storch.“ *Wilhelm Hauff*

Zigeuner* erzählen Märchen

Früher war es nicht so, dass die Kinder in die Schule gingen. Sie spielten hinter dem Hügel, und wenn wir sie brauchten, riefen wir hinüber: „Kommt her, Kinder! Pecó! Szuszka! Kákó! Wollt ihr Märchen hören? Soll ich euch erzählen, wie es war, als der blinde Polizist den Fleischerburschen erwischte? Kommt, Kinder, kommt! Wer hereinkommt und Koks zerkleinert, kann zuhören.“

Dann haben wir ihnen erzählt. [...] Wir erzählten ihnen, was uns gerade einfiel und was wir selbst von unseren Großvätern gehört hatten, gaben dann noch das Unsere dazu, so dass die Geschichte gerade aus war, wenn die Kinder den Koks klein hatten. Wer noch mehr hören wollte, den stellten wir an den Blasebalg und er hörte uns zu, bis ihm von dem Gas schwindelig wurde. Damals erzählten wir unsere Geschichten auf Zigeunerisch und so konnten wir es auch besser, und auch die Lieder sangen wir in der Romasprache*.

3 Aus den Texten erfahrt ihr einiges über das Märchenerzählen. Vergleicht die Situationen.

4 In welchen Situationen werden heute Märchen erzählt und gehört? Welche Erfahrungen habt ihr damit gemacht?

4 Märchen anderswo

Das Märchen von Sänämâ

Einer war, einer war nicht.

Es war einmal eine Waschfrau, die konnte kein Kindlein bekommen und sandte heiße Gebete zu Gottes Thron: „O lieber Gott, segne mich doch mit Fruchtbarkeit, und wenn ich auch nur ein Bienlein zur Welt bringen sollte." Ihr Gebet wurde erhört und sie kam in gesegnete Umstände, und als die Zeit ihrer Schwangerschaft zu Ende war, legte sie sich mit zwei- bis dreitausend Bienen ins Wochenbett. Die unglückliche Frau nahm Körbe voll Bienen, trug sie hinters Haus und schüttete sie dort aus. Nur eine einzige Biene verbarg sich in einem Winkel, und als die Waschfrau ausgegangen war, flog sie umher und besorgte alle Arbeit im Hause, kochte das Essen, fegte und wusch, worauf sie wieder in ihr Versteck zurückflog. Ihre Mutter war ganz erstaunt, als sie nach Hause kam. „Wer kann das wohl sein", sagte sie, „der während meiner Abwesenheit hier ins Haus gekommen ist und alles so fein in Ordnung gebracht hat?" Aber sie konnte niemanden entdecken.

Eines Tages nahm die Waschfrau die Kleider des Königssohnes und trug sie hinaus, um sie zu waschen. Unterdessen kam der Königssohn selber an die Haustür und bat um seine Sachen. Die Biene saß hinter der Tür und sagte: „Wer bist du?" Er erwiderte: „Ich suche Mutter Wäscherin." Darauf antwortete die Biene:

„Am Bache steht die Waschfrau dein
– beim Leben schwör ich's dir –
und wäscht das Linnen weiß und rein
– beim Leben schwör ich's dir –
und wenn sie kommt zur Abendstund
– beim Leben schwör ich's dir –,
tu auch getreulich dies ihr kund
– beim Leben schwör ich's dir!"

Dem Königssohn ging die süße Stimme so sehr zu Herzen, dass er in Ohnmacht fiel. Als der Sohn des Wesirs*, der draußen wartete, sah, dass der Königssohn aus dem Hause der Waschfrau nicht zurückkam, ging er hin und fand ihn ohnmächtig auf der Türschwelle liegen. Er brachte ihn zum Bewusstsein zurück und fragte, was denn geschehen sei. „Nichts", sagte der andere und dann gingen sie. Aber der Königssohn ging zu seiner Mutter, der Königin, und sagte: „Entweder schaffst du mir die Tochter der Waschfrau zur Ehe oder ich laufe auf und davon." Die Mutter erwiderte: „Beim Himmel, du musst verrückt geworden sein! Wie sollte ich doch dazu kommen, die Tochter einer Waschfrau zur anderen Königin des Reiches zu machen?" – „Gut, dann nehme ich mir das Leben", sagte der Königssohn. Die Königin fuhr fort, ihm Vernunft einzureden, aber das konnte alles nichts nützen. Sie musste sich darein finden und schickte ein paar Frauen hin, dass sie mit dem Mädchen reden sollten. Aber als die Frauen in das Haus der Waschfrau kamen und ihr die Botschaft der Königin brachten, sagte die Frau: „Asche auf mein Haupt! Woher sollte ich doch eine Tochter haben? Vielleicht ist es ein Mädchen aus dem Nachbarhaus, mit dem der Königssohn gesprochen hat.“ Da kam auf einmal die Biene aus ihrem Versteck in der Mauer hervor und sagte: „Liebe Mutter, wer bin ich denn?“ Die Waschfrau war ganz verdutzt und sagte: „Ja wahrhaftig, die Biene da ist meine Tochter.“

Die Frauen gingen zurück zum Königssohn und sagten: „Du hast mit einer Biene gesprochen und nicht mit einem jungen Mädchen.“ – „Das macht nichts“, sagte der Königssohn, „ich will sie heiraten.“ Und dann bereiteten sie alles für das Verlobungsfest vor. Ein paar Sofas wurden übereinander gestellt, man setzte die Biene obendrauf und putzte sie mit golddurchwirkten Stoffrestchen, und der Bund wurde geschlossen. Es wurde bestimmt, dass die Hochzeit eine Woche später stattfinden sollte.

Der Königssohn war so verliebt, dass er irgendetwas unternehmen musste, damit ihm diese Woche schnell verginge, und darum zog er auf die Jagd. Aber bald darauf kam die Kunde vom Jagdrevier, dass der Königssohn vom Pferde gefallen und dem Tode nahe sei. Alle Leute der Stadt, Männer und Frauen, wanderten hinaus, um zu sehen, wie es ihrem lieben Prinzen ginge. Die Nachricht drang auch in das Haus der Waschfrau. Gleich flog die Biene, deren Name Sultan Sänämâ* war, auf, hüllte sich in eine Zwiebelschale als Tschâdor* und in eine Knoblauchschale als Rûbänd* und machte sich auf den Weg. Als sie den Ort erreichte, an dem sich viele Menschen versammelt hatten, schlug sie sich mit ihren kleinen Beinchen vor die Stirn und klagte: „So ein Jammer! Nun ist Sultân Sänämâ in ihrer Jugend Witwe geworden.“

Nun hielt sich gerade in dieser Gegend die Tochter des Pärî-Königs auf. Viele Jahre hatte sie darunter gelitten, dass sich ein Schwertfisch in ihrem Rachen eingekeilt hatte. Als sie nun Sultân Sänämâ in dieser Weise auftreten sah, brach sie in ein solches Gelächter aus, dass der Schwertfisch ihr aus dem Halse fuhr. Nach diesem glücklichen Ereignis schickte sie einen Diener um Sultan Sänämâ zu holen; dann sagte sie zu ihr: „Wünsche dir etwas von mir.“ Die Biene sprach: „Ich wünsche mir, dass ich ein junges Mädchen werde, das ebenso schön ist wie du.“ Da berührte die Pärî-Prinzessin sie mit einem Stab, den sie in der Hand hielt, und auf der Stelle wurde Sultân Sänämâ zu einem Mädchen, das war so schön und lieblich, dass man seinesgleichen in allen Ländern und Reichen der Welt nicht fand.

Nach einigen Tagen war der Königssohn wieder gesund und jetzt kamen die Vorbereitungen für die Hochzeit erst recht in Gang. Als die ausgesandten Leute in die Wohnung der Waschfrau kamen, um die Biene zu holen, fanden sie zu ihrem größten Erstaunen anstelle der Biene, die sie zu sehen erwarteten, ein über die Maßen schönes Mädchen. Froh und vergnügt nahmen sie die Braut mit und brachten sie zu ihrem Ehegemahl.

„So wollen wir also, wie der Schreiner Ali gesagt hat, unser Erworbenes selbst verzehren, solange wir leben!“ – Das Mehl fanden wir oben, den Teig fanden wir unten, die Geschichte hat ihr Ende gefunden.

1 Das Märchen stammt aus Persien. Was erscheint euch fremd, was erinnert euch an bekannte Märchen?

2 Findet ihr auch Merkmale aus dem Märchenpuzzle (Seite 42 / 43) wieder?

Vergleichen: Volksmärchen von den Lofoten: Die Zauberinsel (Seite 213)

Es war einmal, es war keinmal. Mehr Menschen gab's als Steine an der Zahl. In alter Zeit, die längst vorbei, das Sieb lag drinnen in der Streu, da die Kamele als Ausrufer umhergingen und die Flöhe mit dem Barbieren* anfingen, ließ ich die Wiege meines Vaters knarrend schwingen.

Meine mollige Fliege summte und flog hoch in die Luft hinauf. Ich packte sie und fing ihr Fett in neunundneunzig Pfannen auf. Ihre Haut lud ich auf achtundachtzig Kamele. Von dort zog ich fort nach Istanbul. Klaubte in Tophane* die Kanonenkugeln zusammen und steckte sie wie Maiskörner in meine Tasche. Nahm den Galataturm* in die Hand wie ein Rohr. Da kam ich an ein Meer; tat einen Schritt in seine Mitte, als wäre die das Ufer. Und bin doch tatsächlich hineingeplumpst!

Was ich erzähle, ist dem Märchen eigen. Wollt ihr euch auch daran freuen, müsst ihr euer Ohr mir leihen; wer nicht zuhört, dem wird's der bucklige Kadi* zeigen.

In längst vergangenen Zeiten gab es einen Sultan, der sehr viel Gutes tat. […]

Im Schloss wurde aufs Neue zu einer Hochzeit gerüstet. In nie gesehener Pracht feierten der Prinz und das Zitronenmädchen vierzig Tage und vierzig Nächte lang das Fest ihrer Vermählung.

Sie leben in Glück und in Frieden, das Gleiche sei euch beschieden.

Ein vorbeikommender Mönch half ihm auf. Als er sah, dass der alte Mann blind war, sagte er ihm, dass er, wenn er nur dreihundert Säcke Reis dem Buddhatempel Mongunsa opfern und beten würde, sein Augenlicht wiedergewinnen könnte. Der arme Blinde seufzte, denn dreihundert Säcke Reis waren wie tausend Schlösser für ihn. Niemals würde er das Geld haben, um sie zu kaufen.

Der Jüngling wollte das kleine Pferd ausspannen, aber wie er auch ächzte und stöhnte, das Kumt* war viel zu schwer für ihn.

In diesem Augenblick kam die kleine Schwester des kleinen Mannes aus der Jurte*.

„Ach, du Ärmster", sagte sie, „bist du aber schwach."

Und schon spannte sie das kleine Pferd aus. Das schwere Kumt trug sie mit einer Hand weg.

Der Jüngling wurde rot vor Scham, war er doch stark und kräftig wie kein anderer. Außerdem gefiel ihm das Mädchen auf den ersten Blick. Als er die Jurte betrat, kochte das Mädchen die Suppe. Es hatte in den Kessel vierzig Mammutzähne, vierzig Pud* Salz und vierzig Pud Renfleisch getan. Nach drei Tagen und drei Nächten war die Suppe fertig. Der kleine Mann aß zehn Schüsseln Suppe und das Mädchen acht. Der Jüngling aber machte mit Mühe und Not eine Schüssel leer.

Bald erkannte er, dass es drei Kokospalmen waren. Er stieß einen Jubelschrei aus und dankte den Göttern für ihre Hilfe. Die letzten Schritte bis zu der Baumgruppe lief er, so schnell er konnte, und sank dann erschöpft unter der ersten Palme nieder. Als er sich wieder ein wenig erholt hatte, machte er sich auf die Suche nach dem Eingang zur Unterwelt. Aber so sehr er sich auch mühte, er konnte nirgends eine Höhle entdecken. Drei Kokosnüsse waren die einzige Ausbeute seines kurzen Streifzuges.

Nun brachte der weiße Geier die Sonne und als Kame fragte: „Ist das tragbar?“, antwortete Keri: „Jetzt, ja!“ Dann gab er den Königsgeier frei, der sehr erzürnt war.

Der Mond bestand damals aus (gelben) Japu-Federn*, die Sonne aus Federn des Tukans* und des Roten Araras*, die Morgenröte aus Tukan-Federn. So haben es die Alten gewusst. Wenn es jetzt, wie gesagt, anders sein soll, so weiß ich davon nichts und niemand weiß es. Dann muss man geblasen haben, dass sie wie Feuer geworden ist.

Morgenstern redete seine Mutter an: „Eines Nachts im Mond der Blumen sah ich ein Mädchen, das auf der Prärie schlief. Ich liebe sie. Ich habe sie als meine Frau heimgebracht.“

Die Mondfrau hieß Federfrau willkommen als ihre Tochter, und als der Sonnenhäuptling am Abend heimkehrte, nahm auch er sie freundlich auf. Die Mondfrau kleidete sie in weiches Wildleder, gab ihr Schmuck aus Elchzähnen und andere Geschenke: Armbänder aus Elchzähnen und einen Elchhautumhang, der mit den heiligen Farben bemalt war.

3 Märchenausschnitte aus aller Welt – woran könnt ihr erkennen, aus welchem Land sie jeweils stammen?

4 Vergleicht Anfang und Schluss des türkischen Märchens mit einem deutschen Märchenanfang und -schluss.

5 Vielleicht habt ihr Lust, in der Klasse ein internationales Märchenbuch anzufertigen:
- Informiert euch zunächst in der Bibliothek über Bücher mit ausländischen Märchen und tragt möglichst viele verschiedenartige Märchenbücher zusammen.
- Wählt dann Märchen aus aller Welt aus, die ihr in euer Märchenbuch aufnehmen wollt. Ihr könnt eurem Buch auch einen oder mehrere inhaltliche Schwerpunkte geben, z. B. Tiermärchen, Hexenmärchen, Lügenmärchen, Wunschmärchen oder Ähnliches.
- Malt Bilder zu den Märchen und ein passendes Titelblatt (Inhaltsverzeichnis nicht vergessen) und heftet (oder bindet) alles zusammen.

5 Man muss nicht alles glauben

Die Geschichte vom bösen Hänsel, der bösen Gretel und der Hexe

Es war einmal eine alte Hexe, die hatte ihr ganzes Leben lang gearbeitet, hatte gezaubert vom frühen Morgen bis zum späten Abend, hatte gehext und Zaubersprüche aufgesagt jeden Tag und war nun in das Alter gekommen, wo ihre Zauberkraft nachließ und ihre Kräfte langsam schwanden.

Sie wurde aber nicht böse und giftig darüber wie manche andere Hexen, wenn sie so alt werden, sondern sagte sich: „Mit meiner Zauberkraft geht es zu Ende. Da will ich mir eine andere Beschäftigung suchen, damit ich nicht faulenzen muss und auf trübe Gedanken komme. Ich werde mein Haus zum schönsten Hexenhaus weit und breit machen!“

Und schon am nächsten Tag begann sie ihr Häuschen aufs wunderlichste zu schmücken. Auf die Dachziegel legte sie Lebkuchen, die Wände verkleidete sie mit Brot und Kuchen, verziert mit Mandeln und Nüssen; ihre Glasfenster hängte sie aus und hängte neue ein, ganz aus weißem Zucker.

Das dauerte viele Wochen; jeden Tag musste die alte Frau in der Küche stehen und backen. Aber sie arbeitete unermüdlich und endlich war das Häuschen fertig.

Da war die alte Hexe stolz auf ihr Haus! […] *Paul Maar*

Vom Küchenjungen in Dornröschens Schloss

Von Dornröschen weiß fast jedes Kind: wie aus Mangel an passendem Geschirr eine weise Frau zur Feier von Dornröschens Geburt nicht eingeladen werden konnte, wie die Ungebetene dann doch erschien und dem Königskind zum fünfzehnten Geburtstag den Tod wünschte; und wie dann eine andere weise Frau den bösen Wunsch abwandelte – nicht sterben sollte Dornröschen, sondern hundert Jahre lang schlafen. Das tat das Königskind dann auch und mit ihm schliefen alle im Schloss, bis ein Prinz kam und mit einem ganz leisen Kuss alle aus dem Schlaf schreckte. Alle – auch den Küchenjungen, von dessen Geschichte bisher viel zu wenig die Rede war. Denn natürlich haben nicht nur Königskinder, sondern auch Küchenjungen ihre Geschichte. […]

Irmela Brender

Das Rumpelstilzchen hat mir immer Leid getan

Im Märchen, sagen die Leute, siegt das Gute, und das Böse wird bestraft und am Schluss hat alles seine Ordnung. Man muss nicht alles glauben, was die Leute sagen. Man muss selber nachdenken. Zum Beispiel über Rumpelstilzchen. Das hat mir immer Leid getan. […] *Irmela Brender*

Wie es mit Rotkäppchen weiterging

Jeder weiß, wie die Sache mit Rotkäppchen und dem Wolf ausgegangen ist: Der Jäger schnitt dem Wolf mit der Schere den Bauch auf, und Rotkäppchen und die Großmutter kamen herausgekrochen und dafür legten sie dem Wolf Steine in den Bauch, so dass der nicht fortspringen konnte, als er aufwachte, und niedersank und sich totfiel; die Großmutter aber verspeiste den Kuchen und trank den Wein, welchen das Rotkäppchen in seinem Körbchen gebracht hatte, und der Jäger und die Großmutter und das Rotkäppchen waren alle drei vergnügt.

Wie aber ist es weitergegangen? […] *Stefan Heym*

Cartoon: Chas Addams

1 Lasst euch von den Texten und der Bildgeschichte anregen, die euch bekannten alten Märchen ganz anders zu sehen, und erzählt sie neu.

Wozu eigentlich Bücher?

1 Das Leser-Haus

Jürgen Richter, 24 Jahre,
Student der Rechtswissenschaften,
Hobbys: Surfen und
Jazztrompete
Er greift zum Bürgerlichen
Gesetzbuch (BGB).

Kai, 12 Jahre,
Realschüler,
Hobbys: Schwimmen,
Lesen und Bogenschießen
Er liest: „Harry Potter
und der Feuerkelch“
von Joanne K. Rowling.

Katharina Haas-Silva, 35 Jahre,
Journalistin,
Hobbys: Lesen, Reisen, Malen
Sie liest: „Der Herr der Ringe“
von J. R. R. Tolkien.

1 Stellt euch vor, ihr wohnt in diesem Haus, in dem viele Menschen leben und arbeiten – und lesen: Überlegt euch, welche Menschen hier leben, was sie lesen und was sie über das Gelesene sagen bzw. beim Lesen denken und fühlen. Vielleicht seid ihr ja selbst einer davon.

2 Ihr könnt auch selbst ein solches Leser-Haus basteln: Jeder malt ein Leser-Zimmer und aus den vielen Leser-Zimmern setzt ihr dann ein großes Leser-Haus zusammen.

2 „Wozu eigentlich Bücher?“

Eine rätselhafte Leidenschaft

Es ist eine rätselhafte Sache um die menschlichen Leidenschaften, und Kindern geht es damit nicht anders als Erwachsenen. […]

Für Bastian Balthasar Bux waren es die Bücher.

Wer niemals ganze Nachmittage lang mit glühenden Ohren und verstrubbeltem Haar über einem Buch saß und las und las und die Welt um sich her vergaß, nicht mehr merkte, dass er hungrig wurde oder fror –

Wer niemals heimlich beim Schein einer Taschenlampe unter der Bettdecke gelesen hat, weil Vater oder Mutter oder sonst irgendeine besorgte Person einem das Licht ausknipste mit der gut gemeinten Begründung, man müsse jetzt schlafen, da man doch morgen so früh aus den Federn sollte –

Wer niemals offen oder im Geheimen bitterliche Tränen vergossen hat, weil eine wunderbare Geschichte zu Ende ging und man Abschied nehmen musste von den Gestalten, mit denen man gemeinsam so viele Abenteuer erlebt hatte, die man liebte und bewunderte, um die man gebangt und für die man gehofft hatte, und ohne deren Gesellschaft einem das Leben leer und sinnlos schien –

Wer nichts von alledem aus eigener Erfahrung kennt, nun, der wird wahrscheinlich nicht begreifen können, was Bastian jetzt tat.

Er starrte auf den Titel des Buches und ihm wurde abwechselnd heiß und kalt. Das, genau das war es, wovon er schon oft geträumt und was er sich, seit er von seiner Leidenschaft befallen war, gewünscht hatte: eine Geschichte, die niemals zu Ende ging! Das Buch aller Bücher!

Er musste dieses Buch haben, koste es, was es wolle! […]

Ehe er sich's versah, hatte er plötzlich ganz schnell das Buch unter seinen Mantel gesteckt und presste es dort mit beiden Armen an sich. Ohne ein Geräusch zu machen, ging er rückwärts auf die Ladentür zu, wobei er die andere Tür ängstlich im Auge behielt. Vorsichtig drückte er auf die Klinke. Er wollte verhindern, dass die Messingglöckchen Lärm machten, deshalb öffnete er die Glastür nur so weit, dass er sich gerade eben durchzwängen konnte. Leise und behutsam schloss er die Tür von draußen. Erst dann begann er zu rennen. *Michael Ende*

1 Bastian Balthasar Bux ist von der Leidenschaft des Bücherlesens gepackt. Woher kann es kommen, dass für ihn und dass überhaupt für jemanden das Bücherlesen so wichtig ist?

2 Und wie ist das bei dir? In welcher Situation, in welcher Stimmung liest du am liebsten? Wann liest du welche Geschichten?

3 Leseerfahrungen

Das grenzenloseste aller Abenteuer

Es begann in Kristins Küche, als ich ungefähr fünf Jahre alt war. Bis dahin war ich ein kleines Tier gewesen, das mit Augen, Ohren und allen Sinnen nur das in sich eingesogen hatte, was Natur war. Dass es auch Kultur gab, erfuhr ich erst, als ich auf Kinderbeinen in Kristins Küche stiefelte, wo mich überraschend ein Hauch davon streifte. Kristin war mit unserem Kuhknecht verheiratet, und was wichtiger war, sie war Edits Mama. Diese Edit – gesegnet sei sie jetzt und für allezeit – las mir das Märchen vom Riesen Bam-Bam und der Fee Viribunda vor und versetzte meine Kinderseele dadurch in Schwingungen, die bis heute noch nicht ganz abgeklungen sind …

Allmählich lernte ich selber lesen und ging auf die Jagd, um meinen wilden Lesehunger zu stillen. Anfangs war die Ausbeute nur mager. Aber die Lehrerin in der Vorschule hatte immerhin einen glänzenden Einfall – alljährlich brachte sie uns vor Weihnachten wunderbar bunte Prospekte über Märchenbücher mit, sodass man sich ein Buch als Weihnachtsgeschenk bestellen konnte. „Schneewittchen“ mit einer von Jenny Nyström gezeichneten schwarzlockigen Prinzessin auf dem Umschlag war mein erstes eigenes Buch, danach kaufte ich mir auch „Unter Wichteln und Trollen“ mit John Bauers unvergesslichen Illustrationen.

Ein Buch ganz für sich allein zu besitzen – dass man vor Glück nicht ohnmächtig wurde! Noch heute weiß ich, wie diese Bücher rochen, wenn sie funkelnagelneu und frisch gedruckt ankamen, denn zunächst einmal schnupperte man daran, und von allen Düften dieser Welt gab es keinen lieblicheren. Er war voller Vorgeschmack und Erwartungen.

Dann war man plötzlich zehn Jahre alt und ging in die Oberschule. Im Lehrerzimmer gab es eine Schulbibliothek, und darauf stürzte ich mich wie eine Besessene und verschlang alles, was es dort gab. In diesen Jahren zwischen zehn und dreizehn verschlingt man ja Bücher, und auch ich futterte alles Erreichbare, gleichgültig ob ich es mir aus der Schulbibliothek holte oder von Mitschülern lieh, die mit Büchern besser ausgestattet waren als ich. Ich las die ganze lange Reihe von Sagen und Geschichten, vom Trojanischen Krieg bis zu „Robinson Crusoe“ und „Onkel Toms Hütte“, dazu alles, was ich von Jules Verne ergattern konnte, „Der Graf von Monte Christo“ und „Die drei Musketiere“, „Der letzte Mohikaner“, „Das Dschungelbuch“, „Die Schatzinsel“, „Tom Sawyer“ und „Huckleberry Finn“ – schau an, welch stattliche Liste alter Klassiker!

Astrid Lindgren

1 Was wisst ihr über Astrid Lindgren?

2 Welchen Stellenwert haben Bücher im Leben der Schülerin Astrid Lindgren gehabt? Könnt ihr das nachvollziehen?

3 Welche der Bücher, die Astrid Lindgren erwähnt, habt ihr gelesen oder als Film gesehen? Waren sie ein Erlebnis für euch?

4 Suche dir eines der Bücher aus, das du noch nicht kennst, besorge es dir in der Bücherei, lies es und berichte dann über deine Leseerfahrung.

1 Kennt ihr die Bücher und Geschichten, auf die die eingetragenen Orte und Sehenswürdigkeiten hinweisen? Erzählt, worum es in ihnen geht.

2 Welche Orte und Sehenswürdigkeiten aus euch bekannten Büchern könntet ihr außerdem noch auf der Karte eintragen? Entwerft dafür eine eigene Bücher-Land-Karte.

4 Auf Büchersuche

Bastians Lieblingsbücher

Die Turmuhr in der Nähe schlug neun.

Bastians Gedanken kehrten nur ungern in die Wirklichkeit zurück. Er war froh, dass die Unendliche Geschichte nichts mit ihr zu tun hatte.

Er mochte keine Bücher, in denen ihm auf eine schlecht gelaunte und miesepetrige Art die ganz alltäglichen Begebenheiten aus dem ganz alltäglichen Leben irgendwelcher ganz alltäglicher Leute erzählt wurden. Davon hatte er ja schon in Wirklichkeit genug, wozu sollte er auch noch davon lesen? Außerdem hasste er es, wenn er merkte, dass man ihn zu was kriegen wollte. Und in dieser Art von Büchern sollte man immer, mehr oder weniger deutlich, zu was gekriegt werden. Bastians Vorliebe galt Büchern, die spannend waren oder lustig oder bei denen man träumen konnte, Bücher, in denen erfundene Gestalten fabelhafte Abenteuer erlebten und wo man sich alles Mögliche ausmalen konnte.

Denn das konnte er – vielleicht war es das Einzige, was er wirklich konnte: sich etwas vorstellen, so deutlich, dass er es fast sah und hörte. Wenn er sich selbst seine Geschichten erzählte, dann vergaß er manchmal alles um sich herum und wachte erst am Schluss auf wie aus einem Traum. Und dieses Buch hier war genau von der Art wie seine eigenen Geschichten! Beim Lesen hatte er nicht nur das Knarren der dicken Stämme und das Brausen des Windes in den Baumwipfeln gehört, sondern auch die verschiedenartigen Stimmen der vier komischen Boten, ja, er bildete sich sogar ein, den Geruch von Moos und Walderde zu riechen. Unten in der Klasse fing jetzt bald der Naturkundeunterricht an, der hauptsächlich im Aufzählen von Blütenständen und Staubgefäßen bestand. Bastian war froh, dass er hier oben in seinem Versteck saß und lesen konnte. Es war genau das richtige Buch für ihn, fand er, ganz genau das richtige!

Michael Ende

1 Hier ist beschrieben, wie die Bücher sein müssen, die Bastian Balthasar Bux mag. Welche Bücher magst du?

2 Schreib einen Bücher-Steckbrief, in dem du ein Buch beschreibst, das du gern lesen möchtest, etwa so:

Gegenstand/Inhalt: Drachen
Besonderheiten: freundliche Drachen
Zeit, in der es spielt: heute
Eigenschaften: lustig, spannend
Für welches Alter: ab 10 Jahre

3 Geh mit deinem Bücher-Steckbrief in eine Bücherei und frage die Mitarbeiter, ob sie ein solches Buch kennen. Schreib dir alle Buchtitel auf, die dir genannt werden. Frage auch deine Mitschüler. Leih dir eines der Bücher aus: Entspricht es deinen Vorstellungen?
Erzähl in der Klasse, was du bei deiner Büchersuche erlebt hast.

Welches Lesefutter mag ich?
Tiergeschichten, Abenteuerbücher, Fantasy, …

Mit wem kann ich über Bücher sprechen?
Freunde, Buchhändler, Bibliothekare, …

Wie komme ich an Bücher?
Bücherei, Buchhandlung, Freundeskreis, …

Wo erfahre ich, was es Neues gibt?
Buchhandlung, Zeitschriften, Internet, …

4 Wie sucht und findet ihr neues „Lesefutter“?

5 Bücher machen die Welt weit

Direkt vor dem Fenster ist nämlich das Meer. Man sieht einen großen Walfisch, in dessen Maul ein kleiner Mann sitzt und gar keine Angst hat. Am Horizont fährt ein Schiff, darauf befiehlt ein Kapitän mit nur einem Auge und einer eisernen Hand. Es ist ein Piratenschiff. Es steuert eine kleine Insel an, auf der ein Mann lebt, der die Sprache aller Tiere kennt, eine Ente führt ihm den Haushalt, das ist wirklich wahr. So was gibt es.

Auf der Insel lebt auch noch ein Tischler, der sich aus Einsamkeit und Übermut aus einem Stück Pinienholz einen kleinen Jungen geschnitzt hat, aber an dem hat er wenig Freude, denn der lügt das Blaue vom Himmel herunter, und immer, wenn er lügt, wächst seine Nase. Jetzt gerade lügt er mal ausnahmsweise nicht, sondern schläft unter einem Baum, zwischen dessen Wurzeln ein Hase mit einer Taschenuhr herumirrt und immer schreit: „Ich komm zu spät! Ich komm zu spät!“ Am Himmel sieht man einen Schwarm Wildgänse, und in das Federkleid der allerersten krallt sich ein kleiner Junge und fliegt furchtlos mit übers Meer. Er kann fast an den Mond fassen, den man ganz blass schon? noch? zwischen den Wolken sieht und auf dem ein anderer kleiner Junge in einem Bettchen mit Rädern herumrollt. Und ganz vorn, direkt am Haus, da, wo der Strand ist, da marschieren fünfzehn elegant gekleidete Pinguine und singen: „Im Frühtau zu Berge wir ziehn, fallera!“ Die Berge aber, die sieht man ganz weit im Hintergrund, und wenn man ein bisschen die Augen zukneift, dann stehen hoch auf dem obersten Gipfel das Heidi und der Geißenpeter und jodeln. *Elke Heidenreich*

1 Auf welchen Büchern steht das Mädchen? (Ihr könnt es erraten, wenn ihr genau lest, was es von seinem Bücherturm aus sieht.)

2 Baue dir deinen eigenen Bücherturm und erfinde deine eigene Bücherlandschaft. Schreibe auf, was du siehst.

Bücherlesen

Bücherlesen ist vonnöten,
soll euch nicht die Dummheit töten:
Wer nicht gerne Bücher liest,
ist für mich ein blödes Biest!

Bücherlesen, liebe Leute,
nicht erst morgen, sondern heute!
Heute gilt's, den Kopf zu füllen,
dass nicht laut vor Lachen brüllen

alle Affen hier im Zoo
über euren Kopf voll Stroh:
Stroh soll raus und Wissen rein,
das gilt nicht für euch allein,

sondern klar für jedermann,
der das Alphabet schon kann.
Ohne Bücher seid ihr Tröpfe,
sogar Holz- und Wasserköpfe!

Nur durch Bücher wissen wir:
Warum gibt es Menschen hier?
Denn kein Schaf gibt euch Bescheid,
keine Katze ist bereit,

Menschenkinder zu belehren,
die nicht auf die Bücher hören.
Hühner, Enten, Spatzen, Spechte
wissen leider nicht das Rechte,

was für Menschen wichtig wär.
Also: Nehmt die Bücher her,
lest und werdet sacht gescheit,
dass ihr einst die Klügren seid.

Günter Kunert

„Bücher lesen,
heißt wandern gehen
in ferne Welten"
Arabisches Sprichwort

3 Warum ist Bücherlesen „vonnöten"?

4 Gibt es Alternativen zum Bücherlesen?

Vergleichen: Sabine Jörg: Computer-Miri (Seite 113)

Sprechende Bilder

1 Ein Märchen in Bild und Text

Der gestiefelte Kater

Ein Müller hatte drei Söhne, seine Mühle, einen Esel und einen Kater; die Söhne mussten mahlen, der Esel Getreide holen und Mehl forttragen und die Katz die Mäuse wegfangen. Als der Müller starb, teilten sich die drei Söhne die Erbschaft, der älteste bekam die Mühle, der zweite den Esel, der dritte den Kater, weiter blieb nichts für ihn übrig. Da war er traurig und sprach zu sich selbst: „Mich hat es doch am allerschlimmsten getroffen, mein ältster Bruder kann mahlen, mein zweiter kann auf seinem Esel reiten, was kann ich mit dem Kater anfangen? Lass ich mir ein Paar Pelzhandschuhe aus seinem Fell machen, so ist's vorbei." – „Hör", fing der Kater an, der alles verstanden hatte, was er gesagt, „du brauchst mich nicht zu töten, um ein Paar Handschuh aus meinem Pelz zu kriegen, lass mir nur ein Paar Stiefel machen, dass ich ausgehen und mich unter den Leuten sehen lassen kann, dann soll dir bald geholfen sein." Der Müllerssohn verwunderte sich, dass der Kater so sprach; weil aber eben der Schuster vorbeiging, rief er ihn herein und ließ ihm ein Paar Stiefel anmessen. Als sie fertig waren, zog sie der Kater an, nahm einen Sack, machte den Boden desselben voll Korn, oben aber eine Schnur daran, womit man ihn zuziehen konnte, dann warf er ihn über den Rücken und ging auf zwei Beinen, wie ein Mensch, zur Tür hinaus.

Dazumal regierte ein König in dem Land, der aß die Rebhühner so gern; es war aber eine Not, dass keine zu kriegen waren. Der ganze Wald war voll, aber sie waren so scheu, dass kein Jäger sie erreichen konnte. Das wusste der Kater und gedachte seine Sache besser zu machen; als er in den Wald kam, tat er den Sack auf, breitete das Korn auseinander, die Schnur aber legte er ins Gras und leitete sie hinter eine Hecke. Da versteckte er sich selber, schlich herum und lauerte. Die Rebhühner kamen bald gelaufen, fanden das Korn und eins nach dem andern hüpfte in den Sack hinein. Als eine gute Anzahl darin war, zog der Kater den Strick zu; dann warf er den Sack auf den Rücken und ging zum Schloss des Königs. Die Wache rief: „Halt! Wohin?" „Zu dem König", antwortete der Kater kurzweg. – „Bist du toll, ein Kater zum König?" – „Lass ihn nur gehen", sagte ein anderer, „der König hat doch oft Langeweil, vielleicht macht ihm der Kater Vergnügen."

Als der Kater vor den König kam, machte er eine Verbeugung und sagte: „Mein Herr, der Graf", dabei nannte er einen langen und vornehmen Namen, „lässt sich dem Herrn König empfehlen und schickt ihm hier Rebhühner, die er eben in Schlingen gefangen hat." Der König erstaunte über die schönen, fetten Rebhühner, wusste sich vor Freude nicht zu lassen und befahl, dem Kater so viel Gold aus der Schatzkammer in den Sack zu tun, als er tragen könne: „Das bring deinem Herrn und dank ihm noch vielmal für sein Geschenk."

Der arme Müllerssohn aber saß zu Haus, stützte den Kopf auf die Hand und dachte, dass er nun sein Letztes für die Stiefel des Katers weggegeben [...]

Brüder Grimm

1 Wie geht das Märchen weiter? Erzählt oder lest im Märchenbuch nach.

2 Beschreibt, wie das Bild das Märchen erzählt: Wo beginnt die Handlung auf dem Bild und wie verläuft sie?

2 Acht verschiedene Bilder

1

2

3

4

1 Sprecht über die einzelnen Katzenbilder und überlegt, wo euch solche Bilder begegnen können und wozu sie wohl verwendet werden.

3 Bilder haben verschiedene Absichten

a

Mog fand ein schönes, warmes Plätzchen und schlief sofort ein. Er träumte etwas Wunderschönes, er träumte, er hätte Flügel.

Er konnte fliegen, wohin er wollte, er konnte besser als die Vögel fliegen, sogar besser als ganz große Vögel …

Plötzlich wachte er auf.

b

Amadeus ist bis über beide Mäuseohren verliebt und seine Angebetete ist – eine Katze! […] Sobald sich Amadeus ihr nähert, sprühen ihre Augen wie Feuer und ihre Krallen zucken vor Ungeduld.

c

1 Halswirbel
2 Schulterblatt
3 Wirbelsäule
4 Beckenknochen
5 Schwanzwirbel
6 Schultergelenk
7 Brustbein
8 Oberarmknochen
9 Ellenbogengelenk
10 Unterarmknochen
11 Handgelenk
12 Mittelhandknochen
13 Fingerknochen (Zehen)
14 Rippen
15 Oberschenkelknochen
16 Kniescheibe
17 Schienbein und Wadenbein (hinten)
18 Fersenbein
19 Fußwurzelknochen
20 Mittelfußknochen
21 Zehen

d

Im alten Ägypten wurden die Katzen wie eine Gottheit verehrt. Diese Figur aus der Zeit gibt ein Zeugnis davon.

e

Die Katze
Unsere Hauskatze ist ein Raubtier. Sie stammt von einer afrikanischen Wildkatze, der Falbkatze, ab. Sie war im alten Ägypten ein heiliges Tier. Zum Unterschied vom Hund ist die Katze ein Einzelgänger.

f

Spuckt sie die Tablette aus, versucht man es noch einmal. Lässt sich die Katze aber nicht derart überlisten, so darf man nur solche Zwangsmittel anwenden, die der Tierarzt vorher dem Katzenbesitzer erklärt und gezeigt hat. Wichtig dabei ist, dass man energisch und dennoch behutsam und ruhig vorgeht.

1 Ordnet die Texte Bildern auf den Seiten 66/67 zu und begründet eure Entscheidungen. Warum gibt es nicht zu jedem Bild einen Text?

2 Mithilfe von Bild und Text könnt ihr herausfinden, welche Absichten die einzelnen Bilder haben: sie unterhalten, informieren, beeinflussen usw. (Ein Bild kann durchaus mehrere Absichten haben.)

4 Wie Bilder auf uns wirken

1 Hier geht es um ein Experiment: Betrachtet das Bild ganz genau.

2 Schreibt dann einen kurzen Text, in dem ihr das Bild zu erklären versucht und eure Erklärung begründet.

3 Vergleicht eure Texte. Seid ihr zu unterschiedlichen Ergebnissen gekommen? Woran mag das liegen?

4 Dieses Bild wird nun für folgende Texte als Illustration verwendet:
- in einem Prospekt über Tierversuche,
- in einem Prospekt einer Fluggesellschaft über das Mitführen von Katzen,
- in der Anzeige eines Tierheims, um Katzen in gute Hände abzugeben.

Was meint ihr: Welchen Eindruck habt ihr dann von dem Bild, wenn ihr es zusammen mit den jeweiligen Texten betrachtet?

5 Wozu man Bilder verwenden kann

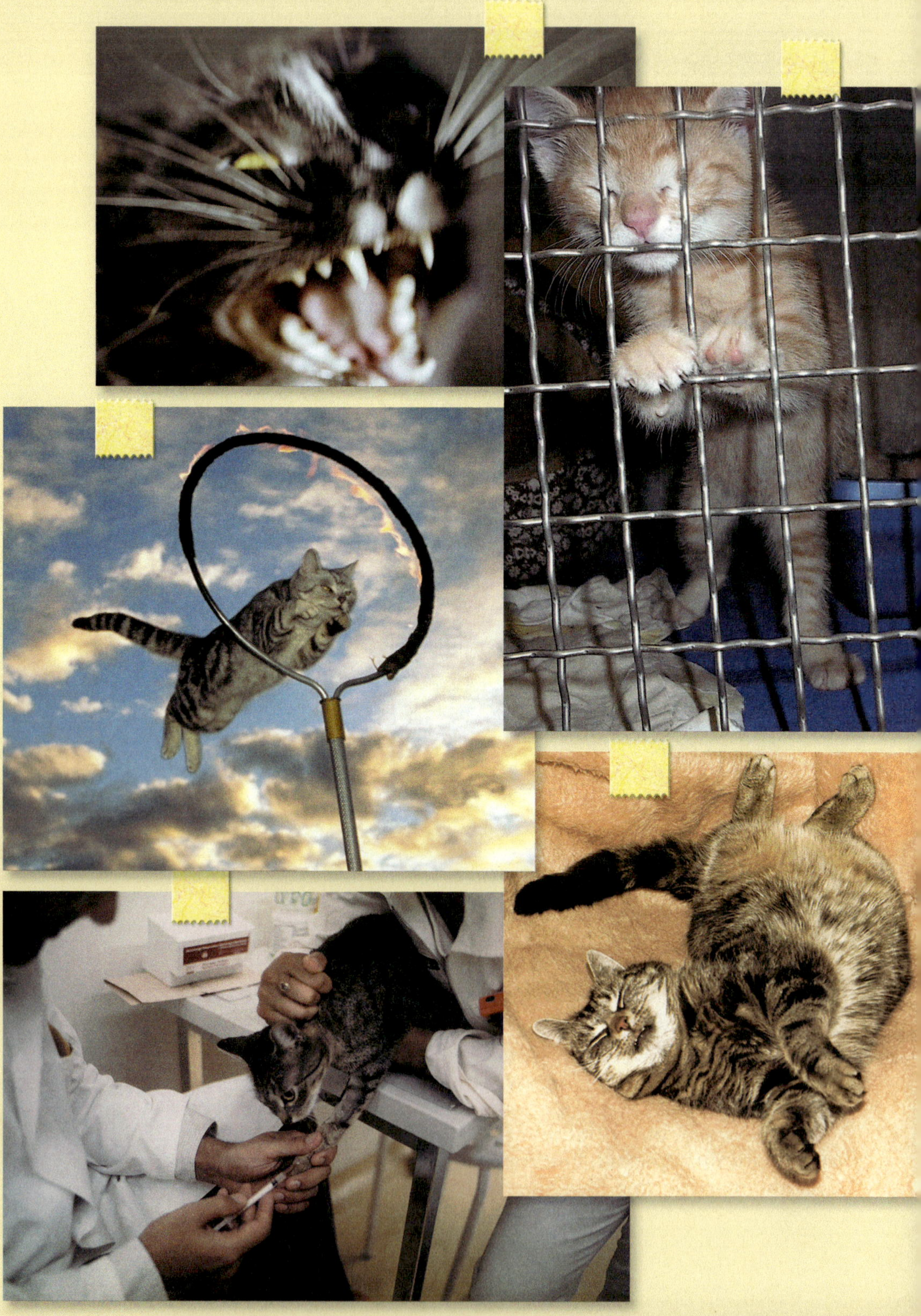

1 Es geht hier um eine Aktion des Deutschen Tierschutzbundes. Ihr sollt dazu ein Plakat mit dem Aufkleber „Stoppt Tierquälerei" entwerfen:
- Prüft, ob die Bilder dafür geeignet, weniger geeignet oder gar nicht geeignet sind. Begründet eure Entscheidung.
- Ihr könnt auch andere Bilder aus Zeitschriften o. Ä. suchen, die euch wirkungsvoll für das Plakat erscheinen.

6 Zu Bildern erzählen

1 Was ist auf diesen Bildern zu sehen und wie wirken sie auf euch?

2 Wählt eines von den Bildern aus und erzählt dazu eine Geschichte.

Wir stellen unsere Schule vor

1 Der „Tag der offenen Tür“: ein Projekt?

Einmal im Jahr, meistens wenige Wochen vor dem Anmeldetermin für die neuen Fünftklässler, ist „Tag der offenen Tür“, an dem sich die Schule interessierten Kindern und deren Eltern und Freunden vorstellt. Die Besucher sollen einen guten, treffenden Eindruck von der Schule bekommen, sodass sich viele Schülerinnen und Schüler anmelden. Die Planung, Vorbereitung und Durchführung dieses Tages liegt oft bei den fünften Klassen, die sich noch gut an ihren eigenen „Einstieg“ in die neue Schule erinnern können.

1 Habt ihr Erfahrungen mit einem solchen „Tag der offenen Tür“? Wie seid ihr damals an eurer neuen Schule begrüßt worden?

2 Habt ihr Ideen, wie man einen solchen Tag gestalten könnte?

An der Heinrich-Heine-Schule hat sich eine Arbeitsgruppe aus interessierten Schülerinnen und Schülern der 5. Klassen und einer Klassenlehrerin gebildet, die den Tag planen und vorbereiten will.

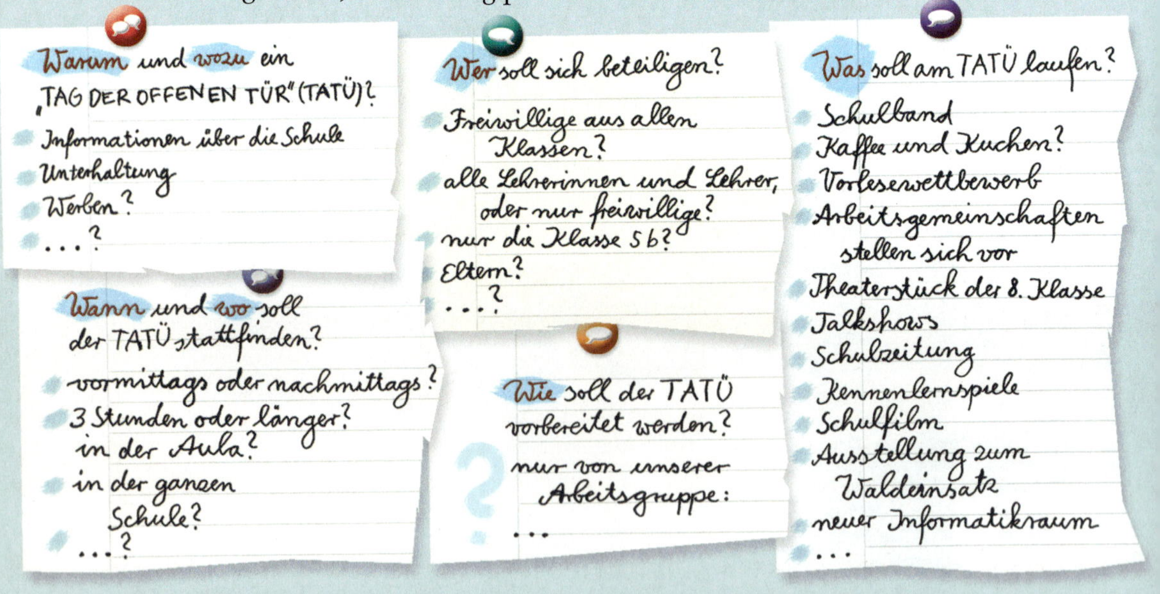

3 Was für Überlegungen hat die Arbeitsgruppe angestellt? Welche Hilfe geben die sechs W-Fragen (wer–wann–wo–was–wie–warum/wozu)?

4 Wie würdet ihr die Ideenzettel ergänzen oder verändern?

Die Arbeitsgruppe überlegt, wie der TATÜ im Einzelnen vorbereitet und durchgeführt werden kann. Schließlich können und wollen die Mitglieder der Arbeitsgruppe nicht alles alleine machen.

Arbeiten im Projekt

- aktueller, konkreter Anlass
- Schülerinnen und Schüler arbeiten mit Lehrerinnen und Lehrern zusammen
- Projektgruppen statt Klassen
- fachübergreifendes Arbeiten
- ...

6 Schritte eines Projekts

1. Vorplanung und Organisation

Arbeit in Teilgruppen:

2. Ideen sammeln und Arbeitsschritte festlegen
3. Material beschaffen, sichten und erarbeiten
4. Ergebnisse / Produkte herstellen
5. Projektergebnisse vorstellen
6. Projektergebnisse beurteilen

Projekt-Gruppen

- Begrüßungszeitung
- Talkshow
- „Neue Fächer stellen sich vor"
- Theaterstück / Sketsch
- Programm, Hinweisschilder,
- Besucherdienst
- ...

Projekt-Planung

- ...
- ...
- ...

5 Was hat die Arbeitsgruppe zum „Arbeiten im Projekt" herausgefunden? Was muss bei einem Projekt noch bedacht werden?

6 Was haltet ihr selbst vom Arbeiten im Projekt? Habt ihr damit bereits eigene Erfahrungen gesammelt?

7 Man kann in der Schule auch zu anderen Themen und Anlässen im Projekt arbeiten, z.B.:

Unsere Schule soll umweltfreundlicher werden

Mobbing - Gewalt in der Schule?

Girlsday - Boysday?

Der Ruf unserer Schule im Stadtviertel

...

Habt ihr weitere Projektideen?

8 Die Arbeitsgruppe hat sich (nach Absprache mit der Schulleitung) entschlossen, den TATÜ als Projekt der 5. Klassen zu planen und zu gestalten und dafür die drei Projekttage vor den Osterferien zu nutzen. Verfasst einen Brief der Arbeitsgruppe, in dem sie die 5. Klassen über das Projektvorhaben (Anlass, Termine, Thema, Bildung von Projektgruppen, ...) informiert.

2 Projektgruppe „Zeitung“: Von ersten Ideen zur Planung

Montag, 18. Mai: Beginn der Projekttage – die Projektgruppen machen sich an die Arbeit, so auch die Gruppe „Zeitung“…

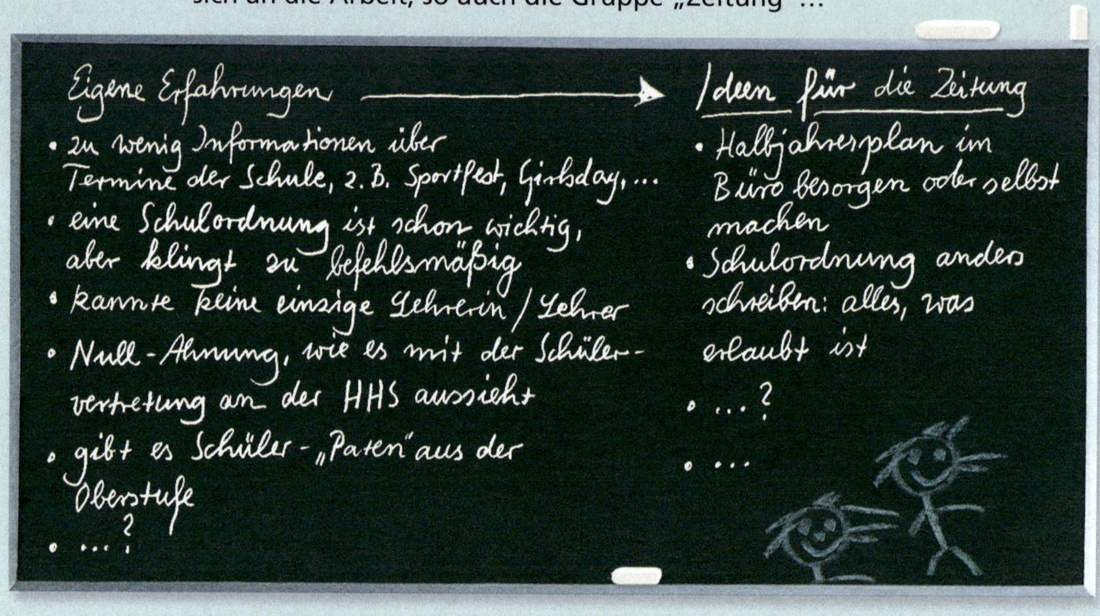

1 Wie ist die Gruppe „Zeitung“ vorgegangen, um zu ersten Ideen zu kommen? Wie würdet ihr das **„Brainstorming“** (Verfahren, bei dem alle spontan äußern, was ihnen zum Thema einfällt) an der Tafel fortsetzen?

Ihr könnt auch mit anderen Verfahren (Methoden) zu Ideen kommen, z.B. mit dem **„Ideen-Baum“**:

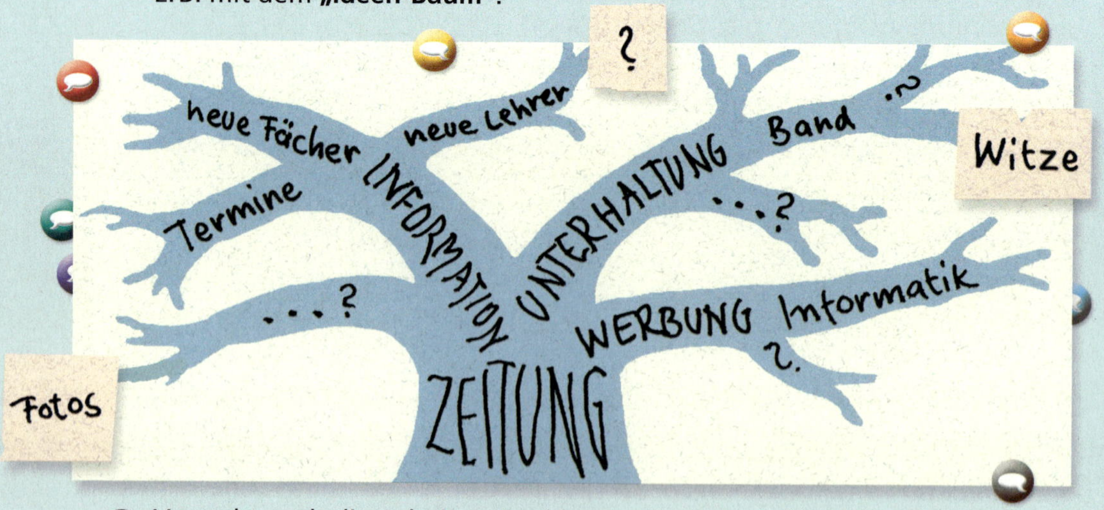

2 Versucht euch die Arbeitsweise klar zu machen und probiert sie aus.

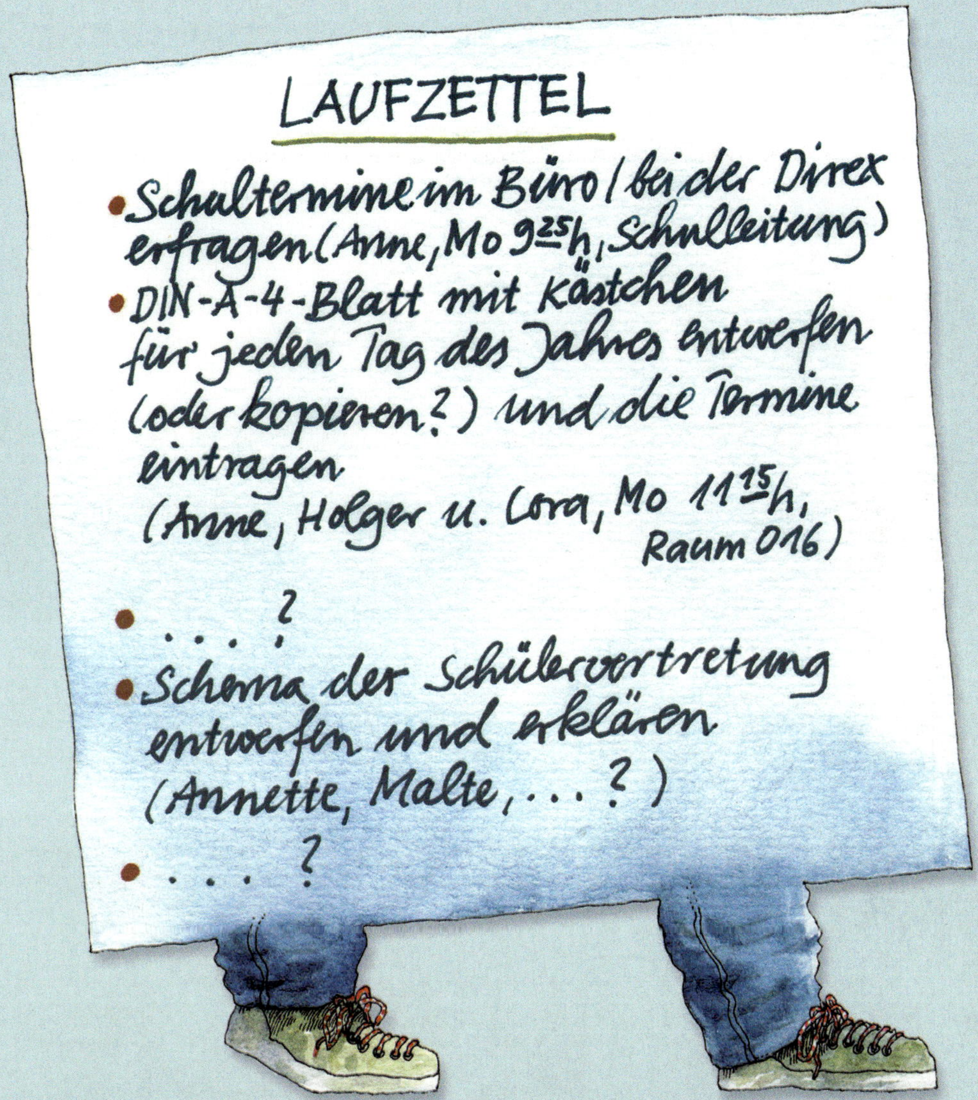

3 Wie versucht die Gruppe „Zeitung“ ihre Ideen zu verwirklichen und ihr Vorgehen zu planen?

4 Ergänzt den Laufzettel (= die **„Checkliste“**) anhand der bisherigen Ideen für die Zeitung.

5 Die Gruppe muss sich noch über weitere Fragen verständigen, z.B.:

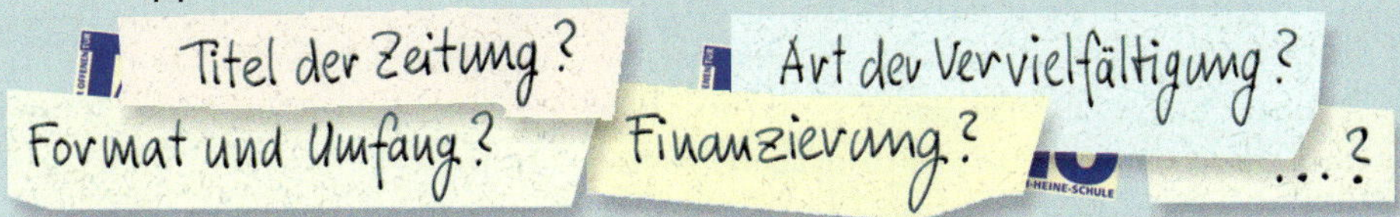

Überlegt, wie man diese und noch weitere Fragen lösen könnte.

3 Projektgruppe „Szenen aus dem Schulleben“: Von der Sichtung des Materials zur Erarbeitung

e. o. plauen

Vater hat geholfen

Falsche Heizungsmonteure

(mb) Die Schülerinnen und Schüler der 6. Klasse der Bert-Brecht-Schule staunten nicht schlecht, als gestern in der 4. Stunde zwei Heizungsmonteure ohne viele Umstände ihren Klassenraum betraten und sich über einen Heizkörper hermachten. Auf die Frage der unterrichtenden Lehrerin Hiltrud P., wer sie denn geschickt und ob die Angelegenheit nicht bis nach dem Unterricht Zeit habe, lautete die barsche Antwort: „Wollen Sie vielleicht mit Ihren Schülerinnen und Schülern im Kalten sitzen?“

So musste sich die Lehrkraft wohl oder übel fügen. An einen geordneten Unterricht war nun nicht mehr zu denken. Die Schülerinnen und Schüler gaben sich zwar alle Mühe, mit ihrem begonnenen Aufsatz fortzufahren, aber sie wurden durch das heftige Klopfen, Hantieren und gelegentliche Fluchen der Handwerker gestört, bis endlich ein Mädchen (Petra S.) laut losprustete. Hatte sie doch in den beiden Monteuren zwei Klassenkameraden ihres Bruders aus der 12. Klasse des benachbarten Theodor-Heuss-Gymnasiums erkannt, die

Die verflixte Rechenaufgabe

Wir befinden uns im Wohnzimmer der Familie Redlich. Vater Redlich sitzt gemütlich in seinem Fernsehsessel und buchstabiert im milden Schein der Leselampe seine geliebte „Bild“-Zeitung. Mutter Redlich poliert ihren geliebten Gummibaum. Beider Sohn sitzt über seinen Schulbüchern und macht seine Hausaufgaben. Er versucht es zumindest …
(Den vollständigen Text findet ihr auf Seite 127/128.) *Otto Waalkes*

Pippi Langstrumpf geht zur Schule

Thomas und Annika hatten ihrer Lehrerin erzählt, dass ein neues Mädchen kommen würde, das Pippi Langstrumpf hieß. Und die Lehrerin hatte in der Stadt schon von Pippi reden hören. Und da sie eine sehr liebe und nette Lehrerin war, hatte sie beschlossen, alles zu tun, damit es Pippi in der Schule gefiel.

Pippi warf sich auf eine leere Bank, ohne dass sie jemand dazu aufgefordert hatte. Aber die Lehrerin kümmerte sich nicht um ihre lässige Art. Sie sagte nur ganz freundlich: „Willkommen in der Schule, kleine Pippi. Ich hoffe, dass es dir gefällt und dass du recht viel lernst.“

„Ja, und ich hoffe, dass ich Weihnachtsferien krieg“, sagte Pippi. „Deshalb bin ich hergekommen. Gerechtigkeit vor allem!“

„Wenn du mir jetzt erst einmal deinen vollständigen Namen sagen willst, dann schreibe ich dich in das Klassenbuch ein.“

„Ich heiße Pippilotta Viktualia Rollgardina Pfefferminz Efraimstochter Langstrumpf, Tochter von Kapitän Efraim Langstrumpf, früher der Schrecken der Meere, jetzt Negerkönig. Pippi ist eigentlich nur mein Kosename, denn Papa meinte, Pippilotta wäre zu lang.“

„Aha“, sagte die Lehrerin. „Dann wollen wir dich also auch Pippi nennen. Aber was meinst du, wollen wir jetzt nicht mal sehen, was du weißt? Du bist ja ein großes Mädchen und kannst sicher schon eine ganze Menge. Wir wollen mit Rechnen anfangen. Na, Pippi, kannst du mir sagen, wie viel 7 und 5 ist?“

Pippi sah die Lehrerin erstaunt und ärgerlich an. Dann sagte sie:

„Ja, wenn du das nicht selbst weißt, denk ja nicht, dass ich es dir sage.“

Alle Kinder starrten Pippi entsetzt an. Und die Lehrerin erklärte ihr, dass man in der Schule solche Antworten nicht geben dürfe. Man dürfe die Lehrerin auch nicht mit „du“ anreden, sondern man müsse „Frau“ und „Sie“ sagen.

„Ich bitte sehr um Verzeihung“, sagte Pippi bedauernd. „Das wusste ich nicht. Ich will es nicht wieder tun.“

„Nein, das will ich hoffen“, sagte die Lehrerin. „Und jetzt will ich dir sagen: 7 und 5 ist 12“.

„Sieh mal an“, sagte Pippi, „du wusstest es ja. Warum fragst du dann? Ach, ich Schaf, jetzt sag ich wieder ‚du‘ zu dir. Verzeihung“, sagte sie und kniff sich selbst ordentlich ins Ohr.

Die Lehrerin beschloss darüber hinwegzugehen und setzte die Prüfung fort.

„Na, Pippi, wie viel, glaubst du, ist 8 und 4?“

„So ungefähr 67“, meinte Pippi.

„Aber nein“, sagte die Lehrerin“, „8 und 4 ist 12.“

„Nein, meine Liebe, das geht zu weit“, sagte Pippi. „Eben erst hast du gesagt, 7 und 5 ist 12. Ordnung muss sein, selbst in einer Schule. Übrigens, wenn du so eine kindische Freude an solchen Dummheiten hast, warum setzt du dich nicht allein in eine Ecke und rechnest und lässt uns in Ruhe, damit wir Fangen spielen können? – Aber nein, jetzt sage ich ja *wieder* ‚du‘!“, schrie sie entsetzt. „Kannst du mir nur noch dieses letzte Mal verzeihen? Dann will ich versuchen, in Zukunft besser daran zu denken.“

Die Lehrerin sagte, sie wolle das tun. Aber sie glaubte nicht, dass es Zweck hätte, Pippi mehr Rechnen beizubringen. Sie fragte stattdessen die anderen Kinder. „Kannst du mir die Frage beantworten, Thomas: Wenn Lisa 7 Äpfel hat und Anton hat 9, wie viel Äpfel haben sie zusammen?“

„Ja, sag es, Thomas“, fiel Pippi ein. „Und dann kannst du mir gleich auch noch sagen, warum Lisa Bauchschmerzen kriegt und Anton noch mehr Bauchschmerzen und wessen Schuld das ist und wo sie die Äpfel geklaut haben.“

Die Lehrerin versuchte so auszusehen, als ob sie nichts gehört hätte, und wandte sich an Annika. „Jetzt bekommst du eine Aufgabe, Annika: Gustav hat mit seinen Freunden einen Schulausflug gemacht. Er hatte eine Krone*, als er abfuhr, und sieben Öre*, als er zurückkam. Wie viel hat er verbraucht?“

„Ja, gewiss“, sagte Pippi, „und dann möchte ich wissen, warum er so verschwenderisch war und ob er Limonade gekauft hat und ob er sich die Ohren richtig gewaschen hat, bevor er von zu Hause wegging.“

Die Lehrerin beschloss das Rechnen aufzugeben. Sie meinte, dass es Pippi vielleicht mehr Spaß machen würde, lesen zu lernen. Sie holte ein kleines, hübsches Bild hervor, auf dem ein Igel zu sehen war. Vor der Nase des Igels stand der Buchstabe i. „Jetzt, Pippi, zeig ich dir was Schönes“, sagte sie schnell. „Hier siehst du einen Iiiigel, und dieser Buchstabe vor dem Iiiigel heißt i.“

„Ach, das glaub ich im Leben nicht“, sagte Pippi. „Ich finde, das sieht aus wie ein gerader Strich mit einem kleinen Fliegendreck drauf. Aber ich möchte wirklich gern wissen, was der Igel mit dem Fliegendreck zu tun hat.“

Astrid Lindgren

1 Die Gruppe „Szenen aus dem Schulleben“ möchte ein kleines Stück oder einen Sketsch aufführen und hat dazu Material gesammelt. Wie soll sie weiter vorgehen?

2 Was haltet ihr von dem Material? Ist es geeignet? Welche Ideen, Texte, Bilder, … habt ihr selbst als Anregung für „Szenen aus dem Schulleben“?

Die Gruppe hat sich entschlossen, aus der Geschichte von „Pippi Langstrumpf" eine Szenenfolge zu machen:

Pippi in der Schule

1. Szene: In der Schulklasse

Thomas und Annika, Mitschülerinnen und Mitschüler, dann die Lehrerin Frau Lieb (allgemeine Unruhe, bis Frau Lieb die Klasse betritt)

Lehrerin: Guten Morgen, Kinder!

Schüler: Guten Morgen, Frau Lieb.

Annika: *(meldet sich und kommt dran)* Frau Lieb, wir haben eine neue Freundin, die heißt Pippi ... *(Gelächter in der Klasse)*

Thomas: *(fällt ein)* ... und die möchte so gerne zu uns in die Schule kommen.

Lehrerin: Von der habe ich schon gehört. Wohnt sie nicht in der Villa Kunterbunt? Na schön, ihr könnt sie ja morgen mal mitbringen. (...)

2. Szene:

(Die Vorigen, dann Pippi)

Pippi: *(kommt mit einem Purzelbaum oder mit Rad schlagen in die Klasse)* Hallo, ... (...)

3 Wie ist die Gruppe vorgegangen? Setzt die Arbeit fort und vervollständigt den Spieltext.

4 Versucht auch aus den anderen Materialien Spielvorlagen zu machen. Wo ist das leicht, wo schwer, und woran liegt das?

5 Welchen Spieltext würdet ihr für den TATÜ auswählen? Überlegt, was noch alles bedacht und getan werden muss, bis aus der Spielvorlage eine Aufführung wird.

Anwenden und Üben: Schaut im vorliegenden Buch die Seiten 116 bis 127 durch, ob ihr dort weitere Texte findet, aus denen ihr Spielszenen gestalten könnt.

4 Projektgruppe „Schulrallye“: Von der Erarbeitung zum Ergebnis

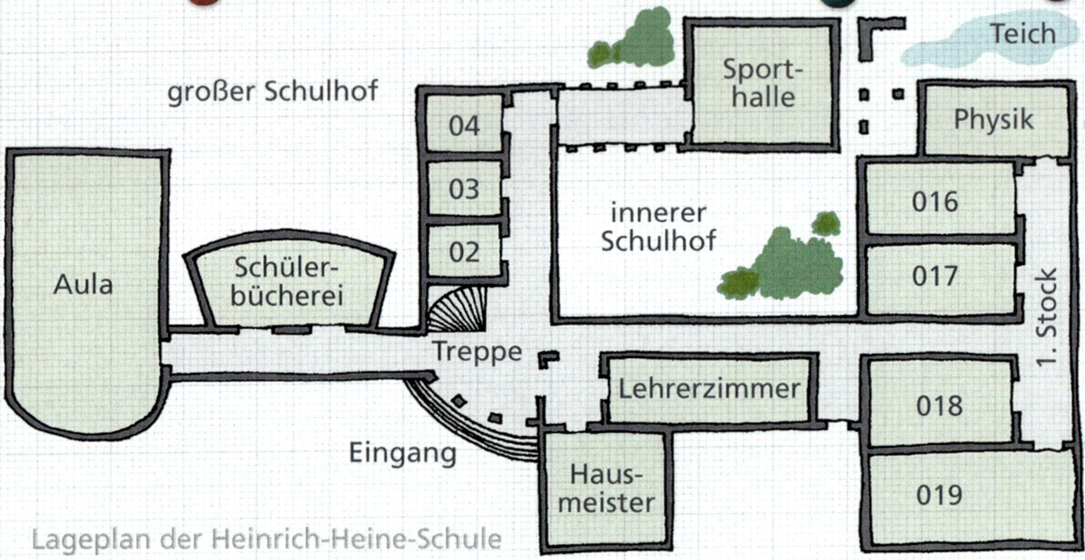

Lageplan der Heinrich-Heine-Schule

1. Zeichne in den Lageplan die Fluchtwege bei Feuer ein.

2. Wie weit ist der Weg vom Marktplatz bis zur HHS? ..... Meter/km
   Welche Busverbindungen gibt es?
   Linien: ....

3. In der Schülerbücherei ist (in einem Lexikon) auf einem Zettel die „Geschichte der Schule" versteckt, die die Projektgruppe erarbeitet und aufgeschrieben hat. Beantwortet bitte die Fragen:
   Wann wurde die HHS gegründet? 19..
   Während des Nationalsozialismus' wurde die HHS umbenannt.
   Wie hieß sie damals?
   ....
   (Bitte die Schulgeschichte im Lexikon liegen lassen!)

4. In welchem Klassenraum
   ist eine Wand als „Unterwasserwelt" gestaltet? Raum: ....
   hängt ein Poster von Britney Spears? Raum: ....
   hängt ein Plakat von „Greenpeace"? Raum: ....
   ... Raum: ....

5. Wie groß ist die Schülerbücherei?
etwa: [3 x 5 m] [5 x 8 m] [7 x 10 m] (bitte ankreuzen)

6. Welche Feldmarkierungen gibt es in der Sporthalle?
.....................ball, ..., ...

7. In 8 Klassenräumen sind die Zeilen eines Gedichts von Heinrich Heine versteckt. (Achtet auch auf Tafelinnenseiten!) Wie lautet das vollständige Gedicht in der richtigen Zeilenfolge?
....

8. Wie viele Zuschauer passen in die Aula (Sitzplätze): .... Personen

9. Das sind eure neuen Klassenlehrerinnen und Klassenlehrer:

Wie heißen sie? 1.) .... 2.) ....
3.) .... 4.) .... 5.) ....
Spitznamen? 1.) .... 2.) ....
3.) .... 4.) .... 5.) ....
Unterrichtsfächer? 1.) .... 2.) ....
3.) .... 4.) .... 5.) ....
Klassenlehrer, Klassenlehrerin von Klasse?
1.) .... 2.) .... 3.) .... 4.) .... 5.) ....

10. Schulhof ...?

11. ...?

1 Haltet ihr die Rallye für gelungen?

2 Welche Kleingruppen könnten hier wohl gearbeitet haben? Und was haben sie im Einzelnen planen und tun müssen?

3 Vervollständigt die Rallye oder entwerft eine Rallye nach den Gegebenheiten eurer Schule.

5 Der „Tag der offenen Tür“: Die Projektergebnisse werden vorgestellt

TAG DER OFFENEN TÜR

TATÜ

AN DER HEINRICH-HEINE-SCHULE

PROGRAMM

16.00 Uhr
Begrüßung durch die Direktorin und Vorstellung der Klassenlehrerinnen und Klassenlehrer, anschließend: **„Szenen aus dem Schulleben“** (Aula)

16.45 Uhr
Ausgabe der „Zeitung“ (Eingangshalle)

ab 17.00 Uhr
Verschiedene Aktionen:
Schulfilm (Medienraum);
Neue Unterrichtsfächer stellen sich vor:
Englisch (Raum 12),
Informatik (Informatikraum),
Biologie (Fachraum Biologie);
Talkshow: **Was erwartet ihr von der neuen Schule?** (Schülerbücherei);

Der „Grüne-Heinrich-Stand“:
Tipps für eine umweltbewusste Schule (Eingangsbereich);
Vorlesewettbewerb;
Rallye durch die ganze HHS;
...

19.00 Uhr
Abschluss mit Preisverleihung, Schulchor und Schulband (Aula)

1 Vor dem „TATÜ“ mussten sich die Projektgruppen untereinander abstimmen. Das geht auch aus dem Programm hervor. Wie könnte diese Absprache wohl ausgesehen haben?

2 Das Programm zeigt auch, dass es noch andere Projektergebnisse gab. Wie könnten diese Gruppen gearbeitet haben?

3 Wie würdet ihr das Programm für eure Schule zusammenstellen? Wie könnte das Programm für einen anderen Tag der Präsentation von Projektergebnissen (z. B. „Mobbing – Gewalt in der Schule?“, vgl. Seite 75 unten) aussehen?

6 Hat sich das Projekt gelohnt?

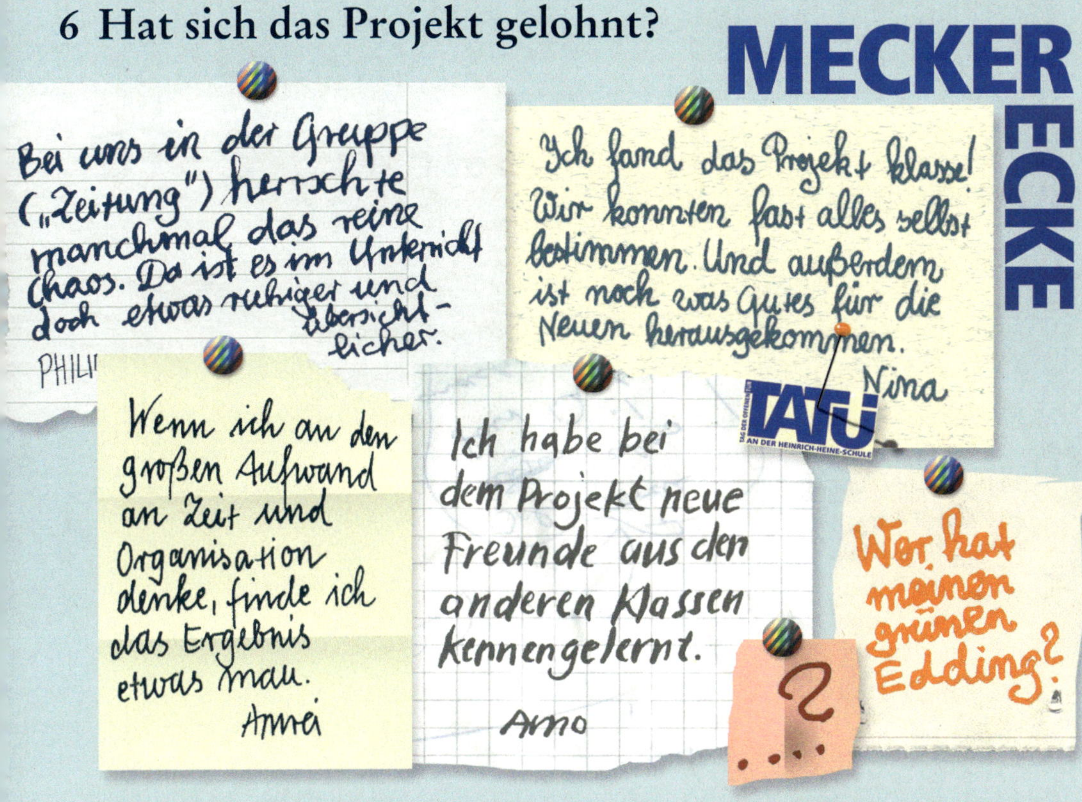

1 Was haltet ihr von diesen Reaktionen auf das Projekt? Welche Argumente „pro" bzw. „contra" Projekt habt ihr selbst?

„Tag der offenen Tür" an der HHS

Am Donnerstag fand der diesjährige „Tag der offenen Tür", der so genannte „TATÜ", an der Heinrich-Heine-Schule statt. Die Schule stellte sich interessierten Kindern, deren Eltern und Freunden vor und versuchte einen guten Eindruck zu machen. Das junge Publikum sollte nicht nur informiert, sondern auch unterhalten und umworben werden.

Dazu stellten die derzeitigen Fünftklässler zahlreiche Aktionen vor, die sie in Projektgruppen erarbeitet hatten. Zum Beispiel wurde …

Die Vorteile der Projektarbeit …

2 Schreibt den Bericht für die Schülerzeitung bzw. die Heimatzeitung zu Ende. Geht dabei auf das Programm (die Aktionen der Projektgruppen) sowie auf mögliche Vor- und Nachteile der Arbeit im Projekt ein.
Oder entwerft ein Schreiben an die Klassen 5, in dem ihr für ein Projekt (für die drei Projekttage) werbt und dabei auch auf die Vor- und Nachteile der Projektarbeit eingeht.

Teil 2
Themen und Texte

Träumen

Ich hatte einen Traum,
einen wunderbaren Traum
von einem wunderschönen Baum.
Drauf saß ein kleines Tier,
ein weißes, weiches Tier,
das träumte
von mir
…

Martin Auer

Susanne Kilian

Träumen …

Es gibt Tage, da wacht Silvie morgens auf und ist fröhlich. Warum? Sie weiß es selbst nicht, aber es kommt ihr so vor, als hätte sie die ganze Nacht gelacht. Oft kann sie sich nicht erinnern, was sie geträumt hat. Manchmal waren es wunderbare, lustige, märchenhafte Träume. Überhaupt geht es in Träumen so zu wie im Märchen. Manchmal fragt sich Silvie, ob Träume bunt sind. Ob sie Farben haben, wie man sie normal sieht, oder ob es ganz andere Farben sind. Vielleicht ist alles nur schwarz-weiß, wie die Zeitungsbilder? Redet sie, wenn sie träumt, lacht oder weint sie richtig wie am Tag?

Einmal wachte Silvie mitten in der Nacht auf und ihre Augen waren tränennass. Wo war sie? Das war ein wüster, einsamer Ort und ihr sind furchtbare Sachen geschehen. Welche, wusste sie nicht mal, es war eben so. Da waren Leute. Eine riesige Menge. Sie rannten hinter ihr her und Silvie lief wie in Sirup, bekam die Füße nicht hoch und hörte die Leute schreien oder hörte sie nicht – und wusste nur, dass sie schreien … Silvie hoffte im Traum – sie wusste das noch genau –, sie hoffte, dass es ein Traum wäre. Nur ein Traum! Aber es war schreckliche Wirklichkeit: Sie fiel und fiel in diesen Sirupweg und weinte und schrie … und wachte auf. Langsam wurde Silvie unvorstellbar glücklich – es war doch nur ein Traum! Nichts davon war geschehen. Nichts war wirklich. Ihr Kopfkissen schien weicher als sonst zu sein, ihre Decke wärmer. Sie war geborgen und in Sicherheit.

Am allerliebsten mag Silvie Träume, in denen sie … Also, es fängt meistens so an, dass sie auf einem Turm steht oder einem Dach, hoch über allem. Sie weiß: Sofort werde ich runterfallen! Hat große Angst davor und zittert. Aber von einem Moment auf den anderen ist sie sich ganz sicher, dass ihr nichts, absolut nichts geschehen wird: Sie kann doch fliegen! Sie braucht sich nur ganz einfach fallen zu lassen und schon fliegt sie. Sieht Straßen unter sich, Häuserdächer, winzig kleine Menschlein, deren Gesichter sich ihr zudrehen: helle, weiße Scheiben. Sie fliegt über Wälder und große Wasserflächen so sicher und leicht wie ein Vogel.

Franz Hohler

Tschipo

Das riecht aber eigenartig, dachte die Mutter, als sie vor der Tür des Kinderzimmers stand und „Tschipo, aufstehen!“ rief. So roch es sonst nur auf Baustellen oder auf Straßen im Sommer. Rasch machte sie die Tür auf, aber Tschipo lag wie immer im Bett und ringsherum war die übliche Sauordnung, also alles wie sonst.

„Tschipo“, sagte die Mutter, „wach auf, ist irgendetwas passiert?“

„Aaah“, sagte Tschipo.

„Was?“, sagte die Mutter.

„Aaah!“, sagte Tschipo und stellte die Füße auf den Teppich.

„Hast du gut geschlafen? Ist nichts passiert?“, fragte die Mutter.

„Ja“, sagte Tschipo.

„Was?“, rief die Mutter. „Es ist also etwas passiert?“

„Nein“, sagte Tschipo, „ich habe gut geschlafen und es ist nichts passiert.“

„Komisch“, sagte die Mutter, „es riecht hier wie auf einer Baustelle.“

„Ja“, sagte Tschipo, „davon habe ich auch geträumt. Ich war an einem Ort, wo eine neue Straße gebaut wurde, und dem Dampfwalzenführer wurde es plötzlich schlecht und dann durfte ich auf die Dampfwalze und bin damit über den Teer gefahren, bis du mich geweckt hast.“

Die Mutter schüttelte den Kopf und öffnete das Fenster und bald roch es im Kinderzimmer wieder so, wie es in jedem frisch gelüfteten Zimmer am Morgen riecht, nämlich unangenehm frisch.

Sonst passierte an diesem Tag nichts Besonderes. Tschipo ging zur Schule und kam wieder heim, machte die Aufgaben, ging auf den Spielplatz und kam wieder heim und nach dem Nachtessen erzahlte ihm der Vater noch eine Geschichte und dann ging er ins Bett.

Das Besondere passierte erst am nächsten Morgen. Als die Mutter nämlich vor der Tür des Kinderzimmers stand und „Tschipo, aufstehen!“ rief, dachte sie bei sich, das riecht aber eigenartig. So roch es sonst nur in einem Wald, in einem Tannenwald.

Rasch öffnete sie die Tür, aber Tschipo lag wie immer im Bett und rings um ihn war die übliche Sauordnung, also alles wie sonst.

„Tschipo“, sagte die Mutter, „wach auf, ist irgendetwas los?“

Tschipo sagte nichts und streckte nur seine beiden Hände aus.

„Was hast du da?“, fragte die Mutter und machte seine Hände auf. „Das sind ja Tannenzapfen!“

„Ja“, sagte Tschipo und hob die Bettdecke hoch.

Die Mutter stieß einen kleinen Schrei aus. „Und das?“

„Das auch“, sagte Tschipo und begann alle Tannenzapfen, die in seinem Bett lagen, aufzulesen und in einer Schublade seiner Kommode zu versorgen.

„Tschipo!", rief die Mutter, „woher kommen diese Tannenzapfen?"

„Ich habe geträumt, dass ich mit Papi in einem Wald war und wir eine Tannenzapfenschlacht gemacht haben, und ich habe Papi immer getroffen und er mich fast nie und das sind die Tannenzapfen, die er mir nachgeworfen hat", sagte Tschipo. „Siehst du, hier ist einer, der von einem Eichhörnchen angefressen ist, mit dem hat er mich fast getroffen."

Die Mutter schüttelte den Kopf. „Ich muss die Leintücher wechseln", sagte sie, „egal, wo die Tannenzapfen her sind." Und das musste sie, denn die Tannenzapfen waren zum Teil noch feucht und dreckig, so frisch waren sie.

An diesem Morgen sprach auch der Vater mit Tschipo, aber er sagte ihm dasselbe, was er der Mutter gesagt hatte – die Tannenzapfen waren einfach aus seinem Traum übrig geblieben.

Die Eltern wussten nicht, was sie davon halten sollten. „Ein Spunz", sagte der Vater schließlich, „das geht schon vorbei."

Aber die Mutter glaubte es nicht.

Und sie hatte Recht.

Als sie am nächsten Morgen vor der Tür des Kinderzimmers stand und „Tschipo, aufstehen!" rief, roch es zum Schlüsselloch heraus wie aus einer Konditorei.

Die Mutter atmete tief ein und machte die Tür auf und da lag doch ihr Bub mit einem Gesicht im Bett, das bis zu den Augen mit Schokolade verschmiert war, und wenn jemand schokoladeverschmiert im Bett liegt, dann merkt man das auch an den Leintüchern und am Kopfkissen und an der Bettdecke.

„Tschipo!", rief die Mutter böse, „was ist das jetzt wieder?"

„Mmmh!", sagte Tschipo, „hab ich etwas Schönes geträumt. Ich hab geträumt, dass ich auf einer Chilbi gewesen bin und ein Velo* gewonnen habe, das ganz aus Schokolade gewesen ist. Dann hab ich mich draufgesetzt und hab' eine Velotour gemacht, und als ich Hunger bekam, bin ich einfach abgesprungen und habe das Velo gegessen, zuerst die Pedale, dann die Speichen und den Sattel und dann hast du mich geweckt."

„Soll das heißen", sagte die Mutter, „dass das Fahrgestell noch hier ist?"

„Hoffentlich", sagte Tschipo und lüftete die Bettdecke und darunter lag tatsächlich das Fahrgestell des Velos und es war ganz aus Schokolade, aber schon halb im Schmelzen, denn unter einer rechten Bettdecke ist es warm und eine rechte Bettdecke ist natürlich weiß, nicht braun und deshalb traf die Mutter auch fast der Schlag. „Jetzt muss ich schon wieder die Leintücher wechseln", sagte sie und hatte nicht halb so viel Freude wie die Schulkameraden Tschipos, denen er den Rest des Schokoladenvelos zur Znünipause mitbrachte, in sämtliche Seidenpapiere eingewickelt, die er im Haushalt nur finden konnte.

Eine Chilbi ist übrigens in der Schweiz das, was man in Deutschland eine Kirchweih oder eine Budenstadt nennt, und Znüni sagt man für

Neunuhrbrot und die, denen ich das erklären muss, merken daran, dass Tschipo in einer schweizerischen Stadt wohnte, und die, denen ich es nicht erklären muss, auch.

Nun passierte zwei Nächte lang nichts und die Eltern dachten schon, nun passiere auch sonst nichts mehr.

„Was habe ich gesagt?", sagte der Vater zur Mutter, „ein Spunz!"

„Hoffentlich", sagte die Mutter bloß und Tschipo fragte den Vater: „Papi, was ist eigentlich ein Spunz?"

„Ein Spunz?", sagte der Vater, „tja, ein Spunz ist doch … das ist so etwas Verrücktes … einfach etwas wie … wie ein Spunz."

„Aha", sagte Tschipo, aber eigentlich wusste er immer noch nicht genau, was ein Spunz ist, und auch die Mutter wusste es eigentlich nicht.

Sie sollten es gleich merken, was ein Spunz ist. In der nächsten Nacht nämlich erwachte die Mutter, weil es so merkwürdig plätscherte. Habe ich, dachte sie, habe ich vergessen, den Badezimmerhahn abzudrehen? Sie stand auf, trat in den Korridor und jetzt stieß sie nicht mehr einen kleinen Schrei aus, sondern einen großen, der den Vater sofort aufweckte.

„Was ist los?", fragte er. „Haben wir verschlafen?"

„Nein", sagte die Mutter, „aber schau dir das einmal an."

Der ganze Korridor stand unter Wasser und das Wasser kam nicht aus dem Badezimmer und nicht aus der Küche, sondern es spritzte wie ein Brunnenstrahl aus dem Schlüsselloch von Tschipos Kinderzimmer. Mit einem Satz war der Vater bei der Tür, riss sie auf und wisst ihr, was er sah?

Im Kinderzimmer schwammen das Bett und die Kommode im Wasser und mittendrin saß Tschipo in einem kleinen Ruderboot, hielt eine Angelrute in der Hand und war gerade dabei, mit geschlossenen Augen eine Forelle herauszuziehen.

„Tschipo!“, schrien der Vater und die Mutter gleichzeitig, „wach auf!“, und wollten zu ihm hinwaten, aber das Wasser strömte mit solcher Stärke aus dem Kinderzimmer in den Rest der Wohnung, dass sie sich am Türrahmen festklammerten und froh sein mussten, dass sie nicht weggeschwemmt wurden. „Aah“, sagte Tschipo, legte die Angelrute mit der zuckenden Forelle in sein Ruderboot und streckte sich, „war das schön!“

Endlich war das Wasser gleichmäßig in der ganzen Wohnung verteilt und der Vater ging mit schwappenden Pyjamahosen zu Tschipo, der immer noch in seinem Boot saß.

„Was ist das?“, rief er und packte ihn am Arm.

„Schön war das!“, sagte Tschipo gähnend. „Ich habe gerade geträumt, ich sitze in einem Ruderboot auf einem kleinen See und fische Forellen –, ach, da ist ja noch eine, siehst du?“

„Allerdings“, sagte der Vater, „und da ist nicht nur eine Forelle, sondern da ist auch noch das Boot und das ginge ja noch, aber da ist auch noch das Wasser, Tschipo, siehst du? Und das Wasser ist jetzt nicht mehr nur in deinem Zimmer, sondern in der ganzen Wohnung.“

In dem Moment läutete es an der Tür und Frau Rusterholz, die im unteren Stock wohnte, kam im Morgenrock herein und fragte, wieso wohl bei ihr das Wasser von der Decke tropfe. Das ganze Haus, das kann man schon sagen, das ganze Haus hatte eine sehr unruhige Nacht, denn wenn die Feuerwehr mit großen Absaugschläuchen kommt, kann man sich nicht einfach auf die andere Seite drehen.

Ingrid Bachér

Das Kind und die Katze

„Komm zu mir“, sagte das Kind zu der Katze, „ich schlafe noch nicht.“

Und die Katze stieß die Tür weiter auf und kam in das dunkle Zimmer und mit ihr kam ein wenig nächtliche Helligkeit vom Flur, dessen Fenster ohne Läden waren. Die Balkontür im Kinderzimmer hatte Jalousien*, die nur schmale Lichtstreifen durchließen und nun, da sich draußen Gewitterwolken vor den Mond geschoben hatten, das Fensterglas blind machten.

„Komm“, flüsterte das Kind und die Katze kam bis vor das Bett. „Ich soll einschlafen, aber ich möchte mir dir reden. Das Haus ist groß. Wir beide sind die Kleinsten. Wir sind allein.“

Die Katze reckte sich, schien nur noch ein langer, schwarzer Schatten zu sein, dann drehte sie sich zur Balkontür, als wolle sie sagen: Hörst du nicht, es kommt ein Gewitter!

„Es ist noch sehr weit entfernt“, erwiderte das Kind, um sich damit selbst zu beruhigen.

„Komm näher. Setz dich auf die Decke. Unter die Decke darf ich dich nicht nehmen. Nein, auch nicht, wenn wir allein sind.“

Das Kind lag still und hatte die Katze ein wenig tiefer neben sich. Sie hörten dem Wind zu und sahen sich im Zimmer um und dann einander an. Das Kind streichelte die Katze. „Du könntest auch was sagen.“ Aber es wollte nichts von einer Antwort abhängig machen und fuhr gleich fort: „Es ist eigentlich nicht nötig. Es geht auch so.“

Ich sollte mich nicht so fürchten, dachte das Kind. Das Haus schien unbewohnt und leer, obwohl doch die Katze und es selbst darin waren. „Warum nur sind die Eltern fortgegangen?“, fragte das Kind. „Dabei, waren sie nicht einmal vergnügt und gingen doch zusammen und blieben nicht allein.“

Die Katze begann zu schnurren. Das war vertraut und doch nicht beruhigend.

„Wollen wir Licht machen?“ Aber die Katze schnurrte vor sich hin und streckte sich.

„Ich traue mich nicht aufzustehen“, sagte das Kind.

Die dunklen Ecken des Zimmers wuchsen und das Kind dachte: Ich möchte nach Hause gehen und bin schon da – und es erschrak darüber. Katze müsste ich sein, dachte es, dann wären wir gut zu zweit. Es wühlte sein Haar in das schwarze Fell der Katze und umarmte sie und wollte die Katze so lieben, dass es sich selbst oder das Tier verwandeln konnte.

Das Gewitter begann über der Stadt aufzubrechen. Das Kind wünschte stark zu sein, aber so sehr es sich auch Mut machte, seine Hände hatten Mühe die Bettdecke hochzuziehen. Es traute sich nicht aufzustehen und die Tür zu schließen, um das Licht der Blitze nicht sehen zu müssen, das nun sekundenlang über den Flur lief und das Zimmer erhellte.

Die Katze hatte sich aufgerichtet und stemmte die Vorderpfoten dem Kind auf den Leib. Das Kind merkte es kaum. Die Katze war zierlich und leicht.

Das Kind horchte auf das Gewitter. Vor Angst und Erregung wagte es kaum zu sprechen: „Ich möchte stark sein, Katze! Oder du müsstest es sein. Ich will mich nicht mehr fürchten.“ Und es suchte einen Ausweg aus seiner Angst, wollte etwas beginnen und da es nicht selbst so klein, verborgen im schwarzen Fell wie eine Katze, sein konnte, so rief es denn: „Ich werde dich zu einem Löwen machen, zu einem großen, ausgewachsenen Löwen!“

Der Donner rollte über das Haus und schleppte dem Blitz die Gewichte nach. Der Schatten der Katze an der Wand wurde groß und größer, von einem Blitz zum anderen, und die Katze wurde immer unruhiger. Aber das Kind sprach unentwegt begütigend, überredend und fieberhaft ängstlich auf sie ein, als sei es selbst verloren, entzöge sich ihr jetzt die Katze. „Sei still, schon wächst du! Bald bist du mein Löwe. Ich lege meinen Kopf auf deine Pfoten und wenn das Gewitter die Jalousien hochschiebt, wenn die Tür sich öffnet und über den Flur etwas hereinkommt, dann wirst du groß sein und mich verteidigen. Du wirst alles für mich in Ordnung bringen."

Langsam wurde aus der Katze ein Löwe.

„Du wirst ein schöner Löwe", sagte das Kind. „Du bekommst ein Fell, so gelb wie der Mond, und die Blitze bleiben an deinem Hals hängen und werden zur Mähne, und deine Zunge ist nun schon so groß wie ein kleines Kätzchen. Hast du Angst davor, so groß zu werden? Aber es hilft nichts. Wenn ich groß werden muss, sollst du es auch werden und gleich noch größer. Da staunen morgen alle, wenn sie dich sehen. Aber was können sie schon bemerken."

Kein Mensch außer dem Kind wusste, wie merkwürdig jetzt sein Zimmer war, wie alle Möbel im Dunklen sich vom Boden hoben, schwebten und als Schatten in die Wand traten.

Man hörte den nun einsetzenden Regen vom Dach herunterrauschen, so heftig, dass es dem Kind klang, als seien das die jungen Eulenkinder, die zum Vergnügen auf den Dachpfannen herunterrutschten, wie sie es oft getan hatten.

Dann aber schlug der Donner zu und das Kind duckte sich unter den Löwen.

Vom Flur aus sprang zischend ein Blitz ins Zimmer, traf seinen eigenen Schein, der durch die Spalten der Jalousien trat, entzündete sich und tauchte das Zimmer in ein wildes, brennendes Feuer.

Es war so hell, dass selbst der Löwe fahl aussah. Er erhob sich, fiel über den Blitz her, zerbrach ihn, schluckte ihn wie ein Feuerfresser, der die Flammen für immer bei sich behält, und trat die letzten Funken der Glut aus, als sie eben das Bett in Brand setzen wollten.

„Ist alles vorbei?", fragte das Kind. Es hatte seine Augen geschlossen.

„Ja", erwiderte der Löwe. „Es kann nichts mehr passieren", und er leckte dabei dem Kind das Gesicht, damit es ihn ansehe. „Das Feuer ist gelöscht und das Gewitter zieht schon ab."

„Das ist gut. Bist du ganz in Ordnung?"

„Nein", sagte der Löwe.

„Du hast mit deinem Fell nicht Acht gegeben, dabei ist es ganz neu."

Aber das kümmerte den Löwen nicht. Er hatte nun bemerkt, wie es ist, Kraft zu haben, und das ängstigte ihn.

„Du wirst dich schon daran gewöhnen Löwe zu sein", tröstete das Kind ihn. „Natürlich, es ist schon wahr, du kannst nun nicht mehr auf meinem Arm sitzen, aber dafür kann ich mich bei dir verstecken."

„Das ist nun gar nicht mehr nötig", sagte der Löwe.

Während das Gewitter über die Stadtgrenze hinauszog, die Eltern auf dem Heimweg waren und der Löwe einschlief, lag das Kind regungslos und fühlte sich sehr sicher. Ich werde nie wieder Angst haben, dachte es, nicht mal im Dunklen und bei Gewitter. Ich wusste wirklich nicht, dass man so

viel tun kann. Ich hatte keine Ahnung, dass man, wenn man liebt, mit sich und den anderen zaubern kann. Ich werde nie wieder nachts weinen.

„Warum lachst du, Löwe?“, fragte es. Aber der Löwe hatte nur im Traum gelacht, weil er träumte, er wäre eine einfache, etwas kleine, schwarze Katze. Das Kind versuchte ihn zur Seite zu drücken, weil er fast das ganze Bett ausfüllte und ihm kaum Platz ließ. Dann schlief es auch ein, vorsichtig und sehr besorgt, es könne sein neues Geheimnis im Schlaf vergessen.

In der Nacht verschwand der Löwe. Es war ein schöner Löwe, mit etwas kleinen Augen und einer Brandstelle im Fell. Vielleicht hat ihn jemand gesehen.

Das Kind fragte nie nach seiner Katze, die nach der Gewitternacht verschwunden war. Es war so verständig zu wissen, dass es einen Löwen doch nicht in der Wohnung hätte behalten können.

Bertolt Brecht

Märchen

Es war einmal ein Prinz, weit drüben im Märchenlande. Weil der nur ein Träumer war, liebte er es sehr, auf einer Wiese nahe dem Schlosse zu liegen und träumend in den blauen Himmel zu starren. Denn auf dieser Wiese blühten die Blumen größer und schöner wie sonstwo. –

Und der Prinz träumte von weißen, weißen Schlössern mit hohen Spiegelfenstern und leuchtenden Söllern*.

Es geschah aber, dass der alte König starb. Nun wurde der Prinz sein Nachfolger. Und der neue König stand nun oft auf den Söllern von weißen, weißen Schlössern mit hohen Spiegelfenstern.

Und träumte von einer kleinen Wiese, wo die Blumen größer und schöner blühten denn sonstwo.

Ian McEwan

Der Tagträumer

Als Peter Glück zehn Jahre alt war, sagten ihm die Erwachsenen manchmal, er sei ein „schwieriges“ Kind. Er verstand nie so recht, was sie damit meinten. Er selbst fand sich überhaupt nicht schwierig. Er warf keine Milchflaschen gegen die Gartenmauer, schüttete sich kein Tomatenketschup über den Kopf und tat, als wäre es Blut. Er war weder lauter noch schmuddeliger noch dümmer als andere Kinder, die er kannte. Er hatte ein ganz gewöhnliches Gesicht, blass und voller Sommersprossen. Er ging jeden Tag zur Schule wie andere Kinder auch und machte nie viel Wind darum. Zu seiner Schwester war er nur so gemein wie sie zu ihm. [...]

Kurz nach seinem zehnten Geburtstag wurde Peter mit der Aufgabe betraut, seine siebenjährige Schwester zur Schule zu bringen. Peter und Tina gingen auf dieselbe Schule. Zu Fuß war man in einer Viertelstunde dort, oder aber man fuhr eine kurze Strecke mit dem Bus. Früher liefen sie gemeinsam mit dem Vater, der sie auf dem Weg zur Arbeit dort ablieferte. Doch von nun an sollten sie allein mit dem Bus zur Schule fahren und Peter trug die Verantwortung.

Man brauchte nur zwei Haltestellen weit zu fahren, doch seine Eltern machten ein Getue, als müsste Peter Tina zum Nordpol bringen. Am Vorabend erhielt er genaue Anweisungen. Als er aufwachte, musste er sich alles noch einmal von vorn anhören. Dann wiederholten seine Eltern das Ganze abermals am Frühstückstisch. Als die Kinder schon zur Tür hinaus waren, ging seine Mutter die Verhaltensregeln ein letztes Mal durch. Die denken wohl alle, ich bin blöd, dachte Peter. Vielleicht bin ich's ja auch. Er sollte Tina die ganze Zeit über an die Hand nehmen. Im Doppeldecker sollten sie sich unten hinsetzen, Tina ans Fenster. Unter keinen Umständen durften sie sich auf Gespräche mit Verrückten oder bösen Onkeln einlassen. Peter sollte dem Schaffner mit lauter Stimme die Haltestelle nennen, ohne zu vergessen „bitte“ zu sagen. Auch sollte er sich die Fahrstrecke einprägen.

Peter musste seiner Mutter die Vorschriften noch einmal wiederholen, dann brach er mit seiner Schwester zur Bushaltestelle auf. Die ganze Zeit über hielten sie sich bei der Hand. Dagegen hatte er eigentlich nichts einzuwenden, denn, um die Wahrheit zu sagen, er mochte seine Schwester gern. Er hoffte bloß, dass ihn keiner von seinen Freunden dabei ertappte, wie er mit einem Mädchen Hand in Hand ging. Dann kam auch schon der Bus. Sie stiegen ein und setzten sich unten hin. Es war lächerlich, sich weiter an den Händen zu halten, und weil auch einige Jungen von seiner Schule im Bus saßen, ließen sie sich los. Peter war stolz. Er würde überall auf seine Schwester aufpassen. Sie konnte sich auf ihn verlassen. Angenommen, sie befänden sich allein auf einem Bergpass und sähen sich einem Rudel ausgehungerter Wölfe gegenüber – er wüsste genau, was zu tun wäre. Er würde darauf achten, dass sie keine plötzliche Bewegung machten, und mit Tina zurückweichen, bis sie mit dem Rücken gegen einen großen Felsen standen. So konnten die Wölfe sie nicht einkreisen.

Dann nimmt er aus der Hosentasche zwei wichtige Gegenstände, die er vorsorglich mitgebracht hat: sein Jagdmesser und eine Streichholzschachtel. Er zieht das Messer aus der Scheide und legt es ins Gras, für den Fall, dass die Wölfe sie angreifen. Schon schleichen sie näher heran. Sie sind so ausgehungert, dass sie geifern und knurren und heulen. Tina schluchzt, aber er kann sie jetzt nicht trösten. Er weiß, dass er sich auf seinen Plan konzentrieren muss. Zu seinen Füßen liegen ein paar trockene Blätter und Zweige. Rasch und geschickt formt er sie zu einem kleinen Häufchen. Die Wölfe rücken näher. Er muss es schaffen. In der Schachtel befindet sich nur noch ein Zündholz. Sie können den Atem der Wölfe riechen – ein schrecklicher Gestank nach fauligem Fleisch. Er bückt sich und versucht, das Streichholz hinter vorgehaltener Hand anzuzünden. Ein Windstoß, die Flamme flackert, doch Peter hält sie dicht an den Haufen, ein Blatt fängt Feuer, dann ein zweites, dann das Ende eines Zweigs, und bald brennt der ganze Haufen lichterloh. Er schichtet noch mehr Laub, Zweige und größere Äste aufeinander. Tina begreift und hilft ihm. Die Wölfe ziehen sich zurück. Wilde Tiere fürchten sich vor Feuer. Die Flammen züngeln höher und der Wind treibt den Rauch genau auf ihre sabbernden Rachen zu. Da greift Peter nach seinem Jagdmesser und …

Lächerlich! Solche Tagträume waren schuld daran, dass er seine Haltestelle verpasste, wenn er nicht Acht gab. Der Bus hatte angehalten. Die anderen Schulkinder stiegen schon aus. Peter sprang auf und konnte gerade noch auf den Bürgersteig hüpfen, als der Bus auch schon wieder anrollte. Er war bereits mehr als fünfzig Meter die Straße hinuntergelaufen, als er merkte, dass er etwas vergessen hatte. War es sein Ranzen? Nein! Es war seine Schwester! Er hatte sie vor den Wölfen gerettet, aber im Bus sitzen lassen. Einen Augenblick lang stand er wie angewurzelt da. Stand da und sah zu, wie der Bus die Straße hinauffuhr.

Monika Peters

Spielverderber

Immer
wenn ich mir
meine Träume
ausmale
in bunten
schillernden Farben

platzt
garantiert
das Leben herein

und kleckst
mir dazwischen

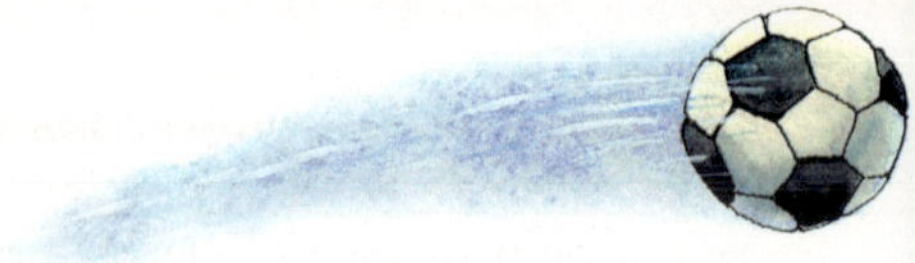

Herbert Heckmann

Tor!

Eine Stehaufgeschichte für Träumer, Schlafpelze und andere

„Es hat alles keinen Zweck." Diesen Satz führte Erwin immer im Munde. Er fing damit schon am frühen Morgen an, wenn ihn seine Mutter weckte. Erwin – der Erwin hieß, weil er dem Beispiel seines erfolgreichen Onkels folgen sollte, der immer das Richtige in seinem Leben tat und auch gern darüber redete – war kein Freund des Aufstehens. Das brachte nämlich die ersten Schwierigkeiten: Er war meist noch so verschlafen, dass er gar nicht wusste, was er tat. Einmal versuchte er allen Ernstes, sich mit der Zahnbürste die Haare zu kämmen.

„Wo bist du nur mit deinen Gedanken?", fragte die Mutter.

„Unterwegs", murmelte Erwin und wischte sich die Zahnpasta aus den Haaren. Er hatte zwei linke Hände, zwei linke Füße und überhaupt wenig Lust etwas zu tun. Was er anfasste, ging meist in die Brüche.

„Ehrlich, das wollte ich nicht", stammelte Erwin jedesmal.

Er selbst fiel, wo und wann er nur immer konnte, von Leitern, Mauern, Stühlen und über seine eigenen Beine. Sein Fahrrad war ein gerade noch fahrender Schrotthaufen. „Am besten, ich bleibe im Bett", verkündete Erwin, aber seine Eltern erfüllten ihm diesen Wunsch nicht.

In der Schule war es nicht viel besser. Er brachte alles durcheinander. Er verlegte Italien an die Nordsee und war der Meinung, dass Kolumbus das Ei entdeckt habe. Seine Antworten riefen in der Klasse fast immer Gelächter hervor, und Lehrer Knoll machte ein entsetztes Gesicht.

„Es hat alles keinen Sinn", murmelte Erwin und setzte sich hin.

Da er es in der Wirklichkeit zu nichts brachte, verlegte er seine großen Taten in die Träume. Sein Lieblingsaufenthalt wurde das Bett. Dort fühlte er sich als Held, besiegte Ungeheuer, flog durch die Lüfte, ritt auf einem mächtigen Löwen, kämpfte unter Wasser mit Haien, erfand ein neues Puddingpulver und landete auf dem Mars. Während er träumte, strahlte sein Gesicht vor Glück; war er wach, drohte die Milch vor seinem Anblick sauer zu werden. Seine Schulkameraden nannten ihn „Erwin, die Flasche". Das war nun wirklich keine Bezeichnung, auf die man stolz sein konnte.

„Muss ich eigentlich überhaupt in die Schule?", fragte Erwin seine Mutter. „Ich könnte doch alles für mich allein lernen."

„Hast du denn gar keinen Ehrgeiz?"

„Was soll schon dieser verdammte Ehrgeiz! Man strengt sich an, damit einen die anderen um so mehr auslachen können."

Erwin entwickelte mit der Zeit ein ungewöhnliches Schlaftalent. Er schlief selbst mit offenen Augen. Einmal wäre er beinahe von einem Auto überfahren worden. „Hast du denn keine Augen im Kopf?", schrie der Fahrer, der beim Bremsen mit dem Kopf gegen die Scheibe gestoßen war.

Erwin sah erschrocken auf und stotterte: „Ich bin ein Tiefseetaucher."
Der Fahrer vergaß vor Staunen seinen Mund zuzumachen.

Am liebsten träumte Erwin von Fußballspielen, in denen er eine überragende Rolle spielte. Er schoss aus allen Lagen und kein Tormann der Welt konnte seine Bombenschüsse halten. Das ganze Stadion stand Kopf und die Mitspieler umarmten Erwin. Eine ermunternde Wärme wuchs ihm bis in die Fingerspitzen, während die Fotografen die Kameras zückten. Das waren Augenblicke, in denen Erwin seine sauertöpfische Miene aufgab und von einem Ohr bis zum anderen grinste.

In Wirklichkeit war er jedoch nur ein Ersatzkicker, den keine Mannschaft haben wollte, weil man einfach nicht glauben konnte, Erwin, die Flasche, würde überhaupt einen Ball treffen.

„Mann, der kickt ja Löcher in die Luft."

So schaute Erwin nur zu und träumte, er wäre Torschützenkönig. Seine Beine zuckten, und es konnte durchaus geschehen, dass er vor Begeisterung um sich trat. War er allein, übte er mit allem, was ihm vor die Füße kam: mit Konservenbüchsen, Zigarettenschachteln, Kartons, Bierdosen und Papierknäueln. Er machte der Stadtreinigung Konkurrenz und zerdrosch drei Paar Schuhe im Jahr.

„Pass ein bisschen auf, wo du hintrittst!", ermahnte ihn seine Mutter, die nichts von der Fußballleidenschaft ihres Sohnes wusste. Erwin redete nicht viel. Er hatte einfach Angst sich doch nur lächerlich zu machen. Dabei wusste Erwin im Fußball Bescheid wie kaum ein anderer in seiner Klasse. Er kannte sogar die Schuhgröße von Beckenbauer.

Erwin wohnte in der Meisenstraße. Von einem Ende bis zum anderen nur Hochhäuser, die nachts wie vieläugige Ungeheuer aussahen. Tagsüber waren die Augen Fenster: acht in jedem Stock. Aus einem dieser Fenster beobachtete Frau Gernegut mit einer standbildhaften Ausdauer alles, was in der Meisenstraße geschah. Sie hörte die Flöhe husten, das Gras wachsen und machte aus jeder Mücke einen Elefanten. Sonst hatte sie nichts zu tun. Sie nahm ihre Aufgabe sehr ernst und ihre Nase war schon ganz platt, weil sie immer an der Scheibe klebte.

Wieder einmal kickte Erwin eine Bierdose vor sich her. Plötzlich überkam es ihn. Er war im Stadion, die Zuschauer reckten die Hälse. Erwin stürmte los, blieb stehen, nahm Maß und ballerte die Büchse gegen ein Fenster. Frau Gernegut hatte natürlich alles gesehen und noch ein bisschen mehr. Sie riss ihr Fenster auf und schrie. Andere Fenster öffneten sich, und sehr bald wusste so ziemlich jeder in der Meisenstraße, dass Erwin eine Scheibe zertrümmert hatte, eine Fensterscheibe im 4. Stock.

Erwin fürchtete ins Gefängnis gesteckt zu werden. Mit zitternden Knien schlich er nach Hause und erklärte seiner Mutter: „Ich geh jetzt für immer ins Bett."

Daraus wurde jedoch nichts, denn kaum hatte sich Erwin in sein Zimmer zurückgezogen, dessen Wände mit Postkarten aus Bayern, Sylt, Venedig und Mallorca überklebt waren, klingelte es. Frau Gernegut stürmte in die Wohnung und legte los: „Stellen Sie sich vor!"

Erwin konnte sich nur zu gut vorstellen, welche Folgen sein Treffer haben würde. „Noch nicht einmal im Bett ist man sicher", sagte er sich und bereitete sich auf das ernste Wort vor, das seine Mutter mit ihm zu reden hatte.

Etwas Gutes jedoch brachte die Sache mit sich. Olle, der sich für den größten Fußballer der Meisenstraße und darüber hinaus hielt und mit Erwin in dieselbe Klasse ging, konnte sich nicht beruhigen, dass Erwin eine Bierdose in den 4. Stock befördert hatte. „Das ist direkt eine Leistung", sagte er. Erwin war so an sein Pech gewöhnt, dass er das Lob überhörte. Er träumte nur noch: im Sitzen, beim Gehen, in der Schule und sogar beim Essen. Am liebsten wäre er unsichtbar geworden.

Als Olle ihn ein paar Wochen später aufforderte beim Schulsportfest in der Fußballmannschaft seiner Klasse mitzuspielen, glaubte er erst, man wolle ihn wie üblich auf den Arm nehmen. Aber Olle meinte es tatsächlich ernst. Knilch fiel wegen einer Blinddarmentzündung aus und Erwin, der immerhin Fenster im 4. Stock einzudreschen imstande war, schien Olle der beste Ersatz zu sein.

„Die Ehre der Klasse steht auf dem Spiel. Tritt nur nicht zu hoch!"

Am Morgen des großen Spiels gegen die Mannschaft der Parallelklasse konnte Erwin kaum einen Bissen herunterkriegen und vor Aufregung vergaß er zu träumen. Eine halbe Stunde vor den anderen stand er schon auf dem Sportplatz und betrachtete versonnen den mattgrünen Rasen. Er fror. Als die anderen kamen, hatte er eine bläuliche Gänsehaut. Olle schlug ihm die Hand auf die Schulter.

„Du bist linker Läufer, und mach nur keinen Quatsch!"

In der ersten Spielhälfte lief Erwin wie ein aufgescheuchtes Huhn herum und die Zuschauer lachten ihn aus, als er einmal an Stelle des Balls ein Stück Rasen in die Luft kickte. Olle schrie: „Flasche!" und Erwin sehnte sich in sein Bett zurück. Da lag plötzlich der Ball vor seinen Füßen. Erwin stürmte los, umdribbelte zwei Gegner, sah den Tormann in die Hocke gehen, die Arme ausgestreckt, zögerte einen Augenblick, schloss die Augen und drosch dann mit der ganzen Kraft seines linken Beins den Ball in Richtung Tor.

Erst als die Zuschauer „Tor" brüllten, öffnete er die Augen wieder und sah, wie Olle vor Freude einen Handstand machte. Erwin wuchs um genau einen Zentimeter. Seine Mannschaftskameraden liefen auf ihn zu und umarmten ihn. Wie im Fernsehen. Einer schrie: „Mensch, Flasche, du bist ja eine Wucht! Wie hast du das nur gemacht?"

„Ich habe immer davon geträumt", antwortete Erwin.

„Eine komische Art Training", bemerkte Olle.

Erwin ging auf seinen Platz zurück und wartete auf den Pfiff des Schiedsrichters. Er fror nicht mehr.

Mädchen und Jungen

Christine Nöstlinger

Tomas

Fünf Jahre lang war die Bille die Freundin von Tomas. Und da der Tomas zehn Jahre alt ist, war das sein halbes Leben lang. Dann zog der Konrad ins Nachbarhaus der Bille. Der war auch zehn Jahre alt und die Bille verliebte sich in ihn auf den ersten Blick! „Tut mir Leid“, sagte sie zum Tomas. „Aber unsere Liebe ist jetzt aus!“ Der Tomas war sehr traurig. Und die Traurigkeit hörte nicht auf. Und er nahm sich keine neue Freundin, obwohl er leicht zehn hätte haben können.

„Wie können wir dir denn bloß helfen?“, fragten der Papa und die Mama. „Wie können wir dir denn bloß helfen?“, fragten auch die große Schwester und der kleine Bruder.

Aber der Tomas wusste keine Antwort darauf.

Dann, nach vielen Wochen, rief die Bille an. Und sagte zum Tomas: „Die Liebe mit dem Konrad ist aus. Willst du wieder mein Freund sein?“

„Ich komme!“, rief der Tomas und legte den Hörer wieder auf.

„Mit der Kuh würd ich kein Wort mehr reden!“, sagte der kleine Bruder.

„Bist ja nicht ihr Hanswurst“, sagte die große Schwester.

„Wo sie dir so viel Kummer gemacht hat“, sagte die Mutter.

„Da hätt ich meinen Stolz“, sagte der Vater.

Der Tomas zog seine Jacke an und seine Schuhe.

„Dir ist nicht zu helfen!“, riefen der Papa, die Mama, die große Schwester und der kleine Bruder.

„Jetzt braucht mir ja auch niemand mehr zu helfen!“, rief der Tomas und lief aus der Wohnung. Und dachte: Die sind vielleicht komisch! Wollen, dass ich ewig traurig bleibe!

Jutta Richter

Die Schatzsucherin

Als ich so alt war wie du, wohnten wir bei Möllmanns und ich war Schatzsucherin. Das ist ein wichtiger, schwieriger und vor allem gefährlicher Beruf. Zuerst einmal braucht man eine Schatztruhe, um Schatzsucher zu werden, und damit fingen die Schwierigkeiten an. Eine Schatztruhe muss aus Holz sein. Nicht zu groß und nicht zu klein und nicht zu schwer. Denn man will seine Schätze mit sich herumtragen, sonst kann man nie sicher sein. Es gibt schließlich Räuber.

Eigentlich kommt für eine Schatztruhe nur eine Zigarrenkiste infrage. Die ist aus Holz, nicht zu groß und nicht zu klein und nicht zu schwer. Aber wie sollte ich an eine Zigarrenkiste kommen?

Mein Vater rauchte keine Zigarren und mein Opa rauchte nur zwei Zigarren im Jahr, eine zu Weihnachten und eine an seinem Geburtstag. Und die Kiste mit diesen Zigarren war noch halb voll. Um eine Zigarrenkiste zu bekommen, musste ich etwas ganz Verbotenes tun: Ich musste betteln gehen. In der Wirtschaft an der Straßenecke, wo es nach Qualm und Bier roch, wo die besoffenen Männer saßen mit den tiefen Stimmen und Elfriede mit den rot gemalten Lippen, die sich für 'n Schnaps immer abküssen ließ. Da musste ich rein, an den Männern vorbei bis vorne zum silbernen Tresen. Und als die Männer mich sahen, da riefen sie schon: „Na, Mädken, willsten Eis? Dann komm ma her zu dem Onkel!" Und da musste ich durch. Eisig nach vorn kucken, keine Miene verziehen. Und so tun, als ob ich überhaupt keine Angst hätte. Und dann zu Theo, dem Wirt, sagen: „Hast du 'ne leere Zigarrenkiste?"

Und Theo tat natürlich so, als hätte er nichts gehört. Also Luft holen und nochmal lauter: „Hast du 'ne leere Zigarrenkiste?" Und der Besoffene neben mir sagte: „Haste nich gehört, Theo, das Mädken will 'ne Zigarrenkiste."

Theo runzelte die Stirn, kuckte mich böse an und sagte: „Bin ich die Wohlfahrt? Die soll machen, dass sie rauskommt ..."

Und dann fing das Betteln an. Betteln bedeutete nämlich so lange quengeln, bis man das hat, was man will. Also stehen bleiben und nochmal: „Hast du 'ne leere Zigarrenkiste? Bitte, nur eine!"

„Komm, Theo, sei ein Kinderfreund," sagte der Besoffene neben mir und kramte in seiner Jackentasche. Bei dem Wort Kinderfreund fingen die anderen alle an zu lachen, am lautesten lachte Elfriede mit den rot gemalten Lippen. Theo sah jetzt schon ziemlich wütend aus und der Besoffene neben mir beugte sich ganz nah zu mir runter, bis ich seinen Schnapsatem riechen konnte, und drückte mir eine Mark in die Hand. Die legte ich auf den Tresen. Und tatsächlich, Theo machte den Glasschrank auf und holte eine Zigarrenkiste raus. „Da haste. Und jetzt hau ab."

Das musste er mir nicht zweimal sagen.

Bei Möllmanns habe ich mich dann hinter den Mülleimern versteckt und abgewartet, bis das Herzklopfen vorbei war. Es war eine besonders gute Zigarrenkiste. Mit richtigen glänzenden Scharnieren und einem goldenen Verschluss zum Hochknipsen. Jetzt war ich also Schatzsucherin.

Hinter Möllmanns Haus fuhren die Züge und neben den Gleisen führte der Aschenweg an der Glashütte vorbei zum Bahnhof. Auf dem Aschenweg konnte man die Schätze finden. Diamanten, Rubine und Smaragde glitzerten in der Sonne, man musste nur zugreifen und schneller sein als Friedhelm Bornemann.

Friedhelm Bornemann war nämlich der Anführer der Schatzsucher.

Friedhelm Bornemann hatte sich breitbeinig vor mir aufgebaut, durch die Zahnlücke gespuckt und gesagt: „Weiber können hier nicht mitmachen. Geh mit deiner Babypuppe spielen! Und wehe, du lässt dich hier erwischen! Das ist unser Gebiet."

Aus sicherer Entfernung hatte ich dann siebenmal „Furchendackel“ gebrüllt, und Friedhelm Bornemann hatte die Schottersteine von den Gleisen hinter mir hergeworfen. Das bedeutete Krieg.

Das bedeutete, geduckt hinter der Hecke entlangzuschleichen. Warten, bis die Luft rein war, und dann blitzschnell vor auf den Aschenweg und so viel Edelsteine zusammenraffen, wie in der kurzen Zeit eben möglich war. Sortieren konnte ich später erst, hinter Möllmanns Mülleimern. Es dauerte einen ganzen Sommer lang, bis die Schatztruhe voll war. Und dann an einem Nachmittag im August haben sie mich erwischt.

Friedhelm Bornemann, Siggi Kowalski und Bernd Ritter.

Ich hatte einen besonders großen Edelstein entdeckt. Ich hatte mich durch die Hecke gezwängt. Als ich wieder durchs Loch zurückwollte, standen sie vor mir. „Gib her,“ sagte Friedhelm und streckte die Hand nach der Schatztruhe aus. Nein, ich drückte die Kiste an meinen Bauch.

„Gib her,“ sagte Friedhelm und trat einen Schritt vor. „Ich zähl’ bis drei.“

„Eins …“ Ich senkte den Kopf.

„Zwei …“ Ich rannte los.

„Haltet sie fest!“, brüllte Friedhelm. Siggi und Bernd packten mich. Ich trat und biss und schrie und umklammerte die Schatztruhe.

Friedhelm boxte mich in den Bauch. „Lass die Kiste los! Du sollst die Kiste loslassen!“ Er riss mir die Schatztruhe aus der Hand. Er klappte den Deckel auf und kippte die Edelsteine ins Gras. Die Schatztruhe ließ er fallen und dann trat er mit seinen dunkelbraunen Nagelschuhen so lange drauf rum, bis nur noch Holzsplitter übrig waren.

„So,“ sagte er. „Jetzt weißt du Bescheid. Weiber können keine Schatzsucher sein. Merk dir das. Und jetzt geh zu deiner Mama.“

Usch Barthelmeß-Weller

Gegen dieses blöde „Jungen-gegen-Mädchen"

Also, in der ersten Klasse, da ging es ja noch. Da waren die Jungs, na, da gab es noch keinen so großen Unterschied, da waren alle irgendwie gleich, Jungs und Mädchen. Da mussten wir alle sehen, wie wir so zurechtkamen mit all dem Neuen, mit der Schule und so; wie man sich benimmt, was erlaubt und was verboten war. Und das Lernen machte auch nicht immer Spaß.

In der zweiten Klasse fing es schon an, da taten die Jungs sich groß, besonders in der Pause. Die gaben an, sie wären stärker und so. Sie taten so, als wenn sie was Besseres wären. Sie fingen an uns zu ärgern, nahmen uns Sachen weg, zogen Annette an den Haaren und wenn wir uns dann wehrten, kämpften sie uns nieder. Sie taten sowieso nichts anderes als kämpfen; es machte keinen Spaß mehr mit ihnen.

In der dritten Klasse wurde es dann ganz schlimm. Die Jungs spielten sich auf. In der Schulstunde, also, da waren sie ziemlich still. Aber sonst war es nicht mehr auszuhalten mit ihnen. Sie ärgerten uns immerzu. Wenn wir irgendwo ein Spiel anfingen, kamen sie und störten uns. Wenn wir uns im Hof auf die Bank setzten, kamen sie und stießen uns runter. Wenn wir vor der Mauer saßen, liefen sie dauernd über unsere Beine. Karla hänselten sie, weil sie so dick ist, Benita, weil sie dünn ist, Monika, weil sie rote Haare hat, Nina, weil sie schwarze Locken hat. Überhaupt behaupteten sie, alle Mädchen wären doof. Als wenn die besser wären mit ihren blöden Ärgern-Spielen, Angeber-Spielen und Kämpfen-Spielen. Denen fiel doch auch nichts Gescheites ein. Aber wenn sie mal was Gescheites spielten, dann ließen sie uns nicht mitspielen. Das war gemein, da konnte ich mich richtig ärgern, denn ich spielte lieber mit den Jungs. Die Mädchen wurden immer ängstlicher und langweiliger, die redeten bloß immerzu.

Manchmal hatte ich Streit mit einem Jungen und es kam zum Kampf; denn alles gefallen lassen wollte ich mir auch nicht. Da nahm der mich dann in den Schwitzkasten oder tat so was Gemeines und ich konnte nichts dagegen machen.

Es machte wirklich keinen Spaß mehr. In den anderen Klassen war es nicht besser, das sahen wir auf dem Schulhof. Nur in den höheren Klassen hatten die Mädchen ihre Ruhe oder schon Freunde. Eigentlich habe ich gar nichts gegen Jungs, einzeln können sie ganz nett sein. Es ist mir sogar schon passiert, dass ich mit einem Jungen prima gespielt habe, und nachher, als die anderen dabei waren, hat er sich genauso blöd benommen wie die. Jungs auf einem Haufen sind unausstehlich, naja, Mädchen vielleicht auch. Ich hätte gern etwas dagegen getan, gegen dieses blöde Jungen-gegen-Mädchen.

Gina Ruck-Pauquèt

Ist ja auch nichts für ein Mädchen

Eigentlich hatte es ganz friedlich angefangen. Jürgen war über den Zaun gesprungen und Anke ihm nach.

„Prima!", sagte er. „Aber jetzt kommst du nicht mehr drüber." Und er hatte einen Stock oben über die Pfähle gelegt. „Das ist zu hoch für dich." Anke schaffte es aber doch. „Na ja", sagte Jürgen.

Dann rannten sie los. Anke war schneller. Sie standen da, keuchten und schnappten nach Luft und Jürgen war sauer. Anke lachte.

„Ruh dich aus", sagte sie und setzte sich ins Gras.

Jürgen kaute auf einem Holzspan herum und spuckte ihn aus. Starrte in die Ferne.

„Für 'n Mädchen bist du ganz gut", sagte er. „Aber wenn wir 'n Ringkampf machen, verlierst du."

Anke zuckte die Achseln.

„Traust dich ja auch nicht."

„Schon", sagte Anke.

„Überhaupt nicht", sagte Jürgen. „Ist ja auch nichts für 'n Mädchen."

Anke stand auf.

„Geh'n wir?", sagte Jürgen.

„Wenn du unbedingt willst ..."

„Was?", fragte Jürgen.

„Na, den Ringkampf", sagte Anke.

„Nachher tu ich dir weh und dann heulste", sagte Jürgen.

„Du?", sagte Anke. „Du Plüschtiger." Und dann packten sie sich.

„Wer mit beiden Schulterblättern auf die Erde kommt, hat verloren", rief Jürgen. Er versuchte sie seitlich runterzudrücken. Anke wand sich aus seinen Händen. Beim zweiten Mal stieß er ihr von hinten sein Bein in die Kniekehlen. „Das ist gemein!", schrie Anke.

Er hatte einen Arm um ihren Hals gelegt und wollte sie aus dem Stand ziehen. Aber das schaffte er nicht. Er ließ los und fing an sie zu kitzeln. Da kriegte Anke Wut. Sie schmiss sich voll auf ihn. Als sie unter seinem Arm durchgriff, spürte sie, dass sie stärker war.

Sie duckte sich leicht und auf einmal hatte sie Jürgen über ihre Schultern geworfen, er lag da und sie kniete auf ihm. Ganz schnell war das gegangen. Sein Gesicht war vor Wut verzerrt.

„Beide Schulterblätter auf der Erde!", schrie Anke.

„Lass mich los", sagte Jürgen. „Hörst du – du sollst mich loslassen!"

„Ich hab aber gewonnen", sagte Anke. „Gibst du's zu?"

Sie sprang zur Seite. Jürgen kam hoch und klopfte sich die Kleider ab.

„Gar nichts geb ich zu", sagte er.

„Du bist gemein!", schrie Anke. „Ich hab gesiegt! Ich bin stärker als du."

„Ich würd den Mund halten“, sagte Jürgen. „Oder findest du das toll für ’n Mädchen?“

„Wieso?“, sagte Anke.

„Na ja“, sagte Jürgen. „Du willst doch wohl nicht Boxer werden oder Preisringer.“

Er saß auf einem Stein und zupfte an seinem Strumpf herum. Grinste.

„Das Mädchen, das jeden schlägt“, sagte er. „Die Frau mit den eisernen Fäusten. Glaubst du, dass sich für so eine jemals ein Junge interessiert?“

Anke blickte ihn an. Schwieg.

„Du kannst natürlich auf dem Jahrmarkt Geld verdienen. Als Muskeltante“, sagte Jürgen. „’nen Mann kriegst du sowieso nicht. So was mag doch keiner.“

„Rutsch mir doch den Buckel runter!“, sagte Anke.

Sie drehte sich um und ging weg. Tränen schossen ihr in die Augen. Es war mehr aus Wut.

„He!“, rief Jürgen und sprang auf. „Wohin willst du denn? Bleib doch!“, rief er. „Ich hab’s doch nicht so gemeint. Ich mag dich doch“, sagte er.

Aber das hörte sie schon nicht mehr.

Susanne Kilian

Der Brief

In der Deutschstunde stieß Karin die Ingrid an. „Guck mal, der Oliver schaut mich schon wieder so an!“, flüsterte sie ihr zu. Sie sahen beide zum Oliver hin. Der drehte sich weg. Er hatte die ganze Zeit die Karin angestarrt. Jetzt sah er nach vorne zur Tafel.

Die Karin und die Ingrid kicherten hinter vorgehaltenen Händen. Verdammt! Jetzt hatte die Lehrerin sich zu ihnen umgedreht. Und sie wollten bei dem blöden Gedicht auf keinen Fall drankommen. Gerade fing der Klaus an: „Mietegäste, vier im Haus, hat die alte Buche …“ Die Mädchen setzten sich ordentlich zurecht und machten aufmerksame Gesichter. Inzwischen sagte die Gerti weiter: „Weiter oben im Geäst pfeift ein winzig kleiner …“

„Der Oliver ist verliebt in dich!“, wisperte Ingrid. Karin wischte ihr unterm Tisch eins gegen die Beine: „Aber ich nicht in ihn!“, zischte sie. Klar, dass der Oliver sie mochte, wusste sie schon lange. Immer wartete er, bis sie zum Schultor reinging. Zum Glück hatte sie immer all ihre Freundinnen um sich rum. Und sie beachtete den Oliver gar nicht. Nie. Auch wenn er mittags, zehn Schritte Abstand, hinter ihr herging. Er wohnte nur eine Ecke weiter. Sie fand Jungs an sich schon blöd. Aber der Oliver, wie er sie immer ansah, er war einfach Luft für sie.

In der Pause beriet Karin sich mit ihren Freundinnen. Sie wollten dem Oliver eins auswischen. Der würde die Glotzerei schon bleiben lassen. Sie drängelten sich in eine Schulhofecke. Machten einen Kreis um Karin, dass man nicht sehen konnte, was die machte. Sie benutzte die Mauer als Unterlage und krakelte auf einen Fetzen Butterbrotpapier, was die Freundinnen ihr flüsternd diktierten:

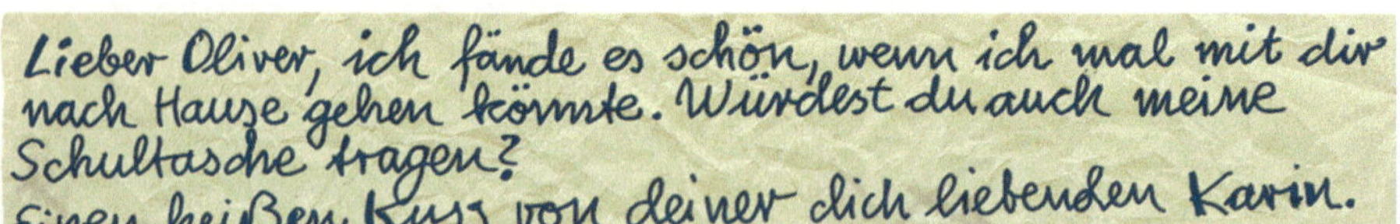
Lieber Oliver, ich fände es schön, wenn ich mal mit dir nach Hause gehen könnte. Würdest du auch meine Schultasche tragen?
Einen heißen Kuss von deiner dich liebenden Karin.

In der Erdkundestunde schrieb Karin den Text sauber auf ein Blatt aus dem Rechenheft. Sie faltete es zusammen. Schrieb darauf: „An Oliver!“, und schickte es los. Sie saß am vierten Tisch in der letzten Reihe und der Oliver am zweiten Tisch in der ersten Reihe. Sie konnte den Weg des Briefchens gut verfolgen. Die Freundinnen, mit denen alles ausgemacht war, gaben ihn sehr vorsichtig von Tisch zu Tisch, damit ihn die Lehrerin ja nicht erwischte.

Jetzt musste der Brief beim Oliver sein. Ingrid und Karin sahen, wie er unterm Tisch herumkramte, etwas auseinander faltete, es in seinen Erdkundeatlas schob und las. Langsam stieg ihm vom Hals hoch Röte ins Gesicht. Sie konnten es von hinten deutlich sehen. Und jetzt drehte er sich zur Karin um und nickte.

Karin hatte entsetzliche Mühe ein todernstes Gesicht zu machen. Schließlich bekam sie's doch hin und nickte sogar zurück.

Als Oliver sich wieder nach vorn drehte, platzte sie fast vor Lachen. Sie konnte es kaum abwarten, bis die Schule aus war. Die Eingeweihten packten kichernd ihre Ranzen ein. Jetzt stand Karin das Schwierigste bevor. Sie packte langsam und mit ernstem Gesicht ihre Schultasche. Es war ausgemacht, dass die anderen vor der Schule auf sie warteten.

Es klappte großartig. Oliver packte seine Sachen genauso langsam zusammen. Ab und zu schielte er zur Karin hin. Hintereinander gingen sie durch die Klassentür. Stumm gingen sie den Gang entlang. Als sie über den Schulhof liefen, schaute Oliver die Karin von der Seite an und fragte: „War's wirklich ernst, was in dem Brief stand?“ Karin biss die Zähne zusammen. „Klar war's ernst!“, sagte sie hochnäsig und rannte los.

Gott sei Dank!, ihre Freundinnen warteten am Schultor. Als Oliver vorbeigehen wollte, stellten sie sich kichernd in den Weg. Verbeugten sich vor ihm. „Möchtest du mit mir nach Hause gehn?“ – „Darf ich deine Schultasche tragen?“, schrien sie durcheinander. Und Karin machte die Augen zu und flötete: „Einen heißen Kuss von deiner dich liebenden Karin!“

Oliver wurde rot. Er sah die kichernden Mädchen an. Und die Karin, wie sie sich in die Hand biss vor lauter Lachen. Er sah nur noch die Karin an. Und sagte bloß: „Du bist richtig gemein!“

Wolfgang Fischbach

Wir haben eine Neue

Wir haben eine Neue in der Klasse.
Manchmal lacht sie mich so an.
Dann wird mir immer ganz komisch.
Aber das Komische ist schön.
Es kribbelt überall,
und meine Ohren werden ganz warm.
Sie lacht wunderbar.
Ihr ganzes Gesicht lacht.
Der Mund lacht, die Augen lachen,
die Grübchen lachen.
Sogar die Nase lacht ein bisschen.
Jetzt kann ich sogar unseren Lehrer leiden.
Ich möchte nur wissen, woher das kommt.

Gina Ruck-Pauquèt

Um fünf an der Brücke

„Kommst du?“, hatte sie gefragt. „Um fünf an der Brücke.“

Das war gestern gewesen. Und jetzt ging er hin. Peter schaute auf seine Schuhe. Er hatte sie geputzt. Plötzlich kam ihm das albern vor. Er trat gegen einen Stein.

Er kannte sie schon ewig. Gitte mit den blonden Zöpfen, die immer halb offen waren. Sie konnte auf Bäume klettern wie ein Affe. Aber jetzt hatte sie keine Zöpfe mehr. Peter wollte eigentlich nicht hingehen. Aber dann wollte er doch wieder. Er verstand sich selbst nicht.

Am Eingang des Parkes wartete Johannes auf ihn. Johannes war immer da um diese Zeit. Peter konnte anders gehen. Er musste nicht am Park vorüber. Aber dann bog er doch nach rechts.

Es war früh warm geworden in diesem Jahr . Die Bäume schimmerten grün. Peter fühlte in seiner Hosentasche den Beschwörungsstein. Kindischer Kram! Fasste sich aber angenehm an, ganz glatt und rund.

Wenn Johannes nicht da wäre! Peter hoffte, dass Johannes nicht da sein würde. Aber er hockte auf dem Holzzaun wie immer. Baumelte mit den Beinen. Der dürfte seine Hosen mal bügeln! Nie zuvor war Peter das aufgefallen.

„He!“ Johannes sprang vom Zaun.

Peter blieb stehen. Er blickte an Johannes vorbei, scharrte mit dem Absatz im Sand. Es fiel ihm ein, wie Sand sich anfühlt, wenn man ihn zwischen den Fingern durchrieseln lässt.

„Was ist denn los?“

„Was soll denn los sein?“

„Du bist so komisch. Gehn wir?“

„Wohin?“

„Weiß ich doch nicht.“

Johannes wusste nie etwas. Die Ideen musste immer er haben. Peter ärgerte sich. Er schaute einem Hund zu, der ein Loch in die Wiese buddelte. Das war verboten. Sie hatten auch mal ein Loch gebuddelt. Als sie das Schriftstück eingegraben hatten. Für die Nachwelt. Das war natürlich schon lange her. Weiter rechts war es gewesen, unter einem Jasminstrauch. Peter spürte heftige Lust nachzusehen, ob es noch da war.

„Willst du hier anwachsen?“

„Ich kann heute nicht“, sagte Peter. „Ich muss weg.“

„Kann ich ja mitkommen.“

„Ne“, sagte Peter.

Johannes schaute ihn verdutzt an. Peter fand, dass er unglaublich dumm aussah in diesem Augenblick.

„Wohin musst du denn?“

„Weg“, wiederholte Peter.

Ziemlich lange geschah überhaupt nichts. Nur, dass Johannes mit dem Daumennagel einen Holzspan vom Zaun kratzte. Dann bohrte er beide Hände in die ausgebeulten Jackentaschen. „Warum gehst du denn nicht?"

„Ich geh ja", sagte Peter, und er starrte einem Jungen nach, der einen Ball vor sich hertrieb. Das hatten sie auch gemacht. Zu zweit. Sie hatten versucht, sich den Ball gegenseitig abzujagen.

„Tschüss!", sagte Johannes.

Es war Peter als müsse er sich von innen heraus anschieben. Jede Bewegung wird vom Gehirn gesteuert, fiel ihm ein. Und er dachte an ein Auto, bei dem innen etwas kaputt ist.

„Tschüss!", hörte er. Das hatte er selbst gesagt. Dann ging er. Er wusste, dass Johannes immer noch auf derselben Stelle stand. Er sah ihn stehen. Johannes hielt sich schlecht. Seine Mutter sagte ihm das hundertmal am Tag. Wahrscheinlich hielt er sich darum schlecht. Dabei war Johannes sportlich. Er hatte ihn beim Wettrennen glatt um zwei Längen geschlagen. Das war, als er beide Schuhe verlor. Wie sie gelacht hatten damals.

Die Kirchturmuhr zeigte jetzt zwei Minuten vor fünf. Peter fühlte sich schlecht. Er hatte das Empfinden, dass Johannes immer noch dastand. Vielleicht sogar für alle Zeit. Aber er drehte sich nicht um. Auch an der Ecke nicht, bevor er abbog.

Es musste jetzt fünf Uhr sein. Peter war plötzlich wütend. Er wollte, dass es irgendwo knallte. Ein Verkehrsunfall, dachte er. Nein – das durfte er nicht wünschen. Er ging langsamer. Er würde zu spät kommen. Aber beim Juwelierladen zeigte die Uhr immer noch erst eine Minute vor fünf. An der Ecke verkaufte Bobrowski Zeitungen. Den hatten sie früher oft geärgert. Bloß, weil er anders sprach. Wie dumm sie gewesen waren.

Warum mir lauter Zeug einfallt, das vorbei ist, dachte Peter. Wieder geriet ihm in der Hosentasche der Stein zwischen die Finger. Er holte ihn hervor, blickte ihn einen Augenblick lang an und schleuderte ihn dann ärgerlich fort.

Als Peter an die Brücke kam, schlug die Uhr fünfmal. Nie war ihm ihr Klang so theatralisch erschienen. Gitte war natürlich nicht da. Er beugte sich über das Brückengeländer und beschloss, sofort wieder zu gehen. Unten glitt ein Paddelboot vorbei. Ein Mädchen und ein Junge saßen darin. Peter spuckte hinunter, traf aber nicht.

Einmal war hier einer runtergesprungen und ertrunken. Wahrscheinlich konnte er nicht schwimmen, dachte Peter. Wenn man schwimmen kann, kann man nicht so einfach ertrinken. Er konnte schwimmen. Gitte auch. Sie hatte einen Badeanzug mit Blümchen getragen. War die mager gewesen! Sie hatten sie untergetaucht, Johannes und er.

Wenn er jetzt ging, würde er Johannes vielleicht noch treffen. An derselben Stelle. Peter begann die Enten zu zählen.

„Hallo!"

Da stand sie neben ihm. Der Wind hatte ihr Haar zerzaust. Sie hatten oft so nebeneinander gestanden. Peter fiel plötzlich auf, dass ihre Hände einfach so herunterhingen. Sie steckte sie nicht in die Taschen. Gitte ist ein Mädchen, dachte er ganz unsinnigerweise.

Und er sagte: „Hallo!“

„Gehn wir zum Ufer runter?“

„Ja“, sagte er.

Als sie die Böschung hinabkletterten, rutschte sie und verlor für einen Augenblick den Halt. Peter streckte ihr die Hand hin. Ihre Finger waren kühl und ein wenig feucht. Unten angekommen, ließ er sie los.

„Schau“, sagte sie und wies auf die kleinen, gelben Blumen.

Der Teufel mochte wissen, wie sie hießen. Sie blühten in jedem Frühjahr als erste.

„Ich hab ’ne Vier in Mathe“, sagte sie.

Peter schluckte. „Soll ich dir mal helfen?“, fragte er dann.

„Au ja?“, rief sie. Sie lief ein Stück vor.

„Komm, wir bleiben hier und sehen zu, wie der Strom fließt!“

Wie der Strom fließt, dachte Peter. Mädchen sind seltsam.

Sie strich sich mit der Hand über den Rock und setzte sich auf einen Stein. Er hockte sich neben sie. Das Wasser floss schnell. Es war lehmig und voller Schmutz. Peter spürte die Wärme der Sonne auf seinem Rücken.

Gitte redete. Sie erzählte von ihrer Katze, die Pfötchen geben konnte. Peter hatte sich nie sonderlich für Katzen interessiert. Er sah Gittes Hand, die auf ihrem Knie lag. Eine Mädchenhand mit ganz sauberen Fingernägeln. Er hätte sie gerne noch einmal berührt.

„Ich hab mal ’nen Hund gehabt“, sagte er.

Er wollte von Flock sprechen, aber dann fand er nur zwei, drei Sätze.

„Er ist tot“, erklärte er abschließend. Und plötzlich war er traurig.

„Es werden viele Hunde überfahren“, meinte Gitte.

Flock war nicht überfahren worden. Aber Peter schwieg. Das Wasser gluckste. Als ob jemand lacht, fiel es Peter ein.

„Ich muss gehen“, sagte Gitte. „Ich hab’ noch was zu erledigen für meine Mutter.“

Sie standen auf. Mit ein paar leichten Sätzen erklomm sie die Böschung. Die Sonne war fort.

„Gibt Regen“, meinte Gitte. „Kommst du morgen wieder?“

„Mal sehen“, sagte Peter. „Um fünf?“

„Ja.“

„Tschüss!“, sagte Peter.

„Tschüss!“

Ihr Rock wippte, als sie davonlief. Er wandte sich ab und ging den Weg zurück, die Hände tief in den Hosentaschen. Bei Bobrowskis Bude fiel ihm der Stein ein. Der Beschwörungsstein. Er blieb stehen und suchte ihn. Aber er konnte ihn nicht mehr finden.

Sabine Jörg

Computer-Miri

Miri schaltet den Computer ein. Schon wird sie begrüßt:

Willkommen!

Der Schreibtisch erscheint; kleine Ordner, säuberlich beschriftet:

Rudi, Briefkopf, Englisch

Miri öffnet das Englisch-Programm. Es gongt; auf dem Bildschirm steht:

Hello, how are you?

Miri klickt in den lächelnden Smiley. Es geht ihr ganz gut.

That's fine. Let's begin.

Der Computer fragt Miri Vokabeln ab. Er hat Geduld. Immer wieder kommt er auf die Wörter zurück, die Miri nicht in den Kopf wollen. Er lobt Miri, wenn sie sich einen Begriff merkt. Der Computer warnt Miri sogar, wenn ein Wort folgt, das sie immer mit einem anderen verwechselt. Der Computer ist erträglicher als der Nachhilfe-Unterricht von Miris Mutter. „In deinem Alter habe ich in Englisch eine Eins gehabt“, hat er noch nie behauptet. „Du bist unkonzentriert“, ist bei ihm nicht einprogrammiert. Ein Glück!

Zur Entspannung, nach Englisch, verziert Miri ihr Computer-Briefpapier. Den Brief an Rudi hat sie 13-mal umgeschrieben, verbessert, neu bemalt. Rudi hat auch einen Computer. Und Miri interessiert sich für ihn, für Rudi, für seinen Computer nicht ganz so sehr. Der Brief ist jetzt so schön, dass Miri sich kaum traut, ihn Rudi zu geben. Sie ruft die allererste Fassung aus dem Speicher auf, druckt sie aus.

Für Rudi

Hallo, hast du Lust, mir auch einmal einen Computerbrief zu schreiben?

ICH HABE JAPANISCHE KALLIGRAFIE-PINSEL.

Und auch einfache Schrift.

Am nächsten Tag, in der Mathestunde, schiebt Miri Rudi das Briefchen zu. Rudi grinst. Er schreibt:

„Kannst ja heute Nachmittag zu mir kommen, ich habe 120 Spiele!“

Drei Stunden später sitzt Miri neben Rudi an dessen Computer. Rudi hat ein Spiel eingelegt. Die Joysticks in den Händen starren beide auf den

Bildschirm: Wer reagiert schneller, bewegt den roten Knüppel geschickter hin und her? Rudi natürlich, schließlich hockt er tagelang am Computer und knallt und schießt wie wild um sich.

„Sag mal, macht dir das eigentlich Spaß, dieses ewige Rumballern?", fragt Miri, nachdem sie das erste Spiel verloren hat.

„Wieso? Magst du lieber 'n anderes?" Rudi wartet die Antwort nicht ab, legt ein neues Spiel ein. Wieder geht es um Zeit, um Reaktionsgeschwindigkeit. Rudi sitzt da mit hochrotem Kopf, die Hände an den Joystick gepresst. Er sieht gebannt auf den Bildschirm, merkt nicht, wie Miri ihren Joystick beiseite legt und sein Zimmer betrachtet.

An den Wänden hängen Poster, überall liegen Disketten herum, auch einige Musikkassetten sind dazwischen. Die hätte Miri lieber angehört. Überhaupt hatte sie gedacht, dass man sich etwas unterhalten könnte … Rudi brüllt auf: „Wahnsinn, Wahnsinn!" Er hat seinen eigenen Geschwindigkeitsrekord unterboten.

Miri dreht sich zu ihm um: „Am besten spielst du nur noch gegen dich selbst!" Rudi spürt die feine Ironie nicht. „Ja, du, ich hab auch tolle adventure games. Da musst du dich durch den Urwald schlagen."

Miri winkt ab: „Wenn Abenteuer, dann richtige. Bildschirm-Urwald interessiert mich nicht."

Rudi ist überrascht: „Was willst du eigentlich?" Er dämpft seine Stimme: „Ich habe auch verbotene Spiele, richtige fiese Kriegsspiele, hab ich mir heimlich kopiert."

Miri holt tief Luft. „Mensch, Krieg find ich grauenvoll, ich hab keinen Spaß andere umzubringen. Ich kann darüber nicht lachen."

„Aber es geht doch nur um Punkte!"

„Und dieser Geschwindigkeitsfanatismus geht mir auch auf den Nerv. Ich würde doch nie zu einem Autorennen latschen und zugucken, wer als erster um die Ecke quietscht."

„Ich finde das geil."

„Und ich find's kindisch. Na ja, das sind die gewissen Unterschiede … "

„Wofür hast du dann überhaupt einen Computer?"

Miri sieht Rudi gequält an: „Ach, das verstehst du sowieso nicht."

Zu Hause setzt Miri sich gleich wieder an den Computer. Sie gibt den Befehl ein: **Rudi 1-13 Exit.**

Auf dem Bildschirm erscheint die Nachfrage:

Wollen Sie den Inhalt wirklich löschen?

Und Miri bestätigt: **Exit.**

Miris Mutter steckt den Kopf durch die Tür: „Du wirst ja noch ein richtiger Computerfreak."

Miri lacht ihre Mutter an: „Wirklich nicht!"

Schelme, Narren und seltene Vögel

Siegfried Lenz *(Text in alter Rechtschreibung)*

So war es mit dem Zirkus

Wie der Zirkus mit vollem Namen hieß, daran kann ich mich nicht mehr genau erinnern, aber er muß so ähnlich geheißen haben wie „Anita Schiebukats Wanderbühne". War natürlich ein Ereignis ersten Ranges, dieser Zirkus, was man schon daraus entnehmen kann, daß es schulfrei gab für die Suleyker* Jugend, daß die Arbeit auf den Feldern ruhte und in keinem Häuschen von etwas anderem gesprochen wurde als von ihm, dem Zirkus. Dabei war er gar nicht einmal so groß; zumindest fand er Platz auf der Feuerwehrwiese, baute sich da ein Zeltchen und stellte seine Wagen hübsch in der Nähe auf.

Alles ging schnell und lautlos, und ehe sich die Suleyker Gesellschaft versah, war sie schon von Anita Schiebukats Wanderbühne gebeten, die erste Vorstellung zu besuchen. Eine Kapelle spielte werbende Weisen, ein alter Elefant wurde herumgeführt, vielsagende Geräusche lagen in der Luft – das Zeltchen füllte sich alsbald. Man brachte sich Eingemachtes mit, Salzgurken, Pellkartoffeln, geräucherte Fische, man begrüßte einander, promenierte ein Weilchen auf der Wiese und betrat dann, in plaudernden Gruppen, den Ort der Veranstaltung.

So. Und dann begrüßte Anita Schiebukat, ein kräftiges, wohlgenährtes Weibchen, die Gesellschaft höchstpersönlich, fand annehmbare Schmeicheleien, diese Person, ließ sich beklatschen und verschwand. Aber bevor sie verschwand, rief sie noch: „Es ist", rief sie, „eröffnet", und in selbigem Augenblick ging es los.

Da erschien also zunächst ein finsterer, halbnackter Mensch in der Arena, blieb stehen, glubschte düster nach allen Seiten, reckte sich und öffnete ein Kästchen. Was in dem Kästchen drin war? Was wird schon drin gewesen sein – Messer; lang, scharf und, wie man zugeben wird, gefährlich. Aber was tat dieser halbnackte, drohende Sonderling: er nahm sich die Messer, eins, zwei, drei, fünf Messer, rief mit einer schrillen Stimme die Anita Schiebukat, und wahrhaftig, das wohlgenährte Weibchen stellte sich mit dem Rücken gegen eine Bretterwand. Aber nun passierte es: dieser Mensch schmiß seine Messer nach Anita Schiebukat, alle fünf sausten ins Holz, aber getroffen, gottlob, hat keines.

Die Suleyker Gesellschaft stöhnte vor Entsetzen, verbarg das Gesicht hinter den Händen, wimmerte, und gelegentlich waren auch kleine Angstrufe zu hören. Damit nicht genug. Dieser halbnackte, schwitzende Mensch zog die Messer aus dem Holz heraus, trat ein paar Schrittchen zurück und begann, die scharfen Dinger wieder nach dem Weibchen zu schleudern, so unzart wie möglich.

Na, da erwachte endlich bei einigen Suleyker Herren der Sinn für das, was erlaubt ist. Und am vollkommensten erwachte er bei dem riesigen

Flußfischer Valentin Zoppek. Der stand einfach auf von seinem Bänkchen, trat in die Arena, ging seelenruhig zu dem Menschen mit den Messern hin und sagte: „Dies Frauchen“, sagte er, „hat so freundliche Worte gefunden zur Begrüßung. Warum schmeißt du sie, hol's der Teufel, mit Messern? Noch ein Messer, sag' ich, und du bekommst es mit mir zu tun. Bei uns wird nicht mit Messern auf Menschen geworfen. Hab' ich richtig gesprochen?“ – „Richtig“, murmelte die Suleyker Gesellschaft.

Anita Schiebukat kam schweratmig herbei, erkundigte sich rasch, erfaßte die Lage zur Genüge und gebot dem halbnackten Menschen, nach hinten zu gehen, was er auch, begleitet vom Murren der Gesellschaft, tat. Er hätte nicht so mir nichts dir nichts verschwinden können, wenn Anita Schiebukat nicht bereits wieder ein sorgloses Lächeln verströmt hätte, womit sie jedermann beruhigte.

Mit demselben Lächeln kündigte sie sodann ein verschmitztes buckliges Herrchen an, das, in Frack und Zylinder, in die Arena hüpfte, Kußhände in die Gesellschaft warf und auf Beifall wartete, bevor es überhaupt etwas gezeigt hatte. Plötzlich aber, ehe ihm jemand folgen konnte, griff dieser Bucklige schnell in die Suleyker Luft, und was er in der Hand hielt: es war ein mild duftender Fliederstrauß. Übermäßige Laute des Staunens erklangen im Zeltchen, man warf ihm in spontaner Begeisterung Salzgurken zu, die er geschickt auffing, auch Heringe flogen ihm zu, ganz zu schweigen von Herzen. Er sammelte alles ruhig ein.

Dann stellte er einen Tisch hin, auf den Tisch ein Kistchen, und zum Schluß verfügte er sich selbst in dies Kistchen hinein und schloß es von innen. Was bleibt mir zu sagen: dies Kistchen fiel auf einmal auseinander, und was fehlte, es war das verschmitzte, bucklige Herrchen. Schon wollten der Briefträger Zappka und der jüngere Urmoneit, von Sorge erfüllt, in die Arena steigen, als das zaubernde Herrchen, weiß der Kuckuck, trompeteblasend auf dem Balkon der Kapelle auftauchte, sich an einem Strick herunterließ und prasselnden Beifall entgegennahm. Ermutigt durch den ausschweifenden Beifall, trat der Zauberer überraschend an den Rand der Arena, langte meinem Onkelchen, dem Stanislaw Griegull, unter die Weste, und zum Vorschein kam – ja, wer weiß wohl, was zum Vorschein kam? Ein Hase natürlich, zappelnd und ganz lebendig. Die Suleyker, sie waren mit Sprachlosigkeit geschlagen, als solches geschah, und mein Onkelchen, Ehrenwort, erhob sich und begann, der Reihe nach seine Kleidungsstücke abzulegen. Hoffte natürlich, noch mehr Hasen zu finden, dachte sogar an ein fettes Erpelchen* oder an einen Hahn, der aus der Unterhose flattern möchte. Aber nichts dergleichen geschah. So zog sich mein Onkel unter prallem Schweigen wieder an, und der Beifall wäre auch prompt gekommen, wenn Stanislaw Griegull nicht plötzlich das Wort ergriffen hätte. Er wandte sich direkt an das zaubernde Herrchen und sprach folgendermaßen: „Ich sehe", sprach er, „daß der Hase nach hinten gereicht wird. Dieser Hase aber ist mein Eigentum. Denn wie man gesehen hat, wohnte er an meinem Leib. Also möchte ich bitten um die sofortige Auslieferung des nämlichen Hasen."

Jetzt wirklich und wahrhaftig wurde die Stille – na, sagen wir mal: beklemmend. Die Gesellschaft schwankte einen Augenblick, das zaubernde Herrchen äugte bestürzt auf den Redner. Aber es fing sich gleich, ging auf mein Onkelchen zu und sagte: „Wo", sagte er, „gibt es Hasen, die zu leben pflegen unter der Weste eines Herren? Es war doch, wie man gesehen hat, alles nur Zauberei, sozusagen Simsalabim."

„Das ist", sagte mein Onkelchen, „einerlei. Das Häschen hat gewohnt unter meiner Weste, es hat gezappelt, es war lebendig. Und so möchte ich beantragen die Auslieferung des Hasen. Er ist mein Eigentum." Blickte sich, mein Onkelchen, schnell um zu dem Gendarmen, und als das Gesetz namens Schneppat nickte, forderte er mit unnachgiebiger Stimme: „Aber schnell, wenn ich bitten darf." So erhielt Stanislaw Griegull den Hasen, setzte ihn auf seinen Schoß, und die Vorstellung ging ohne Streit weiter.

Wie es weiterging? Nun, es wurde hereingetragen eine Waschwanne, in welcher, die Griesgrämigkeit in Person, ein alter, fetter Seehund lag, welcher auf den Namen Rachull hörte, der Unersättliche. An der Waschwanne hing ein großes Plakat, auf dem stand: „Es wird gebeten, dem Seehund nicht zu zergen" – was soviel heißt wie ärgern oder übel mitspielen. Dergleichen kam jedoch auch keinem der Gesellschaft in den Sinn; man beklatschte den Seehund lediglich, wogegen dieser nichts zu haben schien – wenigstens ließ er sich, ohne daß er die Wanne verlassen hätte, anstandslos wieder hinaustragen.

Nachdem er weg war, trat wieder das wohlgenährte Weibchen Anita Schiebukat in die Arena, streifte meinen Onkel mit einem sonderbaren

Blick und verkündete: „Jetzt wird auftreten ein Mann namens Bosniak. Er ißt Eisenstangen zum Frühstück und trinkt zwölf Liter Milch am Abend. Seine Kraft ist grenzenlos. Wer mit ihm ringen möchte zwei Minuten und dabei stehen bleibt, bekommt den Eintritt zurück und drei Mark zwanzig außerdem!"

Sie trat zur Seite, und hereingewogt kam dieser Bosniak; ging so, daß die Bänke zitterten, zeigte seine Zähne, hieb sich auf seinen kleinen Kopf und tat alles, um einen Eindruck zu hinterlassen von seltener Fürchterlichkeit. Niemand wagte, gegen ihn aufzustehen.

Niemand?

Doch, da hinten meldete sich ja einer, war nur so dünn, daß man ihn einfach übersah. Wer es war, der sich da meldete und ein unbegreifliches Beispiel von Tollkühnheit lieferte? Mein Oheim, der Schuster Karl Kuckuck. Wie gelähmt saßen die Suleyker da, als er an ihnen vorbeiging; sie verfolgten ihn mit wehmütigen, abschiednehmenden Blicken, aber keiner fand sich, der ihn in seinem Entschluß beeinflußt hätte.

Also er trippelte in die Arena, schaute den Bosniak sanft und mitleidig an und sagte: „Ich erwarte", sagte er, „den Angriff." Sofort stürmte der ungeheure Mensch mit dem kleinen Kopf auf ihn zu, breitete die Arme aus, schnaubte, schlug die Arme wieder zusammen, aber Karl Kuckuck war längst weggetaucht und befand sich im Rücken des Eisenfressers. Dieser, im Glauben, den Schuster vor seiner Brust zu haben, drückte dergestalt, daß ihm die Tränen in die Augen traten – was er drückte, es war niemand anderes als er selbst. Na, das wiederholte sich so einige Male – wie soll man auch ein Stückchen Schustergarn, wie meinen Oheim, genau zu fassen kriegen? –, und am Ende war dieser Bosniak dergestalt erschöpft, daß er sich schnaufend auf die Erde setzte und mit einem Eimer Wasser zur Besinnung gebracht werden mußte. Karl Kuckuck hingegen schlängelte sich zur Kasse, ließ sich das Geld auszahlen und schlängelte sich mit seinen Verwandten nach Hause.

So ungefähr ging es, wenn ich mich richtig erinnert habe, Anita Schiebukats Wanderbühne in Suleyken. Wie übrigens später zu erfahren war, ist danach lange Zeit kein Zirkus mehr in unser Dorf gekommen – wie man wissen wollte, aus Furcht vor dem allzu aufgeklärten Publikum.

Wolfdietrich Schnurre

Professor Wettersteins Blumen

Professor Wetterstein hat die längste Zeit seines Lebens Versuche gemacht. Es ging ihm darum eine Sorte von Blumen zu züchten, die überhaupt nur wachsen kann, wenn Kinderfüße auf ihr herumtrampeln. Professor Wetterstein hat fast sein ganzes Vermögen für diese Versuche ausgegeben, denn beinah alle Blumen, auf denen er die Kinder versuchsweise herumtrampeln ließ, gingen ein oder brachen kaputt.

Doch jetzt ist Professor Wetterstein die Wunderzüchtung gelungen. Es war aber auch höchste Zeit, denn Professor Wetterstein hatte bereits den Regenschirm mit der Elfenbeinkrücke ins Pfandhaus bringen müssen. Die Züchtung der Trampelblume, wie Professor Wetterstein sie nennt, ist gleich ein solcher Erfolg gewesen, dass ein Hauptgärtner und drei Nebengärtner nötig waren, um die Versuchskinder aus den ersten Trampelblumenbeeten wieder herauszumähen. Professor Wettersteins neueste Blumensorte sprach auf die trampelnden Kinderfüße so sehr an, dass die Blumen in einer einzigen Minute viereinhalb Zentimeter hochschossen.

Außerdem hat Professor Wetterstein die Samen der Trampelblume aber auch noch so gezüchtet, dass sie die dickste Asphaltdecke sprengen, gleichgültig, ob sie drunter liegen oder ob man sie drauf streut. Der Automobilklub und noch ein paar andere Autovereine haben daher auch bereits Klage gegen Professor Wetterstein erhoben, denn die Hauptkäufer der Trampelblumensamen sind natürlich Kinder, die ihre alten Spielplätze zurückhaben wollen. Professor Wetterstein hat daher auf die Samentüten der Trampelblumen auch vorsorglich eine Karte aufdrucken lassen. Aus der Karte geht hervor, welcher Parkplatz vorher ein Kinderspielplatz oder eine Grünanlage war. Dort säen die Kinder jetzt die Samen der Trampelblume auf den Asphalt und trampeln auf ihnen herum.

Na, und was passiert? – Überall in der Stadt breiten sich mitten auf dem Asphalt die schönsten Blumenwiesen aus. Und auf all diesen Blumenwiesen wimmelt es von spielenden Kindern. Viele der geparkten Autos sind inzwischen so überwuchert von den Trampelblumen, dass die Besitzer es aufgegeben haben zu hoffen, der Abschleppdienst könnte ihre Wagen befreien.

Der Briefträger bringt Professor Wetterstein täglich gut hundert Rechnungen ins Haus, weil die Leute ihre zugewachsenen Autos bezahlt haben wollen. Professor Wetterstein sagt, er bezahlt die Rechnungen gern. Das Geld dafür nimmt er aus der Professor-Wetterstein-Kasse. In die kommt, was Professor Wetterstein daran verdient, dass er die Trampelblumensamen auch an Wohnungsbaugesellschaften verkauft. Denn die Wohnungsbaugesellschaften haben große Angst, dass die Kinder, die sowieso kaum Platz in den viel zu kleinen Wohnungen haben, auch in den Treppenhäusern und Zimmern Trampelblumen aussäen könnten. Deshalb legen alle Wohnungsbaugesellschaften jetzt zwischen den Häusern Spezialtrampelblumenbeete an, auf denen die Kinder so viel herumtrampeln können, wie sie wollen.

„Wir wollen nur hoffen“, sagt Professor Wetterstein, „dass dieses große Angebot an Trampelblumenwiesen, Trampelblumengärten und Trampelblumenbeeten den Kindern nicht eines Tages langweilig wird. Dann müsste man sich etwas Neues einfallen lassen.“

Sven Nordquist

Pettersson zeltet

Ehe Pettersson richtig wach war, kam Gustavsson und guckte ins Zelt.

„Hallo, Pettersson. Es ist acht, Zeit zum Aufstehen."

Pettersson grunzte und kroch mühsam aus dem Zelt.

„Ach, machst du Camping?", fragte Gustavsson. „Hast du Urlaub?"

Pettersson schämte sich, weil Gustavsson mitgekriegt hatte, dass er in seinem eigenen Garten gezeltet hatte. So was tun die Leute sonst nicht.

„Nee, das nicht gerade", murmelte Pettersson. Er wusste nicht, was er sagen sollte. „Das war nicht ich, sondern Findus."

„Ach so, du bist also Findus", sagte Gustavsson und rieb sich das Kinn. „Mir kam es so vor, als wärst *du* das gewesen, der da eben aus dem Zelt gekrochen ist."

Gustavsson grinste und Pettersson wusste gleich, dass die ganze Gegend, noch bevor der Tag zu Ende war, erfahren würde, dass der verrückte Pettersson Campingurlaub in seinem eigenen Garten machte.

Da wurde Pettersson wütend. „Ich werde dir sagen, was los war", sagte er. „Wir haben ein paar Tage eine Wanderung durchs Fjäll* gemacht, Findus und ich. In der Nähe von Sulitelma* wurden wir von einem Rudel weißer Wölfe verfolgt. Da haben wir uns verlaufen. Wir landeten am Torneträsk* und dort haben wir geangelt. Ich hab ein riesiges Seeungeheuer mit dem Flitzbogen herausgeholt, aber ich hab's wieder reingeschmissen. Findus hat ein paar Lachse geangelt. Dann sind wir nach Hause gegangen und haben sie aufgegessen. Hinterher war ich so satt, dass ich eingeschlafen bin, und als ich aufwachte, lag ich im Zelt. Findus muss es über mir aufgebaut haben, während ich schlief. Stimmt das, Findus?"

Der Kater nickte.

„Da siehst du. So ist das gewesen", sagte Pettersson. „Du hast doch hoffentlich nichts dagegen, dass ich mich in meinem eigenen Garten zu einem kleinen Schläfchen hinlege?"

„Nee, nee, keineswegs", sagte Gustavsson. Er sah verwirrt aus. Er wusste nicht, was er glauben sollte.

„Ich wollte mir nur eine Rohrzange von dir leihen", sagte er.

Sie gingen zum Tischlerschuppen. Gustavsson bekam eine Rohrzange und ging nachdenklich nach Hause.

„Du kannst das Zelt auch mal leihen!“, rief Pettersson ihm nach. „Falls du mit deiner Familie in Urlaub fahren willst. Nimm die Kühe mit, die brauchen auch ein bisschen Luftveränderung.“

Gustavsson gab keine Antwort.

„Warum hast du die ganze Lügengeschichte erzählt?“, fragte Findus.

„Tja, wo der doch sowieso rumläuft und quatscht, dann soll er wenigstens eine anständige Geschichte zu erzählen haben.

Johann Peter Hebel

Das wohlfeile Mittagessen

Es ist ein altes Sprichwort: Wer andern eine Grube gräbt, fällt selbst hinein. – Aber der Löwenwirt in einem gewissen Städtlein war schon vorher darin. Zu diesem kam ein wohlgekleideter Gast. Kurz und trotzig verlangte er für sein Geld eine gute Fleischsuppe. Hierauf forderte er auch ein Stück Rindfleisch und ein Gemüs für sein Geld. Der Wirt fragte ganz höflich, ob ihm nicht auch ein Glas Wein beliebe. „O freilich ja“, erwiderte der Gast, „wenn ich etwas Gutes haben kann für mein Geld.“ Nachdem er sich alles wohl hatte schmecken lassen, zog er einen abgeschliffenen Sechser aus der Tasche und sagte: „Hier, Herr Wirt, ist mein Geld.“ Der Wirt sagte: „Was soll das heißen? Seid Ihr mir nicht einen Taler schuldig?“ Der Gast erwiderte: „Ich habe für keinen Taler Speise von Euch verlangt, sondern für mein Geld. Hier ist mein Geld. Mehr hab ich nicht. Habt Ihr mir zu viel dafür gegeben, so ist’s Eure Schuld.“ – Dieser Einfall war eigentlich nicht weit her. Es gehörte nur Unverschämtheit dazu und ein unbekümmertes Gemüt, wie es am Ende ablaufen werde. Aber das Beste kommt noch. „Ihr seid ein durchtriebener Schalk“, erwiderte der Wirt, „und hättet wohl etwas anderes verdient. Aber ich schenke Euch das Mittagessen und hier noch ein Vierundzwanzigkreuzerstück dazu. Nur seid stille zur Sache und geht zu meinem Nachbarn, dem Bärenwirt, und macht es ihm ebenso.“ Das sagte er, weil er mit seinem Nachbarn, dem Bärenwirt, aus Brotneid im Unfrieden lebte und einer dem andern jeglichen Tort* und Schimpf gerne antat und erwiderte. Aber der schlaue Gast griff lächelnd mit der einen Hand nach dem angebotenen Geld, mit der anderen vorsichtig nach der Türe, wünschte dem Wirt einen guten Abend und sagte: „Bei Eurem Nachbarn, dem Herrn Bärenwirt, bin ich schon gewesen und eben der hat mich zu Euch geschickt und kein anderer.“

So waren im Grunde beide hintergangen und der Dritte hatte den Nutzen davon. Aber der listige Kunde hätte sich noch obendrein einen schönen Dank von beiden verdient, wenn sie eine gute Lehre daraus gezogen und sich miteinander ausgesöhnt hätten. Denn Frieden ernährt, aber Unfrieden verzehrt.

Nach Hermann Bote

Till Eulenspiegel in Bayreuth

Von Bamberg aus pilgerte Till Eulenspiegel nach Bayreuth. Dort kam er in eine Herberge, deren Wirt die Klugheit nicht gerade mit Löffeln gefressen hatte, wie Till bald bemerkte. Geld besaß Eulenspiegel wie gewöhnlich nicht, dafür hatte er großen Hunger. Der Wirt fragte ihn, ob er ihm ein Schöpplein Wein bringen sollte. Dabei entdeckte Eulenspiegel, dass in der Küche Bratwürstchen gebraten wurden. Die rochen gar lieblich. Als nun der Wirt das Schöpplein Wein brachte und ihm mit einem „Geseg'n es Gott!" vorsetzte, sagte er schalkhaft: „Lieber Herr Wirt, bringt mir dafür ein Bratwürstchen."

Da nahm der Herbergsvater seinen Wein zurück und brachte ihm ein Bratwürstchen. Das aß Till mit Stumpf und Stiel auf und ging dann seines Weges. An der Tür aber hielt ihn der Wirt zurück und sagte: „Ei, ei, mein werter Gast, das ist hier nicht Brauch, ohne Bezahlung davonzugehen. Zahlt mir vorerst das Bratwürstchen!"

„Das Bratwürstchen zahle ich Euch nicht", antwortete Till rasch, „denn dafür habe ich Euch den Schoppen Wein gegeben."

„Den habt Ihr ja auch nicht bezahlt", sagte der Wirt.

„Ich habe ihn ja auch nicht getrunken", antwortete er und ging davon, sodass der Wirt, dem so etwas nicht in den Kopf wollte, das Nachsehen hatte.

Orientalisches Märchen

Das kluge Mädchen und der Dieb

Es war einmal eine Frau, die hatte eine Tochter. Eines Tages ging die Frau aus, um sich mit den Nachbarn zu unterhalten, und ließ die Tochter allein zu Haus. Da kam ein Dieb, um zu stehlen. Als das Mädchen ihn erblickte, ging es hinaus, begrüßte ihn freundlich und sprach: „Willkommen, Onkel, wie geht es dir, Onkel?"

Das Mädchen führte den Mann ins Haus, bewirtete ihn mit Kaffee und Zigaretten und redete dabei ohne Unterlass: „So höre nur, Onkel! Vor zwei Tagen kamen Leute und hielten um mich an. Morgen werde ich mich verloben, und dann heirate ich und werde Kinder zur Welt bringen, schöne Kinder, Söhne, und den erstgeborenen nenne ich Hasan und den zweiten Husain; und die beiden werden groß und gehen zum Ballspielen auf die Gasse, aber dann, beim Spielen, geraten sie in Streit, und deshalb rufe ich sie, ich rufe laut: ‚Hasan, komm her! Husain, komm auch her! Schnell, kommt beide her zu mir, schnell!' Ja, so rufe ich sie, bis sie kommen!"

Nun hießen aber die beiden Söhne der Nachbarsleute Hasan und Husain. Sie hörten das Rufen des Mädchens, kamen schnell zu ihm gelaufen und fragten: „Was ist los? Was gibt's?“

„Packt ihn!“, sagte das Mädchen und deutete auf den fremden Mann. Sie packten ihn und schrien ihn an. „Was suchst du hier?“

Der Dieb erschrak und erwiderte: „Bei meinem Bart, ich schwöre, dass noch niemand mir in meinem Leben einen solchen Streich gespielt hat wie dieses Mädchen! Ich bin ein Dieb und kam hierher, um zu stehlen … Aber nun gelobe ich in Gottes Hand und in die Hand dieses Mädchens: Ich werde das Stehlen aufgeben!“ Und damit ging er davon.

Herbert Birken

Achmed, der Narr

Wohlgefällig ließ der Sultan sein Auge auf dem neuen Leibdiener ruhen und befahl ihm: „Geh, Achmed, und bereite mir ein Frühstück!“ Achmed gehorchte und tat, wie sein Herr ihm befohlen. Doch als der Sultan in sein Frühstückszimmer kam, begann er gewaltig zu schreien und seinen neuen Diener zu schelten: „Achmed, du verflixter Schlingel, ich werde dich in den Kerker werfen lassen! Soll das etwa mein Frühstück sein?“

Und was hatte Achmed auf dem kostbaren Frühstückstisch bereitgestellt? Eine Tasse Kaffee, drei Reisbrotfladen und etwas Honig, genau das, was er selbst zu frühstücken gewohnt war. Und weiter nichts.

„Wenn ich ein Frühstück bestelle“, belehrte ihn der Sultan, „hat Folgendes da zu sein: Kaffee, Mokka, Tee und Schokolade, Reisbrot, Maisbrot, Weizenbrot und Haferschleim, Butter, Sahne, Milch und Käse, Schinken, Wurst, Eier und Gänseleber, Trüffeln, Oliven, Feigen und Datteln, Honig, Marmelade, Gelee und Apfelmus, Pfirsiche, Orangen, Zitronen und Nüsse, Rosinen, Mandeln und Kuchen. – Verstanden?!“

„Verzeiht, o Herr, dem niedrigsten Eurer Knechte!“, rief Achmed und gelobte des langen und breiten Besserung. Hussein der Siebente, der sich selber für einen gütigen und gerechten Herrscher hielt, ließ Gnade vor Recht ergehen und verzieh seinem Diener.

Am Nachmittag befahl er: „Achmed, geh und richte mir ein Bad!“ Achmed gehorchte und tat, wie sein Herr ihm befohlen. Doch als der Sultan in sein Badezimmer kam, begann er gewaltig zu schreien und seinen neuen Diener zu schelten: „Achmed, du verflixter Schlingel, ich werde dich in den Kerker werfen lassen! Soll das etwa mein Bad sein?!“

Und wie hatte Achmed dem Sultan das Bad bereitet? So, wie er selber zu baden gewohnt war: Lauwarmes Wasser war in dem kostbaren Marmorbecken, daneben lagen ein Stück Seife und ein Handtuch. Und weiter nichts. „Wenn ich ein Bad bestelle“, belehrte ihn der Sultan, „hat Fol-

gendes da zu sein: heißes Wasser, laues Wasser und kaltes Wasser, Ambra*, Moschus* und Lavendel, Seife, Creme und Eselsmilch, Tücher, Laken und Decken, Rasierzeug, Kämme und Scheren, der Bader*, der Friseur, Kosmetiker, Masseure und Musikanten. – Verstanden?!“

„Verzeiht, o Herr, dem niedrigsten Eurer Knechte!“, rief Achmed und gelobte des langen und breiten Besserung. Hussein der Siebente, der sich selber für einen gütigen und gerechten Herrscher hielt, ließ Gnade vor Recht ergehen und verzieh seinem neuen Diener.

Am anderen Morgen, gleich in der Frühe, rief der Sultan den Leibdiener an sein Lager. „Oh, Achmed“, jammerte er, „ich bin krank und habe arge Schmerzen! Geh schnell und hole mir einen Arzt!“ Achmed sah voller Mitgefühl auf den großmächtigen Herrscher, der sich auf den kostbaren Kissen hin und her wälzte. Er überlegte, was er wohl tun würde, wenn er selbst krank wäre, aber da fiel ihm ein, was für Lehren er gestern erhalten hatte. Er gelobte, alles Nötige zu besorgen, und lief eilig von dannen. Vergeblich wartete der Sultan auf seine Rückkehr. Er wartete eine ganze Stunde. Kein Achmed erschien und auch kein Doktor. Sicher hatte er wieder Unsinn angestellt, anstatt seine Befehle zu befolgen. Nun, diesmal wollte er ihn ganz bestimmt in den Kerker werfen lassen. In gewaltigem Zorn rannte er im Zimmer auf und ab. Da kam Achmed völlig außer Atem hereingestürzt. „Achmed, du verflixter Schlingel!“, schrie der Sultan. „Ich werde dich …“

Doch der Diener unterbrach ihn: „Mein Herr und Gebieter, es ist alles besorgt: Wundarzt, Feldscher*, Bader, Zahnarzt, Nervenarzt und Wurzelhexe sind im Serail*, der Imam* wartet mit dem heiligen Öl, die letzte Fußwaschung ist bestellt, Blumen und Kränze werden geflochten, Musikanten und Klageweiber sind angetreten, der Muezzin* ruft vom Minarett*, das Grab ist geschaufelt, und der Leichenwagen steht vor der Tür.“

Als der Sultan das hörte, musste er so fürchterlich lachen, dass ihm sein dicker Bauch wackelte und die Tränen ihm aus den Augen schossen; er konnte sich gar nicht wieder beruhigen. Weil aber das Lachen eine gute Medizin ist, hatte er seine Krankheit ganz und gar vergessen und lachte sich über diesen Streich seines Dieners völlig gesund.

Carlo Manzoni

Ein dreister Kunde

Signor Veneranda trat in einen Kurzwarenladen und verlangte von der Verkäuferin, die ihm entgegenkam, ein Taschentuch.

„Was für ein Taschentuch möchten Sie haben?", erkundigte sich die Verkäuferin, nahm einige Schachteln von den Regalen und zeigte verschiedene Arten von Taschentüchern.

„Irgendein Taschentuch", sagte Signor Veneranda. Er nahm ein Taschentuch aus der Schachtel, faltete es auseinander, putzte sich die Nase und gab es der Verkäuferin zurück.

„Aber ...", stammelte die Verkäuferin verlegen.

„Was heißt aber?", fragte Signor Veneranda.

„Sie haben es benutzt", sagte die Verkäuferin und nahm das Taschentuch vorsichtig zwischen zwei Finger. „Sie haben das Taschentuch benutzt um sich die Nase zu putzen!"

„Was hätte ich mir sonst putzen sollen? Vielleicht die Ohren?", fragte Signor Veneranda verwundert. „Was putzen Sie sich mit Taschentüchern?"

„Die Nase", stotterte die Verkäuferin. „Aber jetzt müssen Sie das Taschentuch auch kaufen."

„Warum sollte ich Taschentücher kaufen? Ich brauche keine", sagte Signor Veneranda.

„Wieso nicht? Sie haben doch ein Taschentuch verlangt", sagte die Verkäuferin.

„Gewiss, aber nur, um mir die Nase zu putzen", sagte Signor Veneranda. „Was machen Sie denn mit Taschentüchern?"

„Ich verkaufe sie", sagte die Verkäuferin.

„Ausgezeichnet", erwiderte Signor Veneranda. Aber entschuldigen Sie die indiskrete* Frage: Wenn Sie Taschentücher verkaufen und sich doch einmal die Nase putzen müssen, womit machen Sie es dann?"

„Ich ... ich ...", stammelte die Verkäuferin, die nicht mehr wusste, was sie sagen sollte.

„Wollen Sie es mir nicht verraten? Dann eben nicht", sagte Signor Veneranda. „Übrigens will ich es nicht unbedingt wissen. Putzen Sie sich nur die Nase, womit Sie wollen. Auf Wiedersehen!" Und Signor Veneranda kehrte der Verkäuferin den Rücken und verließ den Laden.

Otto Waalkes

Die verflixte Rechenaufgabe

Wir befinden uns im Wohnzimmer der Familie Redlich. Vater Redlich sitzt gemütlich in seinem Fernsehsessel und buchstabiert im milden Schein der Leselampe seine geliebte „Bild“-Zeitung. Mutter Redlich poliert ihren geliebten Gummibaum. Beider Sohn sitzt über seinen Schulbüchern und macht seine Hausaufgaben. Er versucht es zumindest …

Sohn: Papa!
Vater *(abwesend)***:** Ja?
Sohn: Ich hab' hier 'ne Rechenaufgabe.
Vater: Meinetwegen. Aber komm nicht so spät nach Hause!
Sohn: Ich hab' hier 'ne Rechenaufgabe, die krieg' ich nicht raus!
Vater *(bei der Sache)***:** Was? Die kriegst du nicht raus? Zeig mal her.
Sohn: Hier. 28 durch 7.
Vater: 28 durch 7? Und das kriegst du nicht raus? Elke!! Dein Sohn kriegt 28 durch 7 nicht raus!
Mutter: Dann hilf ihm doch!
Sohn: Was heißt denn 28 durch 7, Papa? Wofür brauch' ich das denn?
Vater: Wofür? Wofür? Alle naslang brauchst du das! Stell dir vor, du hast 28 Äpfel, ihr seid 7 Buben und wollt die Äpfel untereinander aufteilen!
Sohn: Wir sind aber nur vier! Der Fips, der Kurt, sein Bruder und ich!
Vater: Dann nehmt ihr halt noch den Erwin, den Gerd und den Henner dazu, dann seid ihr …
Sohn: Der Henner ist blöd. Der kriegt keinen Apfel.
Vater: Na, dann musst du halt sehen, wen du sonst noch auf der Straße triffst!
Mutter: Der Junge geht mir nicht auf die Straße! Der macht jetzt seine Schulaufgaben!
Vater: Jetzt misch dich nicht auch noch ein! Oder weißt du eine bessere Erklärung dafür, wie 28 durch 7 geht?
Mutter: Jedenfalls geht der Junge nicht auf die Straße!

Vater: Gut! Er bleibt hier! Wir haben also keine sieben Buben, sondern nur 28 Äpfel und die teilen wir jetzt durch 7 Birnen, das macht …

Mutter: Aber Hermann! Das geht doch gar nicht!

Vater: Jaja, 's war falsch … Nun macht doch nicht alles so kompliziert! Ihr seid also keine sieben Birnen … äh … Buben … ihr seid sieben … sieben … na! Sieben Zwerge! Jawohl, ihr seid sieben Zwerge.

Sohn: Und?

Vater: Und die haben zusammen eine 28-Zimmer-Wohnung!

Mutter: Ach Gott, Hermann, es gibt doch in der ganzen Stadt keine 28-Zimmer-Wohnung!

Vater: Natürlich nicht! Es gibt ja auch in der ganzen Stadt keine sieben Zwerge, verdammt nochmal! Wenn ich deine unqualifizierten Bemerkungen schon höre!

Mutter: Unqualifiziert! Aha! Und was machen deine sieben Zwerge in ihrer 28-Zimmer-Wohnung?

Vater: Wohnen! Was denn sonst? 28 Zimmer durch sieben Zwerge!

Mutter: Soso! Die geh'n da durch. Hintereinander – wie?

Sohn: Und was macht das Schneewittchen, Papa?

Vater: Die? Sie soll bleiben, wo sie ist, die dumme Nuss!

Mutter: Aber Hermann!

Vater: Ist recht! Ist recht! 28 durch 7! Das muss man teilen. Verstehst du? Wie einen Kuchen! Du hast eine Torte und die teilst du in der Mitte durch. Und dann ist sie geteilt, klar?

Sohn: Ja. Und dann?

Vater: Und bei deiner Aufgabe musst du eben 28 Torten durch 7 teilen, jawohl! 28 Torten. *(laut)* Elke! Ich bin's leid. Kauf jetzt 28 Torten!

Mutter: Für wen denn?

Vater: Für uns sieben!

Mutter: Wir sind aber doch nur drei!

Vater: Dann werden eben noch vier dazugeladen! Die Gierigs. Die alte Raffke! Und der gefräßige Herr Mertens! Kauf die Torten!

Mutter: 28 Torten?! Aber das ist ja viel zu teuer, Hermann!

Vater: Für die Bildung von meinem Sohn ist mir nichts zu teuer! Was der Staat mit seiner verhunzten Bildungspolitik nicht schafft, das muss die Familie eben ausgleichen! Jetzt kaufst du die 28 Torten!

Sohn: Aber das ist doch Wahnsinn! Da muss ja jeder von uns vier Torten essen!

Vater: Das werden wir ja sehen, ob wir das schaffen! Wenn ich schon dran denke an das süße Zeug.

Mutter: Ja, dann könnten wir doch …

Vater: Nein! Die Aufgabe wird jetzt gelöst! Kauf die Torten!

Mutter: *(im Rausgehen)* … 28 Torten! Vier Torten für jeden! Das schaffen wir doch nie …

Vorhang

Tiere und Menschen

Herbert Heckmann

Pit kommt zu einem Hund

Pit hatte eine Zahnlücke und konnte über die Schulmauer spucken, einen Handstand machen und bis 50 unter Wasser bleiben, wenn man sehr schnell zählte. Pit war das, was Erwachsene eine Katastrophe nennen. Sie wagten kaum dorthin zu schauen, wo Pit gerade stand. Eigentlich stand er gar nicht, sondern balancierte auf einem Bein und juckte sich.

„Was hast du nur?“, fragten sie.

„Ich habe Ungeduld“, erwiderte Pit. Er hasste Antworten und fragte lieber selbst, so dass sein Vater sagte: „Ich bin kein wandelndes Lexikon.“

„Was ist ein Lexikon?“

„Wo das drinnen steht, was du nicht weißt.“

„Das muss aber ein dickes Buch sein.“

Pit war das einzige Kind eines einzigen Vaters und einer einzigen Mutter. Er ging in die zweite Klasse der Volksschule und konnte ein Ei malen, dass jedes Huhn vor Neid erblassen musste. Schon sehr lange wünschte er sich einen Hund, und zwar einen richtigen mit richtigen Zähnen. Frau Besen, die zwei Stockwerke tiefer wohnte, hatte einen Hund, der Caesar hieß und beinahe ein Pudel war. „Das ist kein Hund, sondern ein Kopfkissen“, sagte Pit. Auch sah er Frau Besen sehr ähnlich. Daraufhin nannte Pit sie Tante Caesar. Ob sie auch bellen kann?

„Wie willst du denn einen Hund ernähren?“, fragte die Mutter.

„Ach, der frisst sich schon durch.“

„Und wenn wir verhungern?“

„Dann geht der Hund für uns auf die Jagd.“

Pit bettelte und bettelte. „Wenn ich doch einen Hund hätte, wenn ich doch, wenn ich …“

Pit, der tagsüber keine Furcht kannte, zitterte jede Nacht vor Angst. Eine Schar kleiner Männchen hüpfte auf seiner Bettdecke umher, starrte ihn grimmig an und streckte ihm die Zunge heraus. Pit schloss die Augen, aber die Männchen gingen nicht weg.

„Verschwindet!“, schrie er.

Die Mutter rannte besorgt in sein Zimmer: „Was fehlt dir?“

„Hier sind kleine Männchen.“

„Wo?“, fragte die Mutter.

„Die kann nur ich sehen.“

Die kleinen Männchen kamen jede Nacht. Pit machte kein Auge zu.

„Ich brauche einen Hund. Der frisst sie auf.“

Der Vater jedoch hatte einen besseren Einfall. Er hängte das Bild eines dicken Polizisten über das Bett seines Sohnes und sagte: „Wenn sie wiederkommen, wird sie der Polizist verhaften.“ Aber Pit hängte das Bild wieder ab und warf es in die Mülltonne. Als ihn sein Vater fragte, ob die kleinen Männchen wieder dagewesen wären, erwiderte Pit: „Ja, sie haben den Polizisten verhaftet. Ich muss einen Hund haben."

„Wir haben keinen Platz in der Wohnung."

„Ach, Paps, der Hund kann in meinem Bett schlafen."

„Da kriegst du Flöhe."

„Die schenke ich weiter."

Pit bekam keinen Hund, er sah auch keine kleinen Männchen mehr, aber dafür träumte er von Hunden, die so groß waren, dass, wenn sie bellten, die Schule zusammenstürzte. Aber wie das so ist, man wünscht sich etwas mit aller Macht, und gerade in dem Augenblick, in dem man den Wunsch schon fast vergessen hat, geht er in Erfüllung. Genauso erging es Pit. Eines Mittags, als die Uhren zwölf schlugen, traf Pit auf der Straße einen herrenlosen Hund, bei dem er nicht sicher war, ob der Kopf vorne oder hinten saß. Es war ein langhaariger Hund, größer als ein Dackel und kleiner als ein Pudel. Pit pfiff auf den Fingern, und der Hund hob den Kopf, überraschenderweise dort, wo Pit den Schwanz vermutet hatte.

„He!", schrie Pit, aber er hätte wissen müssen, dass Hunde nicht reden können. Der Hund hob für einen Augenblick die haarigen Ohren und bellte. Es war die schönste Stimme, die Pit je bei einem Hund gehört hatte. Er ging vorsichtig auf das Tier zu und streckte seine Hand aus. Sofort begann der Hund mit dem Schwanz zu wedeln – oder war es der Kopf? Pit wusste immer noch nicht, wo der Kopf und wo der Schwanz saß. Erst als der Hund nach seiner Hand schnappte, wusste er Bescheid.

„Du Feigling!", schrie er, meinte aber sich selbst.

Als er mit zitternden Knien weiterging, sah er über seine Schulter, wie ihm der Hund folgte: Wenn er stehen blieb, blieb auch der Hund stehen. Das Schauspiel wiederholte sich, bis sie vor die Haustür gekommen waren.

„He", sagte Pit, und der Hund bellte nicht mehr. Er trottete hinter Pit die Treppe hoch und schnupperte an den Stufen.

„Wo hast du den Hund her?", fragte die Mutter.

„Wir sind uns auf der Straße begegnet", antwortete ihr Sohn und streichelte den Hund, der es ruhig geschehen ließ.

„Der geht ja rückwärts!", rief die Mutter verwundert aus.

„Nein, der tarnt nur seinen Kopf."

„Wie heißt er denn?"

„Struwwelpaul."

„Warum nicht Struwwelpeter?"

„Den gibt's schon."

Der Vater war höchst erstaunt, als er nach Hause kam und auf seinem Sessel ein neues Kissen fand, das sogar beißen konnte.

„Das ist Struwwelpaul", erklärte Pit und spreizte die Beine.

„Und wer ist das?"

„Das ist mein Hund." Der Vater ließ sich nur schwer bewegen, Struwwelpaul wenigstens für eine Nacht dazubehalten. Nicht länger.

„Wenn irgendetwas passiert, trägst du die Schuld“, sagte er, und noch in derselben Nacht geschah sehr viel. Struwwelpaul sollte auf einer Matte im Gang schlafen. Er dachte aber nicht daran und jaulte, bis ihn der Vater ins Bad sperrte. Dort sprang Struwwelpaul in die Badewanne und kam nicht mehr heraus. Ein wütendes Gekläff schallte durch die Wohnung. Der Vater stürzte mit wehendem Nachthemd herbei und befreite Struwwelpaul aus einem Handtuch, in das er sich verbissen hatte.

„Ich werfe ihn auf die Straße.“

Pit schlich aus seinem Zimmer zu der Stätte des Unheils, wo ihn der Hund schwanzwedelnd begrüßte. „Ich nehme ihn in mein Zimmer.“

Der Vater hatte schon die Wohnungstür geöffnet.

„Er ist doch fremd hier“, klagte Pit. Der Vater schimpfte noch eine Weile, dann ließ er seinem Sohn den Willen. Struwwelpaul folgte Pit mit hängenden Ohren. Wer jedoch glaubt, damit wäre alles gut gewesen, irrt sich sehr, denn kaum waren die beiden im Zimmer, sang Struwwelpaul ein Schlaflied, dass selbst Caesar aufgeweckt wurde – und das wollte was heißen. Pit hatte einmal gehört, dass der Mond die Hunde zum Gesang verleite – und er zog den Vorhang noch fester zu, aber Struwwelpaul musste den Mond in den Knochen spüren, er bellte aus Leibeskräften. Pit wollte ihm die Schnauze zuhalten, ergriff jedoch in der Hast den Schwanz, und das Bellen wurde noch lauter. Die Mutter riss die Tür auf und sah, wie sich ihr Sohn mit dem Hund auf dem Boden wälzte.

„Ich glaube, er ist ein Mondanbeter“, sagte Pit atemlos und stand auf. Struwwelpaul kroch unters Bett und knurrte. Auch diesmal setzte sich Pit mit Erfolg für seinen Freund ein. „Jetzt ist er muckshundestill. Hörst du, er schläft schon.“

Was aber wie ein Schnarchen klang, waren die Geräusche, die Struwwelpaul beim Zerreißen der Schuhe machte, die Pit jeden Abend unters Bett stellte. Für sie kam jede Hilfe zu spät. Pit knipste das Licht aus und hoffte, dass sich Struwwelpaul in der Dunkelheit beruhigen würde. Er sprang ins Bett und lauschte. Ein Knurren, Reißen und Kratzen ertönte. Wieder sprang Pit auf. Diesmal waren es seine Hose und sein Hemd, die in Fetzen herumlagen. Struwwelpaul hockte auf allen vieren da und schaute Pit aus halbverdeckten Augen an. Er schien glücklich zu sein, sehr glücklich. „Wahrscheinlich hat er noch Hunger“, dachte Pit und schlich in die Küche, um ein Stück Brot zu holen. Als er zurückkam, lag Struwwelpaul im Bett. Sein Fell zitterte behaglich. Pit kroch neben ihn unter die Bettdecke und versuchte seinen Nachbarn aus dem Bett zu stoßen. Struwwelpaul stemmte seine Pfoten auf. So konnte das nicht weitergehen, aber es ging so weiter. Pit schlief erschöpft ein, neben ihm rumorte der nach Straße stinkende Struwwelpaul, der erst dann einschlief, als er das Federbett aufgerissen hatte, sodass die Federn im Zimmer herumflogen.

Am nächsten Morgen schloss Pit gleich wieder die Augen, als er das Unheil sah. Struwwelpaul schlief am Fußende und hatte eine Pfote über

den Kopf gelegt. Pit schlug die Augen zum zweiten Male auf, aber noch immer hatte er nicht den Mut aufzustehen. Struwwelpaul hatte seinem Namen Ehre gemacht, das ganze Zimmer war zerstruwwelt. Als die Mutter ihren Sohn wecken wollte, schrie sie auf und taumelte zurück.

„Was ist denn hier geschehen?"

„Struwwelpaul hat nach einem Schatz gegraben", stammelte Pit, der sich nicht sehr wohl in seiner Haut fühlte.

„In deiner Hose?", fragte die Mutter.

„Überall."

Der Vater stürmte mit Rasierseife auf der Wange in das Zimmer.

„Ich zähle bis drei, wenn dann der Hund nicht verschwunden ist, geschieht ein Unglück."

Aber Struwwelpaul konnte nicht zählen und gähnte. Er hatte ein weißgefiedertes Fell, jedoch machte der Vater nicht viel Federlesens und jagte ihn auf die Straße. Pit musste in seinem Sonntagsstaat in die Schule gehen. Als er wieder nach Hause kam, saß Struwwelpaul vor der Tür und wedelte mit dem Schwanz.

„He!", schrie Pit entgeistert. „Wenn ich dich mit hochnehme, geht es uns schlecht."

Struwwelpaul verstand die menschliche Sprache immer noch nicht und schlich sich hinter seinem Freund die Treppe hoch. Er wich Pit nicht mehr von der Seite.

„Da siehst du, er ist mein Freund."

„Aber so viele Hemden und Hosen haben wir gar nicht, um ihn satt zu füttern", sagte die Mutter.

Mit der Zeit gewöhnte sich Struwwelpaul auch an Hundekuchen und Knochen. Schließlich ging sogar der Vater mit ihm spazieren. Pit hatte endlich einen Hund.

„Ihr müsst beide zum Friseur", sagten die Leute auf der Straße.

„Wir tarnen uns", erwiderte Pit, der Struwwelpaul sehr ähnlich geworden war, und konnte vor Stolz kaum laufen.

Hund mit Heilfürsorge- und Pensionsanspruch

Von hartem Drill, absolutem Gehorsam, Spaß an der Arbeit und Herrchens Zuneigung als Lohn

Von Jürgen Gückel

Gestatten, mein Name ist Marco. Marco, nicht Rex! Kommissar bin ich auch nicht. Dienstränge gibt es bei uns Hunden nur im Fernsehen. Immerhin: Meine offizielle Bezeichnung ist „Diensthund".

Beamtet bin ich auch – mit Bezügen, freier Heilfürsorge und Pensionsanspruch. Die Geschäfte erledigt allerdings mein Herrchen für mich. Der heißt Dieter Hofmann und ist Leiter der Diensthundestaffel.

Für mich war es damals Liebe auf den ersten Blick. Nur er musste sich erst noch überzeugen lassen, dass ich das Zeug zum Polizeihund habe. „Häufchen Elend" hat er damals zu mir gesagt, als mich sein Kollege Gerrit Hinze mit elf Monaten aus Holland mitbrachte. Mit dem Giganten von Riesenschnauzer, den Herrchen vorher gehabt hatte, konnte ich nicht mithalten. Belgische Schäferhunde, wie ich einer bin, mochte er sowieso nicht.

Das hat sich geändert. Ich musste es mir aber auch hart erarbeiten. Mein Glück war wohl meine unbelastete Kindheit. Unverdorben und verspielt muss ich damals gewesen sein – das sind neben kerniger Gesundheit, Selbstbewusstsein und Mut die Voraussetzungen, um überhaupt bei der Polizei in die Ausbildung zu kommen. Und natürlich ein gutes Sozialverhalten. Früher sollen meine Kollegen ja rechte Beißer gewesen sein. Wir modernen Polizeihunde sind da anders.

Die Grundausbildung war hart, der reinste Drill. Immer und immer wieder dasselbe und absoluter Gehorsam. Nach bestandener Diensthundeprüfung war ich einsatzbereit. Fährtensuchen, Aufspüren und Schutz für mein Herrchen hatte ich bewiesen. Und trotzdem, man lernt nie aus. Jetzt ge-

„Na, wo ist der Stoff? Ich finde alles, schließlich bin ich ein Erfolgstyp."

he ich schon auf die Pension zu. Viele Kollegen sind mit acht – so alt bin ich – schon fertig. Dann bekommt Herrchen vom Vater Staat Ruhegeld für meinen Lebensabend. Der Job ist hart und geht an die Gesundheit. Besonders der Schichtdienst macht uns zu schaffen. Denn wir Hunde brauchen einfach 16 Stunden Ruhe am Tag. Die ist im Streifenwagen ja nicht möglich. Da sind wir immer auf der Hut.

Wenn die Sirene angeht oder Herrchen schneller fährt, werde ich schon ganz aufgeregt. An seinem Verhalten merke ich sofort, worum es geht. Wenn wir im Dunkeln am Tatort einen Einbrecher suchen, steht er genauso unter Spannung wie ich. Wenn er mich aber Rauschgift suchen lässt – ich habe eine zehnwöchige Spezialausbildung als Drogenhund – dann ist das für mich das reinste Spiel. Nase in die Luft und schnüffeln, bis ich etwas gefunden habe oder bis Herrchen sagt, es ist gut. Die Belohnung zum Spielen gibt es immer: Mein Bringsel, das so schön nach allen Rauschgiften riecht, die ich je aufspüren soll.

Und dann sind da noch die Demos. Mein Job ist es, dafür zu sorgen, dass alle den Radius, den Herrchen mir mit der Leine gibt, respektieren. Wer näher kommt, hat mich am Bein. Da ist mir egal, ob Rechter oder Linker. Ich bin unpolitisch und unbestechlich. Nur wenn es Herrchen sagt, höre ich auf. Sein Wort ist mein Gesetz. Für sein Lob tue ich alles. Ob ich ein guter Diensthund bin? Klar, ich bin ein Erfolgstyp. So viel Lob wie ein Diensthund bei einer Behörde, bekommt doch dort sonst kein Hund.

Robert Newton Peck

Mein bester Freund

Valor. Auf diesen Namen hört mein Hund. Vor Jahren brauchte ich ihn nur zu flüstern, und er kam. Inzwischen ist mein Hund fast taub, deshalb gehe ich jetzt anstandshalber zu ihm. Wenn er mich spürt, wenn er meinen Geruch erkennt, klopft er zur Begrüßung mit seinem zerfledderten Schwanz auf den Boden. Dann zwingt er sich schwerfällig und vor Altersschwäche schmerzlich seufzend zum Aufstehen – bereit zu seiner Pflicht.

Valor ist schmächtig, beinahe zerbrechlich geworden, nicht mehr der stämmige Waschbärjäger und Bärenspürhund. Ich kann nicht mehr von ihm verlangen, dass er ins kalte Wasser springt und ein umgestürztes Segel zurückbringt. Oder dass er mir ein Stück Wild vor die Flinte treibt.

Oft bleibt er im Haus, sucht sich ein sonniges Fleckchen auf dem Boden, um seine steifen Glieder zu wärmen, und schläft. Seine Augen, die früher heller als Rosskastanien leuchteten, sind jetzt umwölkt und trübe wie der Winter. Ich muss darauf achten, dass ich kein Möbelstück verrücke; tue ich es dennoch, kann es leicht passieren, dass Valor gegen einen Stuhl an ungewohnter Stelle stößt. Dann scheint er jedes Mal beschämt über seine Ungeschicklichkeit.

Valor ist von einer Klapperschlange gebissen, von Pantherkrallen zerkratzt, von einem Auto angefahren, von Pferdehufen und von seinem früheren Besitzer getreten worden. Kein Schmerz hat ihm seine Begeisterung am Leben nehmen können. Höchstens ein einziges Mal, und da nur kurz. Eines Abends kam Valor winselnd nach Hause: Seine weiche Nase strotzte von Stachelschweinborsten. Den Kopf auf meinem Schoß hielt er zitternd still, während ich mit der Zange die blutverschmierten Stacheln einen nach dem andern entfernte. Er vertraute mir bei dieser unerfreulichen Arbeit, irgendwie spürte er, es musste sein, und er leckte mir dankbar über das Gesicht, als ich ihm sagte, der letzte Stachel sei raus.

Valor ist taub, blind, lahm.

Bald, zu bald, muss ich eine Schaufel und eine Pistole einpacken, und dann werden wir beide unseren letzten Gang miteinander machen. Ich werde ein Grab ausheben müssen, irgendwo im Wald, wo er gern gejagt hat oder einfach mit dem Wind um die Wette gerannt ist. Irgendwie wird er ahnen, dass es richtig und barmherzig ist, was ich für ihn tun werde. Er wird es für eine meiner zahlreichen schrulligen Eigenheiten halten, die er akzeptiert.

Keine tierärztliche Nadel wird Valors Leben in ungewohnter Umgebung beenden. Er wird nicht unter Fremden sterben. Valors Tod muss würdig sein, eine Sache allein zwischen uns beiden. Für meinen Hund, das kann ich versprechen, wird der Tod schmerzlos sein.

Nur sein Freund wird den Schmerz spüren.

John Saxby

Der Turmfalke

Es war ein sehr kleiner Falke. Dass es ein Turmfalke war, wusste ich damals noch nicht. Und mit ihm begann meine lebenslange „Liebesgeschichte“ mit Raubvögeln.

Ich war sieben. Das weiß ich deshalb noch so genau, weil der Turmfalke am frühen Morgen, einen Tag nach meinem siebten Geburtstag, in mein Leben trat. Er saß auf dem Sims vor meinem Schlafzimmerfenster und sah ziemlich ramponiert aus.

Das Fenster war geschlossen, und ich war überzeugt, er würde wegfliegen, als ich näher hinging, um ihn genauer anzusehen; aber er blieb. Ich starrte ihn durch die Scheibe an und er starrte zurück. Behutsam öffnete ich das Fenster, rechnete fest damit, dass er jetzt wegfliegen würde, aber stattdessen spazierte er ganz geruhsam herein und sah mich aus großen braunen Augen ruhig an. Ich war begeistert.

Wir beäugten einander ziemlich lange, wie es mir vorkam, und wahrscheinlich gefiel ihm mein Schlafanzug, denn irgendwann plusterte er sich

auf und zog ein Bein unters Gefieder. Offenbar hatte er beschlossen zu bleiben.

Wenig später stürmte meine Mutter ins Zimmer, um mich aus dem Bett und zum Frühstück zu holen, und ich muss gestehen, dass sie viel besser reagierte, als ich das von einem Erwachsenen erwartet hätte.

„Wer ist denn dein neuer Freund da?“, erkundigte sie sich, ohne auch nur verblüfft nach Luft zu schnappen.

Ich machte die beiden miteinander bekannt, und der Turmfalke ließ sich dazu herab, sein zweites Bein abzusetzen, während sie einander betrachteten. Er war mit ihr einverstanden, glaube ich, und zog sein Bein wieder unters Gefieder.

Zum Glück begannen gerade die Ferien und meine Mutter sagte: „Du solltest dich lieber anziehen und ins Dorf laufen, um Albert zu fragen, wie du mit ihm umgehen musst. Sieht ganz so aus, als hätte er vor zu bleiben.“

Das war ein ausgezeichneter Vorschlag. Albert war der alte Mann, der am anderen Ende des Dorfes wohnte, und sein Häuschen war immer voller Vögel und Tiere, die irgendwelche Pflege oder Fürsorge brauchten. Er schien sie anzuziehen wie ein Magnet. Die Leute brachten ihm zum

Beispiel einen Igel, der sich verirrt hatte, oder ein lahmes Frettchen oder eine Krähe mit geknicktem Flügel, oder die Tierchen tauchten einfach von selbst vor seiner Tür auf, weil sie spürten, dass sich hier jemand um sie kümmern würde. Er war ein wandelndes Lexikon und wusste alles über Tiere und über den Wald.

Das Frühstück wartete ich gar nicht erst ab.

„Hm", sagte Albert, als ich ihm von dem Turmfalken erzählte. „Hoffentlich hast du das Fenster offen gelassen. Du darfst nicht enttäuscht sein, wenn er verschwunden ist, bis du nach Hause kommst. Seltsame Vögel, diese Turmfalken. Er sieht ein bisschen ramponiert aus, hast du gesagt? Gönn ihm ein bisschen Ruhe und Frieden, dann erholt er sich schon wieder. Kann er denn fliegen?"

Ich musste zugeben, dass ich ihn nicht direkt hatte fliegen sehen, aber wie sollte er sonst auf den Fenstersims gelangt sein?

„Also, er mag alle Sorten Käfer", sagte mein Berater, „vielleicht auch eine kleine Maus – vielleicht aber auch nicht. Versuch der Köchin ein paar gute Bröckchen frisches Fleisch abzuschwatzen. Die musst du dann in Watte wickeln; schließlich ist er ein Falke, und diese Vögel brauchen Fell oder Federn, um ihren Kropf zu reinigen."

Ich lief nach Hause und hinauf in mein Zimmer, und – mein Herz blieb stehen. Keine Spur von dem Turmfalken. Beinahe hätte ich angefangen zu weinen. Dann hörte ich ein leises Geräusch, das von der Decke kam, und da war er. Er hockte auf der Gardinenstange.

In diesen Ferien musste ich mir noch viele Male Rat bei Albert holen und erlebte noch viel großen Kummer, bis ich lernte, richtig mit dem Turmfalken umzugehen, ihm aus Leder weiche Geschühriemen zu machen, die aussahen wie ein Lederhöschen und behutsam an seinen Beinen befestigt wurden. Ich musste sie mit einer Schlaufe durch einen Kettenwirbel ziehen, eine so genannte Drahle, an der eine lederne Langfessel hing, damit ich ihn auf meiner behandschuhten Hand halten konnte, und ihm einen Falkenblock als Sitzgelegenheit bauen, damit er sich, wenn er aufflog, nicht in der Langfessel verheddern konnte.

„Tollpatsche, diese Vögel, einer wie der andere", sagte Albert. „Bringen sich in Schwierigkeiten, wo es nur geht."

Anfangs hatte ich einige Mühe, meinen Turmfalken dazu zu bringen, sich zum Fressen auf meinen Handschuh zu setzen, aber bald fühlte er sich dort ganz wohl. Als Nächstes brachte ich ihm bei, frei zu fliegen und zu mir zurückzukehren. Das war eine ziemlich heikle Aufgabe, aber wieder einmal kam mir Albert zu Hilfe.

Ich vertauschte die Langfessel mit einer langen Schnur, die man Lockschnur nennt, und setzte den Turmfalken auf einen Torpfosten. Er war sichtlich erstaunt, als ich mich ein paar Meter von ihm entfernte. Ich hatte die Absicht, ihn herzurufen, aber ich war zu langsam. Mit schwirrenden Flügeln stieß er bis fast auf den Boden herab, und noch ehe ich mich richtig umdrehen konnte, saß er schon wieder auf meiner Faust und verlangte seine Belohnung.

Ich versuchte es noch ein paar Mal, zögerte den schrecklichen Augenblick hinaus, in dem ich ihm Drahle und Lockschnur abnehmen und ihn völlig frei tun lassen musste, was er wollte.

Endlich ließ sich dieser Moment nicht länger hinausschieben. Angenommen, der Turmfalke flog einfach weg und verschwand in blauer Ferne, dorthin, woher er gekommen war? Ob ich das ertragen könnte?

Ich schwöre, dass mir der Schweiß den Nacken hinabrann, als ich ihm die Lockschnur und die Drahle abnahm und ihn, völlig frei, auf seinem Torpfosten absetzte. Mir war richtig schlecht.

Wieder entfernte ich mich ein paar Meter, sah den Turmfalken fest an und streckte meine geballte Hand aus, in der ein verlockendes Fleischstückchen zu sehen war. Und dann ließ er sich von seinem Hochsitz fallen, strich über das Gras hinweg, und mein Herz machte einen Satz, als er anmutig auf meinem Handschuh landete und sein Mittagessen verputzte, als hätte er nie etwas anderes im Sinn gehabt.

Die Ferien neigten sich dem Ende zu, und Albert meinte, nun müsse ich den Turmfalken in die freie Wildbahn zurückführen. Aber wie?

Die alten Falkner wussten sehr genau über die Gewohnheiten ihrer Vögel Bescheid, und das galt auch für Albert.

Eines Abends, ein paar Tage vor Ende der Ferien, nahm ich meinem Turmfalken vorsichtig die Geschühriemen ab und setzte ihm eine gute Mahlzeit vor. Er fraß sich so voll, dass ich mich fragte, ob er danach überhaupt noch weit fliegen konnte. Ich brachte ihn in mein Zimmer hinauf und setzte ihn auf den Fenstersims, wo wir uns das erste Mal begegnet waren.

„Viel Glück“, sagte ich. Ich war den Tränen nahe, und der Turmfalke merkte es.

Am nächsten Tag legte ich ein großes Stückchen Rindfleisch draußen auf den Fenstersims, wie Albert mir geraten hatte, und als ich später nachschaute, war es verschwunden. Das wiederholte sich drei Tage lang – dann blieb das Fleisch unberührt liegen. Ich hatte es geschafft, den Turmfalken „auszugewöhnen“ und in die freie Wildbahn zurückzuführen, wo er hingehörte.

Ihr könnt euch vorstellen, wie mir zumute war.

Und dann ging ich eines Tages von der Schule nach Hause – es wurde schon dunkel und irgendwo schuhute eine Eule –, und auf einmal wusste ich, dass mich jemand beobachtete, und schaute nach oben. Und da, nicht sehr weit über mir, schwebte der Turmfalke und blickte zu mir herab. Ich war versucht, ihn zu rufen, aber das wäre unfair gewesen.

Diese Ferien sind mir mein Leben lang unvergesslich geblieben, und Jahre später wurde ich selbst Falkner. Seitdem habe ich das Vergnügen, an vielen fremden Orten Habichte und Falken fliegen zu lassen, aber es war nie wieder einer dabei wie mein Turmfalke.

Horst Stern

Todesursache Liebe

Tiergeschichten fangen bei mir immer per Telefon an. Es klingelt, ich hebe ab und höre jemand fragen: „Sind Sie der Herr mit den Viechern?“ Das habe ich schon so oft gehört, dass ich immer weiß, was dann kommt: Irgendjemand hat irgendwo irgendwie irgendein Tier aufgefunden, hilflos, krank zumeist und dringend der Pflege bedürftig. Und diesmal war's eben ein Steinmarder. Bauern hatten im Frühjahr eine Marderfähe in einer Scheune aufgestöbert (Fähe nennt der Jäger die weiblichen Marder, Füchse und Dachse, während die männlichen Exemplare Rüden heißen). Und diese Marderfähe hatte Junge gehabt, drei Stück, jedes kaum mehr als daumenlang und noch blind.

Als die Bauern diese drei hilflosen kleinen Kerlchen sahen, zerstob ihr Zorn wie eine Schulklasse bei Ferienbeginn, und sie brachten es nicht über sich die Jungen zu erschlagen, wie sie es zweifellos mit der Alten gemacht hätten, hätten sie sie nur erwischt.

Es fand sich jemand im Dorf, der bereit war, die Tierchen in Liebe aufzunehmen. Doch ist's bei der Aufzucht von Tieren, von wilden zumal, mit der Liebe allein noch nicht getan, man muss auch einen ganzen Haufen wissen. Als ich diese drei Marderbabys das erste Mal sah, lagen sie in einer heugepolsterten Holzkiste und fingen schon an, ihren Pflegeeltern ersten Kummer zu machen: Mit der Flasche, die sie bekamen, klappte es nicht so ganz. Ich wollte das Trio mitnehmen und gab mir alle Mühe, heranwachsende Marder – und erwachsene gar! – als scheußliche Vielfraße zu schildern. Vergebens, sie waren so possierlich, und die netten Leute, denen sie gehörten, wollten sie partout nicht hergeben. Was ich gut verstehen konnte.

Als ich, nach einer Woche oder so, zum zweiten Mal nach den Mardern schaute, lebte nur noch einer, ein kleines Mardermädchen, immer noch blind – was ganz normal war – und immer noch unfähig, sich auf den eigenen Beinen aufzurichten – was ganz und gar nicht normal war. Ich hatte diesmal keine Mühe, den letzten Überlebenden von den untröstlichen Pflegeeltern zu bekommen. Als erstes nahm ich den Schwächling aus dem Heu und stopfte ihn mir unter den Pullover, in die Brusttasche meines Hemdes, wo's schön warm war. So fuhr ich im Auto heim. Zu Hause kam in die Holzkiste unters Heu eine elektrische Heizplatte, wie man sie für tropische Echsen im Terrarium braucht, damit der Sand so warm bleibt wie am Nil. Diese regulierbare Platte ersetzte meinem Marderbaby die Wärme der fehlenden Geschwister. Und dann ging ich an die Lösung des Hauptproblems, nämlich der Sauberhaltung des Tieres. Man weiß ja: Auch Kleinvieh macht Mist, und den muss man wegbringen. Es kommt nur auf das Wie an. Ein einziger, geringer Fehler kann dem Tier das Leben kosten.

Die ersten Pflegeeltern meines Marders hatten alles – das Feste sowohl wie das Flüssige – halt laufen lassen, wie es eben kam. Und es kam ganz schön, kriegten die Kleinen doch alle zwei Stunden einen Schoppen, und waren sie doch zu dritt gewesen. Mit aller Liebe war dann das Heu ausgewechselt und mit aller Liebe auch versucht worden, die sich gegenseitig benässenden Tierchen trockenzumachen. Dennoch: Erst verfilzte sich das Fell ein bisschen und hielt die Wärme nicht mehr richtig, und schließlich rochen die Marder auch, um nicht zu sagen: sie stanken. Also wurde ein Bad gerichtet, wieder mit viel Liebe und Wärme und allem guten Willen. Und dennoch war dies der Anfang vom Ende, denn das Schlimmste, das man einem jungen Tier antun kann, das ist ein Bad. Die damit verbundenen Temperaturschwankungen sind zu groß.

Von dem Trio überlebte es, wie man schon weiß, nur eines, und bei dem machte ich's, wie es die alte Marderfähe auch macht. Wenigstens im Prinzip, denn meine Zunge wollte ich nicht gern dazu hergeben …

Lasst mich erzählen, wie das funktioniert. Die Jungen saugen sich an der Alten mit Milch voll, und dann macht die Mutter sich daran, jedem der Kleinen den Bauch zu lecken, und zwar sehr lange und sehr kräftig, immer vom Magen in Richtung Südpol. Diese Massage verteilt die Nahrung schön und fördert die Verdauung, denn es dauert danach gar nicht lange und schon ist die Bescherung da, Urin sowohl wie Kot, der bei der Milchnahrung völlig geruchlos ist.

Es tut mir Leid, auch den Rest noch sagen zu müssen, obwohl's nicht sehr appetitlich ist. Doch wer die Natur betrachtet, darf nicht zimperlich sein, sonst lernt er nie was Gescheites und versteht alles nur halb. Also: Die Mardermama schleckt das ganze Zeugs einfach weg. Was soll sie auch sonst machen – ein Bad richten vielleicht, Windeln kaufen und pudern?

Ich dachte lange über diesen Vorgang nach und versuchte dann, es der Fähe gleichzutun, doch musste mein Marder sich anstelle der Zunge mit meinem Daumen begnügen. Nach jeder Mahlzeit, bestehend aus einigen Kubikzentimetern handwarmer Babynahrung aus der Apotheke, dargeboten und begierig genommen aus einem Puppenfläschen mit einem Miniaturschnuller drauf, nahm ich den kleinen Wergel, der inzwischen schon ganz schön strampelte, in die linke Hand, Bauch nach außen, und fuhr ihm kräftig mit dem Daumen drüber weg, immer schön vom Brustbein bis zum Hinterausgang. Und siehe da – wie bestellt passierte es! In eine bereitgehaltene Papierserviette hinein. Es klappte immer. Und hinfort gedieh das kleine Fräulein prächtig. Nach fünf Wochen etwa gingen die Augenschlitze auf, und das Mädchen guckte veilchenblau, wenn auch noch verschwommen, in unsere gute Stube …

Man wird mir glauben, dass ich diese kleine Ferkelei nicht so ausführlich erzählt habe, weil ich sie besonders schön finde. Ich möchte auch nicht den ersten Pflegeeltern meines Marders wehe tun. Taten sie doch viel mehr als die meisten so genannten Tierfreunde zu tun bereit sind. Ich musste dies alles so genau schildern, weil ich daran etwas klar machen kann: Tierliebe ist eine wunderbare Sache, und nur Lumpen vergreifen sich an einem Tier, das sich nicht wehren kann. Doch nützt die ganze Liebe nichts, ja, sie kann sogar tödlich sein, wenn nicht sachliche Kenntnisse hinzutreten.

Jewgeni Tscharuschin

Der nächtliche Gast

Ich habe einen Bekannten, den Löffelmacher Jegoritsch. Er schnitzt wunderbare Löffel, lebt für sich allein und geht jeden Frühling tief hinein in den Wald. Dort wohnt er in einer Hütte am See und schnitzt seine Löffel. Nahrungsmittel bringt Jegor noch während der Schneezeit im Winter in seine Hütte, denn im Sommer ist es schwer durch die Sümpfe zu kommen.

Ich ging in diesen Wäldern auf die Jagd und kehrte bei Jegor ein zum Übernachten. Jegor freute sich über mein Kommen und schenkte mir seinen schönsten Löffel. Auf seinen Stiel war ein Hecht geschnitzt, und der Löffel selbst war mit Blumen verziert. Jegor bewirtete mich mit Tee und gebratenen Pestiki*, und dann erzählte er mir eine interessante Geschichte.

„Nun hör zu“, sagte er, als wir nach dem Essen unsere Machorka* rauchten und es uns auf den Strohsäcken in der Hütte bequem machten. „Diesen Frühling hatte ich viele Löffel zu schnitzen. Ich hatte so viele Späne und Espenabfall*, dass wohl zwei Lastwagen voll am See lagen. Ich sage das, weil ohne diese vielen Späne und Holzabfälle nichts geschehen wäre.

Ich sitze also abends in meiner Hütte und schnitze Löffel. Ich wollte rauchen, riss ein Streichholz an … plötzlich knacken Zweige im Wald. Irgendein Tier ist da gelaufen.

Nachts, im Dunkel, höre ich: Jemand geht herum. Vorsichtig streicht da jemand um meine Hütte. Ein Zweig knackt, ein Steinchen kollert … Na, denke ich, sollte da ein Bär gekommen sein, ein Landstreicher? Ich nahm die Axt zur Hand und ging hinaus. Niemand.

In der zweiten Nacht hörte ich wieder Schritte. Die ganze Nacht ging jemand herum.

Ich stand frühmorgens auf und sah am Seeufer Spuren, Spuren genau wie von einem Schwein. Ich bin zwar kein Jäger, aber ich sehe: Zwei kleine Hufe sind an jedem Fuß. Nur merkwürdig, denke ich, wie ein Schwein so tief in den Wald eindringen konnte. Vom nächsten Dorf bis zu mir sind es immerhin zwölf Kilometer. Wahrscheinlich ist dieses Schwein hungrig. Man muss es, so denk ich, über Nacht in den Schuppen sperren. Wölfe haben wir hier zwar keine, aber der Bär geht um.

Ich baute einen Verschlag und brachte eine Falltür an. Dann legte ich zwei dicke Scheiben Brot in den Verschlag und stellte einen Kübel mit Wasser hin. Na, denke ich, dieses Schwein gehört mir!

Auch in der nächsten Nacht wanderte das Schwein rund um meine Hütte, trank das bittere Wasser aus dem Trog, in dem die Espenklötze aufweichten. Das Schwein ging immer rund um die Hütte, aber in den Verschlag hat es nicht einmal hineingeschaut.

Am nächsten Tag streute ich Brot am Verschlag, ein Stückchen nach dem anderen. Ich machte einen kleinen Pfad aus Brot, vom Trog bis zum Verschlag. Ich zählte sie, es waren vierunddreißig Brotstückchen.

Na, denke ich, jetzt wird das Schwein sicher in den Schuppen gehen. Es wird Stückchen für Stückchen das Brot aufklauben und dann gefangen sein.

Morgens sehe ich: Im Schuppen ist niemand, Brotstückchen aber sind weniger da, nur neunundzwanzig!

In der folgenden Nacht kaute das Schwein direkt am Fenster irgendetwas. Ich luge vorsichtig zum Fenster hinaus, und was sehe ich: Das ist doch gar kein Schwein! Das ist irgend etwas Dunkles mit einem großen Kopf, mit langen Beinen, von der Größe eines Füllens. Ich sehe genauer hin und erkenne es: ein Elchkälbchen.

Es hat sich zum Trog herabgebeugt und trinkt das bittere Wasser, es schmatzt dabei, dann nimmt es ein Stück bittere Espenrinde zwischen die Lippen und beginnt zu kauen. Ach, könnte ich es doch einfangen!

Ich beuge mich etwas aus dem Fenster, schmatze mit den Lippen, rufe es. Vorsichtig, vorsichtig, um es nicht zu erschrecken.

Das Kälbchen spitzt die Ohren. Dann – weg! Hinein in den Nebel. Schmutz platscht mir direkt ins Gesicht. Äste knacken, und niemand ist mehr da. Nur ein Loch im Nebel, das rasch verschwimmt.

Ich habe dieses Kälbchen aber doch eingefangen, nicht mit Brot, sondern mit Espenrinde. Lieb war das Elchkind. Höckernasig, langbeinig, weich. Wahrscheinlich eine Waise. Kann nicht anders sein, der Bär hatte vielleicht seine Mutter geschlagen oder ein Wilderer hatte sie auf dem Gewissen.

Das Elchkälbchen lernte Brot essen, auch Grütze und Kartoffeln nahm es an. Und salzte man alles scharf, fraß das Tier noch gieriger. Salz schmeckte ihm besonders gut. Und so lebten wir. Ich schnitzte Löffel, das Elchkind fraß seine Grütze mit Salz und lutschte an den bitteren Hobelspänen.

Eines Tages ließ ich das Elchkind aus seinem Gehege.

Und was glaubst du wohl? Das Elchkind kam zu mir in meine Hütte. So zahm und zärtlich war das Tier geworden! Kam also in meine Hütte und stöhnte, wie Elche es tun: Uych … uych … uych …

So lebten wir, das Elchkind und ich, den ganzen Sommer.

Zum Herbst ging das Kälbchen fort. Es hatte wohl im Walde seinesgleichen gesehen und blieb dort.“

Hermann Hesse

Der Falke des heiligen Franziskus

Da der selige Franziskus auf dem Berg Alverno verweilte, welches die schmerzlichste und heiligste Zeit seiner Pilgerfahrt gewesen, und daselbst allein in einem Hüttlein wohnte, jedoch krank und sehr schwachen Leibes war, konnte er des Morgens nicht früh genug zum Morgengebet erwachen. Es kam aber jeden Morgen zur rechten Stunde ein Falke und weckte ihn, indem er rief und an die Hütte pochte, und er entfernte sich nicht eher, als bis Franziskus sich zum Frühgebet erhoben hatte. Wenn er aber einmal allzu müde und krank war, so rief der Falke, gleich als wäre er ein vernünftiges und mitleidsvolles Wesen, zu einer etwas späteren Stunde. Und auch bei Tage ging Franziskus vertraulich mit dem edlen Vogel um. Und da er den Berg Alverno verließ, nahm er von den Felsen und Wäldern und von dem Bruder Falken herzlichen Abschied.

Jahreszeiten, Tageszeiten

Joachim Ringelnatz

Morgenwonne

Ich bin so knallvergnügt erwacht.
Ich klatsche meine Hüften.
Das Wasser lockt. Die Seife lacht.
Es dürstet mich nach Lüften.

Ein schmuckes Laken macht einen Knicks
Und gratuliert mir zum Baden.
Zwei schwarze Schuhe in blankem Wichs
Betiteln mich „Euer Gnaden“.

Aus meiner tiefsten Seele zieht
Mit Nasenflügelbeben
Ein ungeheurer Appetit
Nach Frühstück und nach Leben.

Linus Kefer

Lautlos

Das ist die weiße Mittagskatze!
Über die glühenden Dächer
des Sommers
wandert sie lautlos
auf nackten Zehen.
Manchmal hebt sie
die samtene Pfote und schlägt
den Rauch aus dem Schornstein
zu Boden.

Gustav Sichelschmidt

Lustiger Mond

Gestern Abend um halb achte
fiel der Mond in unseren Teich.
Doch was meint ihr, was er machte?
Er stand einfach auf und lachte,
so als wär's ihm schrecklich gleich.
Zwar war er ein wenig blasser,
aber das war nicht so wild,
Denn da unten das im Wasser
war ja nur sein Spiegelbild.

Clemens Brentano

Wiegenlied

Singet leise, leise, leise,
singt ein flüsternd Wiegenlied,
von dem Monde lernt die Weise,
der so still am Himmel zieht.
Singt ein Lied, so süß gelinde,
wie die Quellen auf den Kieseln,
wie die Bienen um die Linde
summen, murmeln, flüstern, rieseln.

Melih Cevdet Anday

Der kommende Tag

Alle Hoffnung liegt im kommenden Tag
Ich zittre vor Freude
Bald, sehr bald … dann
Scheint überall die Sonne

Eduard Mörike

Er ist's

Frühling lässt sein blaues Band
wieder flattern durch die Lüfte;
süße, wohlbekannte Düfte
streifen ahnungsvoll das Land.
Veilchen träumen schon,
wollen balde kommen.
– Horch, von fern ein leiser Harfenton!
Frühling, ja du bist's!
Dich hab ich vernommen!

Mascha Kaléko

Der Frühling

Mit duftenden Veilchen komm ich gezogen,
auf holzbraunen Käfern komm ich gebrummt,
mit singenden Schwalben komm ich geflogen,
auf goldenen Bienen komm ich gesummt.
Jedermann fragt sich,
wie das geschah:
Auf einmal
bin ich
da!

Christine Busta

April

Tage wie Vögel und locker wie junges Haar.
Auf den Stufen hüpft Regen und malt seine flüchtigen Zeichen.
Er spielt mit der Sonne. Bald wird sie dein Fenster erreichen
und steigt dir ins Zimmer, das lange voll Schatten war.

Äsop

Eine Schwalbe macht noch keinen Sommer

Ein verschwenderischer Jüngling, der sein väterliches Hab und Gut durchgebracht hatte, besaß nur noch einen Mantel. Als er nun in zu früher Jahreszeit eine Schwalbe zurückkehren sah, dachte er, es sei schon Sommer, und in der Meinung, er brauche den Mantel nicht mehr, verkaufte er auch diesen. Später aber, als der Winter anhielt und ein scharfer Wind wehte, sah er die Schwalbe tot am Boden liegen und rief: „Du warst's, du hast auch mich ruiniert."

Ilse Kleberger

Sommer

Weißt du, wie der Sommer riecht?
Nach Birnen und nach Nelken,
nach Äpfeln und Vergissmeinnicht,
die in der Sonne welken,
nach heißem Sand und kühlem See
und nassen Badehosen,
nach Wasserball und Sonnenkrem,
nach Straßenstaub und Rosen.

Weißt du, wie der Sommer schmeckt?
Nach gelben Aprikosen
und Walderdbeeren, halb versteckt
zwischen Gras und Moosen,
nach Himbeereis, Vanilleeis
und Eis aus Schokolade,
nach Sauerklee vom Wiesenrand
und Brauselimonade.

Weißt du, wie der Sommer klingt?
Nach einer Flötenweise,
die durch die Mittagsstille dringt,
ein Vogel zwitschert leise,
dumpf fällt ein Apfel in das Gras,
ein Wind rauscht in den Bäumen,
ein Kind lacht hell, dann schweigt es schnell
und möchte lieber träumen.

Hermann Hesse

Gewitter im Juni

Sonne krankt, Gebirge kauert,
Schwarze Wetterwolkenwand
Mit geduckten Kräften lauert,
Niedrig flattern scheue Vögel,
Graue Schatten übers Land.

Donner, lange schon zu hören,
Poltert lauter los und klingt
Herrlich auf zu Paukenchören,
Draus trompetenhell und golden
Blitz um Blitz den Schwall durchdringt.

Regen stürzt in dichten Güssen
Gläsern, kalt und silberfahl,
Rennt in Bächen, rauscht in Flüssen
Wild wie lang verhaltenes Schluchzen
Nieder ins erschreckte Tal.

Sarah Kirsch

Regenlied

Regen fällt vom Himmel,
grün wird jedes Gras,
Regen fällt vom Himmel,
macht den Kindern Spaß.

Regen ist ein Besen,
fegt die Luft ganz rein,
springt auf unsre Nasen
und wäscht jeden Stein.

Sonne möchte schimmern,
’s wird was Schönes draus:
Regenbogen flimmern
über unserm Haus.

Johann Gottfried Herder

Die Sonne und der Wind

Einst stritten sich die Sonne und der Wind, wer von ihnen beiden der Stärkere sei, und man ward einig, derjenige solle dafür gelten, der einen Wanderer, den sie eben vor sich sahen, zuerst nötigen würde seinen Mantel abzulegen.

Sogleich begann der Wind zu stürmen. Regen und Hagelschauer unterstützten ihn. Der arme Wanderer jammerte und zagte; aber immer fester wickelte er sich in seinen Mantel ein und setzte seinen Weg fort, so gut er konnte.

Jetzt kam die Reihe an die Sonne. Mit milder und sanfter Glut ließ sie ihre Strahlen herabfallen. Himmel und Erde wurden heiter; die Lüfte erwärmten sich. Der Wanderer vermochte den Mantel nicht länger auf seinen Schultern zu erdulden. Er warf ihn ab und erquickte sich im Schatten eines Baumes, während die Sonne sich ihres Sieges erfreute.

Peter Hacks

Der Herbst steht auf der Leiter

Der Herbst steht auf der Leiter
Und malt die Blätter an,
Ein lustiger Waldarbeiter,
Ein froher Malersmann.

Er kleckst und pinselt fleißig
Auf jedes Blattgewächs,
Und kommt ein frecher Zeisig,
Schwupp, kriegt der auch 'nen Klecks.

Die Tanne spricht zum Herbste:
Das ist ja fürchterlich,
Die andern Bäume färbste,
Was färbste nicht mal mich?

Die Blätter flattern munter
Und finden sich so schön.
Sie werden immer bunter.
Am Ende fall'n sie runter.

Theodor Fontane

Herr von Ribbeck auf Ribbeck im Havelland

Herr von Ribbeck auf Ribbeck im Havelland,
ein Birnbaum in seinem Garten stand,
und kam die goldene Herbsteszeit
und die Birnen leuchteten weit und breit,
da stopfte, wenn's Mittag vom Turme scholl,
der von Ribbeck sich beide Taschen voll,
und kam in Pantinen* ein Junge daher,
so rief er: „Junge, wiste 'ne Beer?"
Und kam ein Mädel, so rief er: „Lütt Dirn,
kumm man röwer, ick hebb 'ne Birn."

So ging es viele Jahre, bis lobesam
der von Ribbeck auf Ribbeck zu sterben kam.
Er fühlte sein Ende, 's war Herbsteszeit,
wieder lachten die Birnen weit und breit;
da sagte von Ribbeck: „Ich scheide nun ab.
Legt mir eine Birne mit ins Grab."
Und drei Tage drauf, aus dem Doppeldachhaus,
trugen von Ribbeck sie hinaus,
alle Bauern und Büdner* mit Feiergesicht
sangen „Jesus meine Zuversicht",
und die Kinder klagten, das Herze schwer:
„He is dod nu. Wer giwt uns nu 'ne Beer?"

So klagten die Kinder. Das war nicht recht –
ach, sie kannten den alten Ribbeck schlecht;
der *neue* freilich, der knausert und spart,
hält Park und Birnbaum strenge verwahrt.
Aber der *alte*, vorahnend schon
und voll Misstraun gegen den eigenen Sohn,
der wusste genau, was damals er tat,
als um eine Birn' ins Grab er bat,
und im dritten Jahr aus dem stillen Haus
ein Birnbaumsprössling sprosst heraus.

Und die Jahre gehen wohl auf und ab,
längst wölbt sich ein Birnbaum über dem Grab,
und in der goldenen Herbsteszeit
leuchtet's wieder weit und breit.
Und kommt ein Jung' übern Kirchhof her,
so flüstert's im Baume: „Wiste 'ne Beer?"
Und kommt ein Mädel, so flüstert's: „Lütt Dirn,
kumm man röwer, ick gew di 'ne Birn."

So spendet Segen noch immer die Hand
des von Ribbeck auf Ribbeck im Havelland.

Rudolf Kirsten

Das Blatt

„Nun bin ich zu nichts mehr nütze!", klagte ein Blatt, als es im Herbst zur Erde fiel. – Aber ein Käferchen, das darunter seinen Winterschlaf hielt, dachte beim Einschlummern: „Ein schöneres Dach könnte ich mir nicht wünschen!"

Elisabeth Borchers

Oktober

Es kommt eine Zeit
da fragen wir uns
Was soll denn nur werden

Die Luft schmeckt
so bitter

Die Vögel sind
über alle Berge

Der Nebel macht
die Häuser bleich

Aufs Dach trommeln
Kastanien

Die kleinen Tiere gehn
unter der Erde spazieren

Wir müssen ins Haus zurück
da hält uns der Regen gefangen

Matthias Claudius

Ein Lied hinterm Ofen zu singen

Der Winter ist
ein rechter Mann,
kernfest und auf die Dauer;
sein Fleisch fühlt sich
wie Eisen an,
und scheut nicht süß
noch sauer.

Aus Blumen
und aus Vogelsang
weiß er sich nichts
zu machen,
hasst warmen Drang
und warmen Klang
und alle warmen Sachen.

Doch wenn die Füchse
bellen sehr,
wenn's Holz im Ofen knittert
und um den Ofen
Knecht und Herr
die Hände reibt und zittert;

wenn Stein und Bein
vor Frost zerbricht
und Teich' und Seen
krachen;
das klingt ihm gut,
das hasst er nicht,
dann will er sich totlachen.

Sein Schloss von Eis
liegt ganz hinaus
beim Nordpol an dem
Strande;
doch hat er auch
ein Sommerhaus
im lieben Schweizerlande.

Da ist er denn bald dort,
bald hier,
gut Regiment zu führen.
Und wenn er durchzieht,
stehen wir
und sehn ihn an und frieren.

Christian Morgenstern

Wenn es Winter wird

Der See hat eine Haut bekommen,
sodass man fast drauf gehen kann,
und kommt ein großer Fisch geschwommen,
so stößt er mit der Nase dran.

Und nimmst du einen Kieselstein,
und wirfst ihn drauf, so macht er klirr
und titscher – titscher – titscher – dirr …
Heißa, du lustiger Kieselstein!

Er zwitschert wie ein Vögelein
und tut als wie ein Schwälblein fliegen,
doch endlich bleibt mein Kieselstein
ganz weit, ganz weit auf dem See draußen liegen.

Da kommen die Fische haufenweis
und schaun durch das klare Fenster von Eis
und denken, der Stein wär etwas zum Essen,
doch so sehr sie die Nase ans Eis auch pressen,
das Eis ist zu dick, das Eis ist zu alt,
sie machen sich nur die Nasen kalt.

Aber bald, aber bald
werden wir selbst auf eigenen Sohlen
hinausgehn können und den Stein wieder holen.

Johann Wolfgang von Goethe

Die Frösche

Ein großer Teich war zugefroren,
Die Fröschlein, in der Tiefe verloren,
Durften nicht ferner quaken noch springen,
Versprachen sich aber, im halben Traum,
Fänden sie nur da oben Raum,
Wie Nachtigallen wollten sie singen.
Der Tauwind kam, das Eis zerschmolz,
Nun ruderten sie und landeten stolz,
Und saßen am Ufer weit und breit
Und quakten wie vor alter Zeit.

Janosch

Die Bärenweihnacht

In dem einen Jahr, da geschah es, dass der alte Korbinian zu Weihnachten ganz allein war. Seine Freunde waren weg, auch hatte niemand zu ihm gesagt: „Du kannst doch ganz einfach zu uns kommen. Ja, komm doch zu uns, wir warten, bis du kommst.“ Und so war der alte Korbinian allein geblieben. Er hatte auch kein Holz mehr zum Heizen und es fror ihn an den Händen.

„Ich werde vielleicht über die Felder gehen“, sagte er zu sich, „das macht warm.“ Und er ging an den Häusern vorbei, aus der Stadt hinaus bis zu der Böschung, von wo aus man den Fluss sehen kann. Er ging so vor sich hin und merkte mit einem Mal, dass jemand neben ihm ging. Ein Fuchs! Sie gingen eine Weile nebeneinander her und keiner fragte den anderen, woher oder wohin. Bald sah der alte Korbinian, dass auch noch fünf Krähen und zwei Hasen, sieben Waldmäuse und ein Wiesel mitgingen. Und sie gingen nebeneinander und setzten einen Fuß vor den andern und keiner sagte ein Wort, denn Tiere sind wortkarg. Erst bei der Buche beim kleinen Wald kratzte ihn der eine Hase am Bein und sagte in der Hasensprache: „Ob Sie mich, bitte schön, tragen können, Herr Korbinian? Ein kleines Stück bloß. Nicht weit. Ich bin auch gar nicht schwer, Hasengewicht. Meine Beine – wissen Sie, mir ist so kalt. Auch bin ich nicht mehr der Jüngste.“

Da nahm Korbinian den Hasen auf die Schulter. Bald krochen die Waldmäuse in seine Taschen und das Wiesel unter seine Jacke. Dann nahmen auch die größeren Tiere die kleineren auf den Rücken, weil ihnen die Beine wehtaten.

Sie waren zusammen schon vierundsechzig Waldtiere, elf Vögel und ein Hund aus einem fremden Dorf. „Ein kleines Stück bloß noch“, flüsterte das Wiesel dem Korbinian ins Ohr, „wir gehen nämlich zum Bären. Bei ihm ist es warm und heute ist die große Nacht. Der Bär ist der König.“ Ich weiß schon, manche denken, es gäbe gar keine Bären. Aber in solchen Nächten gibt es doch Bären!

Der Bär war böse. „Wer ist der Mensch! Wo habt ihr ihn her, wer hat ihn mitgebracht? Noch nie war ein Mensch hier, nie!“ Da setzte sich ein kleiner Hänfling auf die Bärenschulter des Königs und sang ihm ins Ohr: „Ich, bitte schön, Herr König. Ich kenne ihn. Er ist der Korbinian. Ich kenne ihn sogar persönlich. Sie wissen schon, er hat mich im vorigen Jahr auf dem Vogelmarkt gekauft und freigelassen. So etwas tat vorher noch niemand. Das ist eine Tat, Herr Bär, und ich lege für ihn meinen Flügel ins Feuer, wenn Sie wollen. Meine Familie und ich haben den ganzen Sommer das Lied von dem wunderbaren Mann gesungen. Sie werden sich vielleicht erinnern. Er soll, bitte, bleiben.“

Da drängten sich die Stadtmäuse nach vorn und riefen: „Ja, ja! Das stimmt! Er ist der Korbinian. Wir kennen ihn gut. Wir haben immer sein Brot unter uns geteilt. Jeder die Hälfte, ganz ehrlich. Er ist ein guter Mensch, Herr König. Und wo sollte er überhaupt hingehen, wenn Sie ihn wegschicken? Wo denn hin?“ – Da wurden die Augen des Bären ganz hell und er wischte sich mit der Pfote über die Schnauze und sagte: „Er bleibt.“

Die Tiere setzten sich um den Bären und ihre Augen sahen aus wie klares Wasser. „Macht die Lichter an, Freunde!“, sagte der Bär und die Adler flogen zu den Sternen und putzten sie mit den Flügeln blank. Das war eine Nacht, die so groß war, dass den Korbinian die Erde nicht mehr unter den Füßen drückte. „Und was habt ihr mir zu sagen, Tiere?“, fragte der Bär. Ein Hamster trat vor, knöpfte seinen Pelz auf und sagte: „Hier ist ein Schmetterling, Herr König. Ich habe einen Schmetterling vor dem Erfrieren gerettet.“ Er legte ihn dem König zur Probe auf die Pfote, damit er ihn spüren konnte, und steckte ihn dann vorsichtig wieder unter die Pelzjacke. Da hörte Korbinian, wie jemand neben ihm flüsterte: „Der Mann! Vielleicht hat der Mann Hunger.“ Und er merkte, wie ein Eichhörnchen ihm seinen Nussvorrat in die Tasche steckte. Heimlich und alle Nüsse geknackt. Er probierte die Nüsse, sie waren so wie früher, als er noch nicht allein war. Hinter dem Rücken verteilte er sie weiter an die Waldmäuse. Und er hörte, wie jemand sagte: „Vielleicht friert es den Korbinian.“ Da legten sich die Hasen auf seine Füße und wärmten ihn. Der Bär deckte ihn mit seinem Fell zu und Korbinian sah den Himmel und die Sterne waren gar nicht mehr weit. Und der Hamster flüsterte ihm ins Ohr: „Ich könnte dir meinen Schmetterling schenken, wenn du magst. Ich selber brauche ihn ehrlich nicht.“

Der Hänfling setzte sich ganz nah bei seinem Gesicht nieder, und als er den Schnabel auf seinen Schnurrbart legte, da träumte der alte Korbinian vom lieben Gott.

Kinder anderswo

Huynh Quang Nhuong

Fischotterjagd

Der vietnamesische Autor Huynh Quang Nhuong erzählt vom Land seiner Kindheit. Er ist im zentralen Hochland von Vietnam aufgewachsen, musste aber von dort flüchten, weil sein Land durch den Vietnam-Krieg zerstört wurde. In seinem Buch „Mein verlorenes Land“ schildert er seine Kindheit in einer für uns fremden Welt, in der zwischen den Tieren, auch den wilden Tieren, und den Menschen eine enge Lebensgemeinschaft bestand.*

Ich bin im zentralen Hochland von Vietnam in einem kleinen Dorf geboren, das am Rande eines Flusses zwischen tiefem Dschungel und einer hohen Bergkette lag. Jenseits des Flusses dehnten sich die Reisfelder bis zu den Abhängen weiterer Berge.

Zu unserem Dorf gehörten fünfzig Häuser, die zerstreut am Flussufer lagen oder an den Berghängen Halt suchten. Die Häuser waren aus Bambus und mit Kokospalmenblättern gedeckt und jedes Haus umgab ein tiefer Graben, der vor wilden Tieren und Dieben schützen sollte. Der einzige Weg ins Haus führte über eine „Affenbrücke“, einen einzelnen Bambusstamm, der über dem Graben lag. Nachts zogen wir die Brücke ins Haus und waren in Sicherheit.

Es gab keine Geschäfte oder Märkte in unserem Dorf. Wenn wir etwas brauchten – Arznei, Stoff, Seife oder Kerzen –, mussten wir über die Berge zur Stadt reisen. Wir benutzten den Fluss vor allem, um zu anderen am Fluss liegenden Siedlungen zu gelangen, aber er versorgte uns auch reichlich mit Fischen.

Während der sechs Monate Regenzeit halfen wir fast alle beim Bestellen der Felder und dem Anbau von Reis, Süßkartoffeln, Indianersenf, Auberginen, Tomaten, scharfem Paprika und Mais. In der trockenen Jahreszeit wurden wir Jäger und wandten uns dem Dschungel zu.

Wilde Tiere spielten eine große Rolle in unserem Leben. Vier Tiere fürchteten wir am meisten: den Tiger, das einzelgängerische Wildschwein, das Krokodil und die Pferdeschlange. [...]

Meine Familie besaß Land, auf dem wir Reis anbauten. Von Juli bis Januar, während der Regenzeit, war das Reisfeld überschwemmt und man konnte den Boden nur mit Wasserbüffeln bestellen.

Wir besaßen drei Wasserbüffel, einen männlichen und zwei weibliche. Den männlichen nannten wir Tank. [...] Wenn mein Vater Tank nicht brauchte, um während der Regenzeit die Reisfelder zu pflügen, ritt ich gern auf seinem Rücken und hielt Ausschau nach einer Fischottergesellschaft. An den Flussufern draußen vor unserem Dorf lebten viele Fischotter, denn es gab in dem tiefen Fluss reichlich Fische. Normalerweise

Vietnamesischer Junge auf einem Wasserbüffel in den Reisfeldern

lebten die Fischotter paarweise, aber hin und wieder kamen sie alle zusammen, fingen eine große Anzahl von Fischen und warfen sie ans Ufer. Dann setzten sich alle um die Fische herum und fraßen sie. Wir nannten diese ungewöhnlichen Versammlungen Fischottergesellschaften.

Eines Tages dachten mein Vetter und ich uns einen Plan aus, wie wir den Ottern die Fische wegnehmen könnten. Es würde nicht leicht sein, denn wenn die Fischotter sahen, dass sich Menschen näherten und ihre Fische wegnehmen wollten, sprangen sie zuruck in den Fluss und nahmen alle Fische mit. Doch von anderen Tieren ließen sich die Fischotter nicht stören. Da Tanks Rücken breit war und hoch über dem Boden, überlegte ich, dass ich mich flach auf seinen Rücken legen und mich so einer Fischottergesellschaft nähern könnte, ohne ihre Aufmerksamkeit zu erregen.

Um mich fast ganz unsichtbar zu machen, wollte ich Kleider tragen, die so weit wie möglich der Farbe von Tanks Rücken glichen. Ich wollte auch einen kräftigen Stock mitnehmen um die Fischotter fortzujagen, falls sie auf mich losgehen sollten. Diese Vorsichtsmaßnahme musste ich treffen, weil ich wusste, dass Fischotter, wenn sie in großen Gruppen waren, schon Menschen angegriffen hatten, die in Booten an ihnen vorbeifuhren.

Ein paar Tage später entdeckte ich eine Fischottergesellschaft am Flussufer. Ich suchte mir einen guten Stock und stieg auf Tanks Rücken. Nachdem ich Tank die Richtung, in die er gehen sollte, gezeigt hatte, legte ich mich bäuchlings hin und ließ mich zu der Gesellschaft hintragen. Als Tank etwa drei Meter von der Gruppe entfernt war, glitt ich von seinem Rücken und jagte alle Fischotter in den Fluss. Diesmal hatte ich sie wirklich völlig überrumpelt und ich sammelte vierundzwanzig Fische ein, lauter verschiedene Arten und die meisten noch unversehrt und frisch.

Danach wiederholte ich meine Raubzüge, sooft ich konnte, und in der Regel mit großem Erfolg. Doch eines Tages, nachdem ich die Fischotter überrascht und alle Fische auf Tanks Rücken geladen hatte, fiel mir auf, dass ein Fischotterweibchen in der Nähe blieb. Es schwamm im Fluss hin und her und schien besorgt darauf bedacht, an die Stelle zurückzukommen, an der ich stand. Ich ahnte etwas Außergewöhnliches, schaute mich sehr genau um und entdeckte in einem tiefen, engen Loch unter einem dicken Distelbusch drei junge Fischotter. Ich war sehr aufgeregt. Fischotterjunge waren unbezahlbar, denn man konnte sie zum Fischfangen abrichten.

Als ich mich in das Loch gezwängt und die Jungen fast erreicht hatte, kam die Fischottermutter von hinten an mich heran und biss mich kräftig in die Zehen. Das tat so weh, dass ich so schnell wie möglich aus dem Loch kriechen musste um sie abzuschütteln. Die Fischottermutter sprang zurück in den Fluss, aber als ich wieder in das Loch kroch, bekam ich den gleichen schmerzhaften Biss in die Zehen. Plötzlich kam mir eine Idee. Ich nahm etwas Schlamm vom Flussufer und schrieb damit auf Tanks Rücken: *Junge Fischotter – kommt schnell.* Dann gab ich Tank einen Klaps auf den Rücken und sagte: „Geh!“ Tank zog schnurstracks nach Hause.

Als Tank zu Hause ankam, sahen meine Eltern die Fische, die er trug, aber keine Spur von mir. Sie erschraken. Doch dann sahen sie die Nachricht auf Tanks Rücken und waren sehr erleichtert. Mein Vetter und Tank kamen bald zu der Stelle, an der ich auf sie wartete. Mein Vetter hielt die Fischottermutter davon ab, mich zu beißen, während ich die drei Jungen, eines nach dem anderen, aus dem Loch holte.

Zwei der Jungen verkauften wir auf dem Marktplatz an reiche Kaufleute, das dritte behielten wir und richteten es ab, Fische für uns zu fangen.

Das Junge, das wir behielten, lernte seine Aufgabe schnell, aber wir hielten es immer in einem eisernen Käfig, damit es uns nicht weglaufen konnte. Unglücklicherweise hatte es die Augen schon offen gehabt, als ich die Jungen fing. Wenn es frisch geboren und seine Augen noch zu gewesen wären, hätte es als erste Lebewesen uns gesehen und uns als seine Eltern betrachtet. Dann wäre es den Rest seines Lebens bei uns geblieben.

Wenn wir nun Fische wollten, brachten wir unseren Fischotter ans Ufer, banden ihn an ein langes Seil, um ihn an der Flucht zu hindern, und ließen ihn in den Fluss tauchen. Wenn er einen Fisch gefangen hatte, tauchte er auf und brachte ihn uns. Da es für uns so leicht war, Fische zu bekommen, schenkten wir sie Freunden, wann immer sie welche holen wollten. Manchmal ließen wir, wenn wir einen freien Tag hatten, unseren Fischotter den ganzen Tag Fische fangen. Diese trockneten wir dann und schickten sie unseren Verwandten, die nicht das Glück hatten, einen abgerichteten Fischotter als Fischer zu besitzen.

Mohammad Reza Bayrami

Djalal reitet um sein Leben

Mohammad Reza Bayrami kam 1965 in einem kleinen Dorf im Sabalan-Gebirge in Aserbaidschan im Nordwesten des Iran zur Welt. Er wuchs wie Djalal, die Hauptfigur seines Buches „Djalal reitet um sein Leben", in einem Dorf auf, verlor früh den Vater und fünf Geschwister, weil kein Doktor in der Nähe war. Schon als Junge musste er – wie Djalal – für das Pferd der Familie und die Schafe sorgen. Der Textauszug erzählt, wie Djalal in einem Winter den Doktor für die Familie holen muss.

Ghaschgha schnaubt. Ich ziehe die Ohrenklappen meiner Mütze über beide Ohren. Der eiskalte Wind schneidet mir fast die Nasenspitze ab. Die Schneeflocken werden schnell größer und der Wind bläst sie hierhin und dorthin und wirbelt sie vom Boden wieder auf. Es ist still geworden. Als ob die ganze Welt plötzlich nur noch stumm darüber staunte, dass so viel Schnee fällt.

Der Doktor seufzt: „Herr im Himmel, gleich geht die Welt unter."

Ich schlinge mir den Zügel einmal um die Hand und gehe schneller. So stapfen wir durch den Schnee, bis wir die *Besch Dasch* erreichen, die fünf riesigen Felsen an der Schlucht. Auf der anderen Seite der Schlucht fängt unser Dorf an. Wir gehen langsam bergab. Von den Hängen wirbelt uns der Wind Schnee ins Gesicht. Noch haben wir den letzten Felsen nicht hinter uns, da will Ghaschgha plötzlich nicht weitergehen. Sie wiehert. Ich zerre am Zügel, sie wiehert wieder, aber sie rührt sich nicht vom Fleck. Jetzt kann ich an ihren Augen erkennen, dass sie Angst hat.

Der Doktor lugt unter seiner verschneiten Kappe und seinem Schal hervor. „Warum macht sie das?"

„Ich weiß auch nicht." Wütend reiße ich jetzt am Zügel. Ich weiß, dass ihr das im Maul weh tut. Sie will steigen, legt die Ohren an. Ihre Nüstern beben, sie atmet ganz heftig und tänzelt rückwärts.

„Sie scheut wohl wieder vor mir."

Ich bin sicher, dass das nicht der Grund ist. Irgendetwas macht ihr Angst. Ich schaue mich um und plötzlich sehe ich auf dem höchsten Felsen der Besch Dasch einen schwarzen Fleck. Etwas Schwarzes sitzt auf der Felsspitze und beobachtet uns aufmerksam. Erst kann ich mich vor Angst kaum rühren. Dann sehe ich den Doktor an.

„Da. Da drüben!"

Jetzt hat er es auch bemerkt.

„Was ist das, Ihrer Meinung nach?" Er schirmt seine Augen mit der Hand ab und schaut auf den schwarzen Fleck.

„Hoffentlich kein Wolf", sage ich.

„Was dachtest du denn?", fragt er.

Unwillkürlich gehe ich ein paar Schritte rückwärts, will mich hinter dem Pferd in Sicherheit bringen.

„Nur die Ruhe“, sagt der Doktor. „Er darf nicht denken, dass er uns Angst macht. Ein Wolf alleine kann gar nichts ausrichten. Außerdem glaube ich kaum, dass er den Mut hat näher zu kommen.“

Der Fleck sitzt da oben, reglos wie ein Schneemann, und rührt sich nicht von der Stelle. Wenn wir nach Hause wollen, müssen wir direkt vor seiner Nase weitergehen.

„Was machen wir jetzt? Er ist uns im Weg.“

„Nichts“, sagt der Doktor seelenruhig. „Wir kümmern uns nicht um ihn. Wir tun so, als hätten wir ihn gar nicht bemerkt.“

„Aber das Pferd?“, frage ich. „Es will nicht weitergehn.“

„Es wird schon mitkommen.“ Er tätschelt ihm über Mähne und Hals. „Ganz ruhig. Wovor hast du Angst?“

Ghaschgha beruhigt sich langsam. Der Doktor gibt mir mit einer Kopfbewegung zu verstehen, dass wir weitergehen sollen.

Ich lasse den Wolf nicht aus den Augen und ziehe an Ghaschghas Zügel. Erst bleibt sie stur stehen und will keinen Schritt weitergehen, aber dann fügt sie sich schließlich.

Der Wolf sitzt über uns auf dem Felsen und beobachtet uns. Sein zottiger grauer Pelz ist voller Schnee. Wir kommen immer näher, mein Herz klopft mir bis zum Hals. Zum ersten Mal im Leben sehe ich einen Wolf so dicht vor mir. Er sieht so siegesgewiss aus, dass mir vor Angst die Knie ganz weich werden.

„Was für ein Prachtexemplar! Dieser Halunke“, sagt der Doktor. „In unserm ganzen Dorf findest du nicht einen Hund, der so stattlich ist wie dieser Kerl.“

Meine Beine sind schwer wie Blei. Trotzdem laufe ich weiter, vorbei an dem Wolf. Ich weiß, dass er uns noch beobachtet. Aber ich habe nicht den Mut mich nach ihm umzuschauen. Ich kann nur versuchen schneller zu gehen. Hier, auf dieser Seite der Schlucht, liegt mehr Schnee als drüben. Ghaschgha sinkt sogar noch tiefer ein als ich.

Die erste Biegung liegt noch nicht ganz hinter uns. Plötzlich hören wir ein lang gezogenes Heulen. Unwillkürlich drehe ich mich um und suche die Schneewüste mit den Augen ab. Weit und breit keine Spur von dem Wolf. Sehen kann man ihn nicht mehr, aber sein Geruch hängt in der Luft. Ich streife den Schnee von meiner Kappe und habe dabei das unheimliche Gefühl, der Wolf springt uns gleich an. Allein die Vorstellung treibt mir kalten Schweiß auf den Rücken. Wenn er uns wirklich angreift, sind wir dumm dran.

Meine Hände sind vor Kälte gefühllos geworden. Ich bete, dass wir schneller vorankommen. Und endlich kommen wir am andern Ende der Schlucht an! Ich atme auf. Gerade will ich sagen, dass wohl alles gut gegangen ist, da meint der Doktor plötzlich: „Hör mir gut zu: Wenn ich jetzt sage, wirfst du mir den Zügel zu, stützt dich auf mein Bein und springst hinter mir aufs Pferd."

„Was ist denn?"

„Das sag ich dir gleich. Pass nur auf, dass du nicht danebenspringst."

„W-wieso denn?" Mir rutscht fast das Herz in die Hose.

„Ein ganzes Rudel ist hinter uns her."

„Was!?"

„Bleib ruhig und schau dich nicht um."

Eine dicke Schneeflocke fliegt mir ins Auge. Ich spüre Ghaschghas warmen Atem an meinem Ohr.

„Siehst du den Stein da?", fragt mich der Doktor.

Ja, ich sehe ihn. Er liegt ein paar Schritte weiter vorn am Weg, eine Ecke guckt aus dem Schnee heraus.

„Wenn wir den erreichen, dann spring!", sagt der Doktor, „ich kann das Pferd nicht anhalten." Seine Stimme klingt nicht mehr so ruhig wie vorher. Ich starre auf den Stein und bereite mich zum Sprung vor.

„Jetzt!"

Schnell werfe ich dem Doktor den Zügel zu und springe auf den Stein. Der Doktor streckt seine Hand nach mir aus, ich greife danach, stütze meinen Fuß an seinem Bein ab und kralle mich mit der anderen Hand an der Satteldecke fest. Der Doktor greift in Ghaschghas Mähne, damit er nicht vom Pferd fällt, und zieht mich hoch. Ich rutsche hinter ihm zurecht und schlinge gleich beide Arme um ihn. Er hält mir seine Tasche hin. „Kannst du die auch noch festhalten?"

Ghaschgha geht schneller. Ich schaue hinter mich. Die Wölfe sind uns auf den Fersen. Sie verfolgen ganz spielerisch unsere Fährte. Bestimmt glauben sie, wir seien ihre sichere Beute. Sie können sich Zeit lassen.

„Siehst du sie?", will der Doktor wissen.

„Ja, ich seh sie."

Er treibt Ghaschgha an. Darauf hat sie nur gewartet. Sie fällt in Galopp.

Ich schaue immer wieder hinter mich und der Doktor fragt immer wieder: „Verfolgen sie uns noch?" Wenn ich „ja" sage, treibt er das Pferd weiter an. Es dauert nicht lange, bis auch die Wölfe ihr Tempo steigern.

„Schneller! Gleich haben sie uns!“ Der Doktor treibt Ghaschgha immer weiter an und schlägt ihr jetzt sogar mit dem Zügel auf den Hals.

„Falls wir’s bis zum Friedhof in deinem Dorf schaffen, gut, wenn nicht, werden wir dein Pferd wohl zurücklassen müssen.“

Habe ich richtig gehört? „Was soll das denn heißen, Hakim*?“

Der Doktor antwortet nicht. Es sieht aus, als hätten die Wölfe die Lust an der Jagd verloren und wollten zum Angriff übergehen. Sie verfolgen uns jetzt mit aller Kraft und knurren und heulen dabei. Ghaschgha stolpert. Mir bleibt vor Angst die Luft weg. Jetzt ist alles aus …

„Welcher Teufel reitet dich denn? Klammer dich doch nicht so fest an mich!“, ruft der Doktor. „So entkommen wir vielleicht den Wölfen, aber dafür erdrückst du mich!“

Ich lasse ein bisschen locker. Die Wölfe sind noch näher gekommen.

„Gleich haben sie uns! Schneller, mein Gott, schneller, Hakim!“

„Ich will nicht riskieren, dass das Pferd ausrutscht. Wenn das Tier ausrutscht … Wie weit ist es noch bis zum Friedhof?“

Der Leitwolf ist nur noch wenige Schritte von uns weg. Durch den dichten Schnee kann ich seine spitzen Zähne und sein riesiges Maul sehen. Die Tasche fällt fast vom Pferd, ich rücke sie zurecht, kann sie kaum noch halten. „Setz dich richtig hin!“, ruft der Doktor. Er schlägt jetzt so heftig mit dem Zügel auf Ghaschghas Hals, dass das Knallen die Wölfe erschreckt.

Aber ich sehe gar nicht mehr hinter mich, spüre nur noch den Schnee, der unsere Gesichter peitscht. Ghaschgha wird jeden Moment ausrutschen, sich alle Knochen brechen, uns abwerfen, die Wölfe werden sich auf uns stürzen …

Wann wir endlich den Friedhof erreicht haben, weiß ich nicht. Hinter dem Friedhof geht es bergab und man kann unser Dorf sehen. Der Doktor gibt die Zügel frei und fragt: „Sind sie noch hinter uns her?“

Ich drehe mich um. Die Wölfe werden plötzlich langsamer. Jetzt zerstreuen sie sich sogar zwischen den Gräbern und schauen uns von dort aus nach. „Sie haben aufgegeben!“

Der Doktor lacht: „Glück gehabt, was? Wir sind noch mal davongekommen!“

Taha Khalil

Der erste Schultag

Das Buch „Das Heft meines Freundes", aus dem dieser Text stammt, hat der kurdische Autor Taha Khalil geschrieben, der in Syrien geboren wurde. Er musste auf Grund der politischen Umstände aus seiner Heimat in die Schweiz emigrieren. Sein Buch ist seinem Sohn gewidmet, der in der Schweiz aufwächst; es soll ihm erklären, woher der Vater stammt und unter welchen Bedingungen er gelebt hat.

Lärm und Geschrei erfüllten den Schulhof. Die Schüler rannten durcheinander, tobten und spielten. Sie warteten darauf, dass der Lehrer aufstand. Das Schulhaus war aus Lehm und Stroh gebaut und hatte zwei Räume. In einem Raum wohnte der Lehrer, im anderen fand der Unterricht statt. Dort standen Holzbänke, ein Tisch für den Lehrer und ein Stuhl aus Bambusrohr. Darauf saß der Lehrer während des Unterrichts.

Asâd stand etwas abseits mit seinem Freund Kamo und fragte, was er jetzt tun müsse. Asâd wollte auf keinen Fall einen Fehler machen und vor dem Lehrer dumm dastehen. Er wollte sich genauso verhalten, wie ihm seine Familie geraten hatte: anständig und fleißig sein, dem Lehrer gehorchen, sich nicht mit den faulen Kindern abgeben und nur unter den guten Schülern Freunde suchen. Deshalb ließ er nicht locker, Kamo ein Loch in den Bauch zu fragen. Als sich Ali zu ihnen gesellte, der wie Asâd zum ersten Mal zur Schule kam, packte Kamo die Gelegenheit beim Schopf: „Lass mich mit deiner endlosen Fragerei in Ruhe, Asâd. Ali wird dein Banknachbar sein. Er ist ein echter Araber und kann dir alles erklären."

Kamo hatte kaum zu Ende gesprochen, da rannte er schon auf eine Gruppe Kinder zu, die mit einem Stein Fußball spielte. Ali stammte tatsächlich aus einer arabischen Familie. Sie wohnte in der Nähe des Dorfes. Sein Vater war Schafhirte beim Muchtâr, dem Dorfvorsteher. Ali begrüßte Asâd auf Kurdisch und fragte: „Asâd, mein Bruder, ich habe mein Schreibzeug auf dem Weg verloren. Hast du nicht einen Kugelschreiber, den du mir leihen könntest? Ich habe Angst, dass mich sonst der Lehrer bestraft!"

Asâd griff sofort in seine Schultasche. Er freute sich darüber, dass er gleich am ersten Schultag eine gute Tat vollbringen konnte.

„Ja klar! Mein Vater hat mir in der Stadt einen Kugelschreiber gekauft, aber heute Morgen hat mir meine Mutter einen Füllfederhalter geschenkt. Du kannst den Kugelschreiber haben. Da, nimm ihn!"

Ali nahm den Kugelschreiber und bedankte sich. Asâd zog den Füllfederhalter aus seiner Tasche und fragte Ali: „Was meinst du, wie alt dieser Füllfederhalter ist?"

„Vielleicht zwei Jahre?"

Asâd lachte und sagte: „Dieser Füllfederhalter ist möglicherweise tausend Jahre alt. Er gehörte meinem Großvater. Meine Mutter hat ihn für mich aufbewahrt. Er ist ein Geschenk von meinem Großvater an mich, damit ich einmal ein großer Arzt werde."

„Waaas? Willst du etwa sagen, dass der Füllfederhalter älter ist als du und ich?"

Mit gedämpfter Stimme antwortete Asâd: „Und auch älter als unser Lehrer!"

„Und sogar älter als der Vater und der Großvater des Großvaters unseres Lehrers!", fügte Ali hinzu. Beide lachten und gingen langsam auf den Eingang zum Klassenzimmer zu. Der Lärm hatte sich etwas gelegt. Der Lehrer war offenbar aufgestanden. Ali und Asâd waren sich näher gekommen. Sie spürten, dass sie einander vertrauen konnten. Da klingelte die Schulglocke, und die Schüler stellten sich in Reih und Glied hintereinander auf, Asâd zuerst, dann Ali.

Gleich darauf kam der Lehrer mit einem kurzen Stock in der Hand heraus. Die Schüler hielten den Atem an. Mit mürrischem Gesicht befahl er ihnen die Hände auszustrecken. Asâd hatte zwar nicht genau verstanden, was er sagte, aber er tat es den anderen Kindern gleich. Der Lehrer ging die Reihen entlang, schwang seinen Stock und drohte den Kindern mit langen Fingernägeln. Ein paar von ihnen schlug er auf die Hände, schimpfte mit ihnen und fluchte über die Angehörigen, die sich nicht um die Sauberkeit ihrer Kinder kümmerten. Asâd hatte sich die Fingernägel erst gestern geschnitten. Er sah sauber und ordentlich aus. Seine Schwester Leila hatte sich mit seinen Kleidern alle Mühe gegeben. Aber Asâd zitterte am ganzen Körper vor Angst, und als der Lehrer bei ihm angelangt war, klopfte ihm das Herz bis zum Hals. Da fasste ihn der Lehrer an der Hand und fragte: „Was ist los mit dir, mein Junge? Warum zitterst du so?"

Asâd verstand kein Wort. Seine Augen füllten sich mit Tränen. Als der Lehrer fragte, warum er nicht antwortete, streckte Ali die Hand hoch und erklärte: „Herr Lehrer, er ist Kurde. Er kann noch kein Arabisch."

Da ließ ihn der Lehrer stehen. Als er alle Schüler inspiziert hatte, stellte er sich vor sie hin und sagte, indem er von Zeit zu Zeit zu Asâd hinüberblickte: „Kinder, heute beginnt ein neues Leben. Ihr müsst vergessen, wer ihr zu Hause seid. Wir leben in einem arabischen Land. Wir sind alle Araber. Unsere Parole lautet: ‚Eine einzige arabische Nation mit einer ewigen Mission!' Von jetzt an ist es verboten, eine andere Sprache zu sprechen als Arabisch. Wenn ihr das vergesst, wird dieser Stock auf euren Füßen tanzen, solange es Gott gefällt. Außerdem werdet ihr in der Schule zurückbleiben und nichts lernen."

Da drehte sich Ali zu Asâd um und schaute ihn aus den Augenwinkeln an. Es war, als ob er ihn trösten wollte: „Mach dir nichts draus. Wir werden zusammenarbeiten."

Schulklasse mit ihrem Lehrer in Syrien

Nachdem sie den Fahnengruß gesungen hatten – Asâd bewegte lediglich die Lippen –, gingen die Schüler ins Klassenzimmer. Asâd und Ali setzten sich in dieselbe Bank. Ali flüsterte Asâd sofort zu, dass er ihm so rasch als möglich Arabisch beibringen werde. Schließlich betrat der Lehrer das Klassenzimmer. Zuerst rief er alle Schüler beim Namen auf. Dann verteilte er die Schulbücher und begann der ersten Klasse das Alphabet beizubringen. Asâd konnte schon alle Buchstaben auswendig. Sein Vater hatte sie ihm ein paar Monate vor Schulbeginn aufgeschrieben und erklärt. Der Lehrer sprach die Buchstaben vor, und die Schüler mussten sie wiederholen. Asâd streckte als erster den Finger, um alle Buchstaben aufzusagen. Er machte keinen einzigen Fehler. Der Lehrer war zufrieden und fragte, wo er denn die Buchstaben gelernt habe, er könne doch kein Arabisch. Asâd verstand die Frage des Lehrers der Spur nach und antwortete mit einem einzigen Wort: „Vater ..., Vater!“ Dann wollte der Lehrer wissen, was er werden wolle, und wieder antwortete Asâd mit einem einzigen Wort: „Arzt!“

„Wer ein erfolgreicher Arzt werden will“, erwiderte der Lehrer, „muss schnell Arabisch lernen.“

In der Pause blieben Asâd und Ali beisammen. Asâd fragte nach diesem und jenem Wort und Ali gab ihm Auskunft, bis sie wieder ins Klassenzimmer mussten. Die Schule dauerte den ganzen Tag. Bevor sich Asâd und Ali verabschiedeten, gab Ali seinem Freund den Kugelschreiber zurück. Aber Asâd bestand darauf: „Das ist ein Geschenk von mir für dich.“

Júlio Emílio Braz

Diese Angst!

Júlio Emílio Braz ist 1959 in einer kleinen Stadt im brasilianischen Teilstaat Minas Gerais geboren. Als er fünf Jahre alt war, zog die Familie in die Großstadt Rio de Janeiro, wo er auch heute noch lebt. Sein Buch „Kinder im Dunkeln", aus dem dieser Text stammt, erzählt von dem Alltag und der Not von Kindern am Rande der Großstädte Brasiliens.

„Warte hier, ich bin gleich wieder da", sagte Mama.

„Versprochen, Mama?"

„Natürlich! Ich kaufe nur schnell ein Kilo Reis fürs Abendessen!"

Sie hatte gelogen. Sie kam nicht wieder. Ich blieb allein zurück.

Erst ging ich hinein in den Supermarkt. Rein und raus. Noch mal rein, wieder raus. Ich weinte, suchte meine Mutter. Sie blieb verschwunden. Lange lief ich durch die Straße.

„Mama", rief ich. „Mama! Mama! Mama!"

Mit der Einsamkeit wuchs die Angst. Erschöpft setzte ich mich auf den Platz. Die Welt um mich herum war groß wie die Einsamkeit. Alles erschreckte mich.

Die Leute kommen und gehen. Alle haben es eilig. Gehen vorbei, meiden mich, wollen nichts von mir wissen. Ich bin allein. Der Platz ist riesig. Die Nacht kommt. Kein Stern am Himmel. Schwarze Wolken ziehen herauf. Blitze scheuchen mich auf, ich laufe weiter. Diese Angst! Diese Angst ... Mama! ...

Pling, pling, pling ...

Es regnet. Ich habe Angst.

„Mama! Mama!"

Ich bin sechs Jahre alt, und die Welt ist groß und dunkel.

Ich zittere vor Angst, weiß nicht, ob ich weine, ob ich laufe. Niemand hört mich. Ich bin allein im Regen, und der Regen macht mir Angst.

Doca. Auf einmal stand sie da, wie ein Engel. Aus Schmerz und Einsamkeit tauchte ihr Lächeln auf, strahlte über ihr ganzes Gesicht. Ihre Augen waren voll Zuversicht. Mit ihrer Art, über einen zu lächeln, wuchs sie weit über ihre zehn Jahre hinaus. Sie war so groß wie das Lächeln und die Zuversicht in ihrem Gesicht. Ein Gesicht, schwarz wie die Nacht. Schwarz und nass.

„Dummes Kind", sagte sie in ihrer erwachsenen Art, „was machst du denn da im Regen? Komm mit!"

Sie zog mich unter eine Brücke. Dort gab es ein Haus. Oder jedenfalls so etwas Ähnliches wie ein Haus. Ein Haufen Holz und Pappe, irgendwie zusammengebaut, ein Unterschlupf, um sich vor dem Regen und den feindseligen Blicken der Leute zu verstecken.

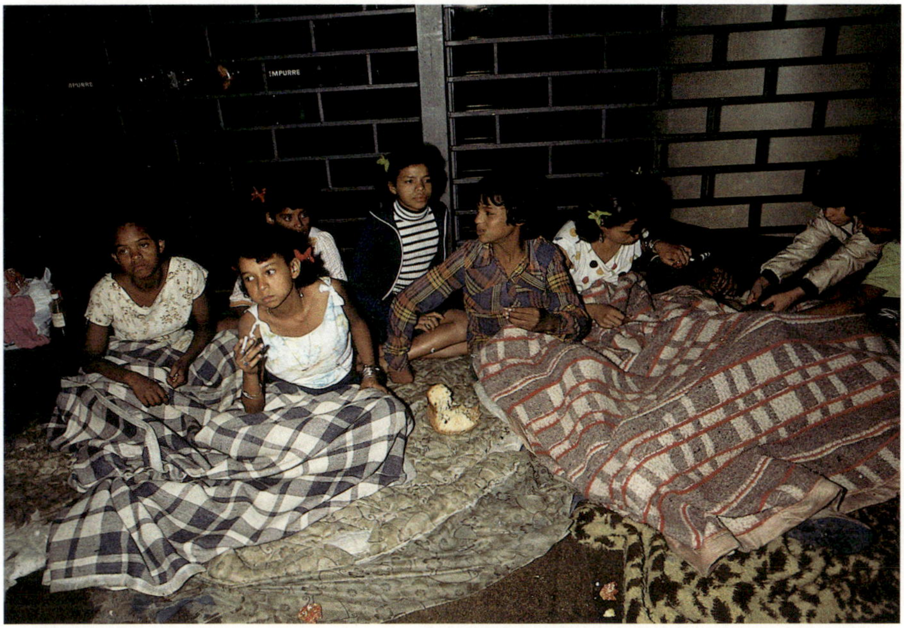

Nachtlager von Straßenkindern in einer Großstadt in Brasilien

Andere Gesichter tauchten aus der Dunkelheit auf. Ich wurde hineingenommen. Bekam etwas Warmes aus einer Dose zu trinken.

Mädchen. Lauter Mädchen. Verschiedene Mädchen. Doca ist nicht die Größte von ihnen.

Unser Leben dreht sich um Doca. Sie macht etwas, wir machen es nach. Sie sagt etwas, und keine getraut sich zu widersprechen. Sie weiß es besser, sie hat mehr Erfahrung im Leiden. Sie ist auch die Stärkste von uns allen und hat eine kräftige Hand. Ich habe sie zwei- oder dreimal zu spüren bekommen. Santinha noch öfter. Alle bekamen sie schon zu spüren. Es gehört offenbar zur Lehrzeit.

Irgend jemand muss auch Doca geschlagen haben, noch stärker und auf alle möglichen Arten, sodass tiefe Spuren geblieben sind. Doch darüber spricht Doca nicht.

Doca entscheidet alles. Sie ist es, die mit den Altpapierhändlern verhandelt oder mit den Schrotthändlern. Sie sagt, wo wir hingehen und wo nicht – sie weiß, wo die Polizei mit ihren Pferden ist und wo das Schlechte in den Herzen der Menschen. Auf ihrem Kindergesicht ist ein uralter Schmerz eingegraben. Dabei ist sie erst zehn.

Das Haus besteht aus Pappe, aus Holz, aus allem möglichen Brauchbaren, das gerade zur Hand ist. Wir schlafen auf dem Fußboden, auf Zeitungspapier. So leisten uns die neuesten Nachrichten des Tages und die großen Ereignisse des Landes Gesellschaft. Aus der Zeitung *Folha* haben wir ein Foto des Kinderstars *Xuxa* behalten. Mein Kopfkissen ist die Zeitung *Estadão*. Aus dem *Estadinho*, der Beilage für Kinder, kenne ich die Comicfigur Mônica. Ich weiß, dass es *Mônica* ist, aber ich kann nicht lesen, was sie sagt. Die Buchstaben in den Sprechblasen sind Wörter, die die Dinge verändern und die Lichter in der Welt anzünden.

Sie sammeln Altpapier. Suchen leere Flaschen zusammen. Stehlen da und dort – nichts Großes, nichts, was jemand bemerkt oder vermisst. Routine. Wie lange noch? Das ist Doca egal. Wem ist es nicht egal?

Doca kennt sich aus. Alle wissen, dass sie den Überblick hat. Sogar Pegador, ein Junge, behandelt sie mit Respekt.

In Docas Schatten herrscht Friede, tiefer Friede. In ihrem Schatten fühle ich mich sicher, da erreichen mich weder böse Dinge noch Menschen – was manchmal dasselbe ist.

Wenn Doca es zuließe, würde ich sie Mama nennen.

Sie haben mich *Rolinha* getauft, „Täubchen". Da war nichts zu machen, es blieb bei Rolinha, und Schluss.

Sie sind sieben. Lügenzahl, sagt Doca und lächelt.

Batata ist zwar die Größte, aber so schwach und elend, dass es einem Leid tut. Immer traurig. Ein langes, stilles Elend. Und hustet ständig.

Pidona ist klein und kämmt sich nie – es würde auch nichts nützen, so kurz und hart wie ihr Haar ist. Wenn man sie Strubbelkopf nennt, wird sie fuchsteufelswild. Niemand weiß, wie sie zu ihrem Spitznamen Pidona, „Bettlerin", kam, aber er ist ihr lieber als Severina, ein Name, den sie hasst. Wahrscheinlich heißt sie Pidona, weil sie immer und überall bettelt, egal bei wem und um was. Vielleicht kommt es daher, dass sie als kleines Mädchen mit einer Frau auf dem Sé-Platz betteln ging. (Komisch, wenn man die sieben betrachtet, kann man sich gar nicht vorstellen, dass sie einmal jünger waren als jetzt. Und dass sie älter werden, auch nicht.)

Pidona ist die einzige, die bei ihrer Familie lebt. Die Familie, das sind sie, die Eltern und dreizehn Geschwister. Jeden Tag kommt sie aus dem Stadtteil Ferraz de Vasconcelos und geht abends zurück. Was sie auf dem Platz verdient hat, bringt sie nach Hause. Wenn sie wiederkommt, ist ihr Gesicht meist finster. Manchmal ist es auch geschwollen.

Santinha, die „kleine Heilige", heißt so, weil alle finden, sie sehe wirklich wie eine Heilige aus. Auch Doca findet es. Santinha ist eine von „Docas Töchtern", sagen die anderen.

Dann ist da noch die dünne *Pereba*, die „Räudige", mit ihrem großen Gebiss. Die Zähne stehen ihr kreuz und quer aus dem Mund.

Maria Preta, die „schwarze Maria", ist schwarz wie die Nacht. Sie ist klein und fein und lacht ständig über alles.

Maria Branca, die „weiße Maria", ist nicht etwa weißhäutig. Sie ist nur nicht ganz so dunkel wie die schwarze Maria. Daher der Name. Sie ist so alt wie Doca, aber Doca hat das Sagen. Doca ist die geborene Anführerin. Das sieht man auf den ersten Blick.

Ob ich nicht doch noch meine Mutter finde?

Abdoua Kanta

Lelee, das Hirtenmädchen

Abdoua Kanta wurde ungefähr 1943 in der Gegend von Diffa im heutigen Staat Niger geboren. Genau kennt er sein Geburtsdatum und seinen Geburtsort nicht, denn er kam als Kind wandernder Viehzüchter auf die Welt. Wie Lelee, die Hauptfigur seines Buches „Lelee, das Hirtenmädchen", gehört er zum afrikanischen Hirtenvolk der Fulbe. Viele Familien dieses Stammes ziehen heute noch in der Savanne südlich der Wüste Sahara als wandernde Viehzüchter von einem Weideplatz zum anderen. Der Textausschnitt erzählt von der Arbeit mit den Tieren und Leeles Aufgabe dabei.

Die Wanderung zu den neuen Weideplätzen beginnt am Montag. Mittwoch und Freitag gelten als ungünstige Reisetage. Früh am Morgen wird das Lager abgebrochen. Kalebassen, Stricke, Pflöcke, Matten werden auf Rinder, Kamele oder Esel geladen.

Die Herdentiere sträuben sich gegen den Umzug. Ein anstrengender Tag liegt vor ihnen. Um eine große Strecke zu bewältigen, brechen der Onkel und Lelee schon zeitig mit den Kühen und den Ziegen auf. Sie führen die Tiere im Gänsemarsch voran. Bei zunehmender Sonnenhitze schlagen sie ein langsameres Tempo an. Die Tiere sollen unterwegs Gras fressen können.

Großmutter und Mama folgen auf Kamelstuten, Großvater auf einem Kamelhengst. Sie reiten neben der Herde her und überwachen die Kühe und Ziegen. Am Abend rasten sie bei einem Brunnen. Die Tiere werden zur Tränke geführt. Am nächsten Tag ist frühzeitig Aufbruch. Am Mittwoch ist Ruhetag, am Donnerstag geht die Wanderung weiter.

Endlich ist die gesuchte Gegend erreicht. Hier wird die Familie ihr Lager aufschlagen und für die nächste Zeit bleiben.

Am Morgen nach der Ankunft treibt Lelee die Herde an den Fluss. Zum Viehhüten ist jetzt die schwierigste Zeit im Jahr. Die Tiere müssen Tag und Nacht überwacht werden, damit sie nicht in die Felder der Ackerbauern einbrechen. Die Bauern verlangen für angerichtete Schäden viel Geld. In der Hoffnung auf Geldstrafen locken sie die Herden manchmal sogar selber in ihre Felder hinein.

Für die Hirten wiederum ist der Anblick der saftigen Äcker schwer zu ertragen. Die Versuchung ist groß, die mageren Kühe hineinzuführen, fressen zu lassen und dann aus dem zertrampelten Feld zu fliehen. Die Folge davon sind oft blutige Kämpfe zwischen Hirten und Bauern. Das geht bis zu Mord und Totschlag.

Versehen mit strengen Ermahnungen macht Lelee sich auf den Weg. […] Die Sonne brennt. Die Tiere drängen vorwärts. Sie haben Durst und fangen an zu laufen. Jetzt muss Lelee um jeden Preis verhindern, dass eine Kuh seitwärts in die Ebene ausbricht. Unten am Fluss gäbe es zwar feuchte Weideplätze, aber ringsum sind bebaute Äcker. Lelee kennt die Gegend nicht genau. Hinter jeder Sanddüne könnte eine solche Ebene liegen. Laufen die Tiere einmal den Abhang hinunter, dann kann es nur noch schiefgehen. Die Rinder machen dann Freudensprünge, recken die Schwänze in die Luft und lassen sich durch nichts mehr aufhalten.

Lelee ist inzwischen müde geworden. Aber bis zum Weideplatz, wo sie die Tiere laufen lassen kann, ist es noch weit. Wie soll man Ordnung halten in einer über hundertköpfigen Herde? Die Tiere sind durstig. Sie spüren die Nähe des Wassers. Die kleine Hirtin läuft nach rechts, weist ein Tier zurecht, eilt nach links, schlägt und schreit. Das Jungvieh drängt vorwärts, die alten Kühe sind erschöpft. Sie trotten weit hinten und schwenken müde ihre Köpfe mit den großen Hörnern.

Auch Lelee ist am Rand ihrer Kräfte. Ihre Füße sind von Dornen zerkratzt. Jetzt stolpert sie und fällt. Schnell reißt sie sich wieder hoch, um nicht unter die Hufe der Tiere zu geraten.

Vor ihnen erhebt sich eine große Sanddüne. Vor der Düne versperrt ein umgestürzter Baum den Weg. Die Kühe an der Spitze des Zuges zerstreuen sich nach beiden Seiten.

Erst im letzten Moment erkennt Lelee die Gefahr. Zu spät um das Schlimmste zu verhüten. Erschrocken denkt sie an die Strafe, die ihr zu Hause droht, und an die blutigen Kämpfe zwischen Hirten und Bauern. Sie hat solche Kämpfe schon erlebt.

Die Angst gibt ihr neue Kräfte. Sie läuft hinter den Kühen her, stolpert, fängt sich auf, rennt weiter …

„Heeii–juu-heeeiii! Juuuheeeiii!“, schreit sie verzweifelt.

Auf dem Dünenkamm holt sie einen Teil der Herde ein. Auf der anderen Seite erstreckt sich eine Ebene voller Felder. Die vordersten Kühe tollen bereits den Abhang hinunter. Lelee sieht es mit Entsetzen.

Die Tiere steuern auf die bebauten Felder zu. Jetzt ist das Unglück nicht mehr aufzuhalten. Schon kommen die Bauern und schwingen fluchend ihre Hacken. Der kleinen Hirtin schießen die Tränen in die Augen. […]

Was tun?, denkt sie. Ich muss dringend meine Familie benachrichtigen. Wir müssen fliehen! Sie wendet sich heimwärts. Die alten Kühe kommen auf sie zugetrottet, die weit hinter dem Zug zurückgeblieben waren. Der beste Teil der Herde ist inzwischen unten in der Ebene angelangt. Um nichts in der Welt würden ihre Angehörigen diese Tiere im Stich lassen …

Da, ein großer Lärm, ein gewaltiges Getrappel! Sie schaut zurück. Die ganze Herde kommt im Galopp den Abhang hochgerannt, getrieben von jungen Leuten, die schreiend hinter ihnen herlaufen. Lelee erkennt sogleich: Es sind Angehörige des Hirtenvolkes, Burschen, die bei den Ackerbauern arbeiten, um etwas Geld zu verdienen. Sie haben die Kühe

Hirten vom Stamm der Fulbe bei ihrer Herde

kommen sehen und sofort begriffen, dass sie ihrem Hirten entlaufen sind. Um ein Unglück zu verhüten, sind sie dazwischengefahren und haben die Tiere aus den Feldern verjagt.

Welch ein Glück! Erleichtert treibt Lelee oben auf der Düne die alten Kühe zusammen. Ihre Retter kommen mit dem Rest der Herde auf sie zu.

„*Surbaldee*“, sagt einer von ihnen lachend; das heißt in der Sprache des Hirtenvolkes so viel wie „schönes Mädchen“.

„… *Surbaldee*, deine Kühe sind dir entlaufen! Reg dich nicht auf, sie haben keinen Schaden angerichtet. Eine Hirschkuh muss dir zur rechten Hand vorausgelaufen sein heute Morgen, das bringt Glück!“

„Gott segne euch!“, antwortet das Hirtenmädchen. „Es lebe Dannegol Pulaku* und alles Schöne!“

Es sind acht lustige Burschen. Jeder möchte Lelees Aufmerksamkeit gewinnen. Die Späße gehen hin und her.

„Schau mich an, ich bin der Schönste!“, sagt der eine.

„Wenn du den zum Freund nimmst, bist du zu bedauern“, ruft ein anderer. „Er ist ein großer Nichtsnutz, der höchstens Milch trinken und den Bauern Hirse aus den Speichern stehlen kann!“

Der Schrecken ist vorbei. Lelee mustert die Jungen der Reihe nach und schenkt jedem ein Lächeln.

„Welchen von uns wählst du? Entscheide dich!“, drängen sie.

„Wähl mich“, sagt einer, „dann setze ich dich auf ein feuriges Kamel und wir reiten zusammen fort über alle Berge, auf Nimmerwiedersehen!“

„Mit dem bist du verloren, *Surbaldee*! Er ist der Schlimmste von uns allen. Schau ihn an! Mit diesem Bauch und dieser dicken Nase will er einer von uns Hirtenjungen sein!“

„Schweig, du in deiner Hose, in der du aussiehst wie ein Erdnussdieb!“

Lelee freut sich. Die Jungen gefallen ihr.

Einer von ihnen scheint zurückhaltender zu sein als die andern. Er hört aufmerksam zu, hat aber noch kein Wort gesagt. Eigentlich ist er der Schönste, denkt sie. Ein junger Hirtensohn, wie er sein soll, ruhig in den Bewegungen und im Blick.

Ihre Augen begegnen sich kurz. Dann senkt jedes von ihnen schnell den Blick. Doch ein Lächeln können beide nicht verbergen.

„Komm, *Surbaldee*!", drängen die andern. „Lass uns nicht so lange warten! Entscheide dich oder wir treiben deine Kühe wieder in die Felder!"

Ernst und anmutig hebt das Hirtenmädchen die Hand und zeigt auf den Jungen, der so ernst und auf den ersten Blick fast abweisend wirkte.

„Alto ist Sieger!", schreien alle.

Nur Alto selbst schweigt und scheint weder erfreut noch beleidigt. Lelee ist richtig enttäuscht.

Nach weiteren Späßen helfen ihr die andern Jungen die Herde zusammenzutreiben. Sie begleiten sie noch ein Stück, bevor sie auf die Felder zurückkehren.

Florence Onubogu

Ich verstehe die Trommeln nicht mehr

Florence Onubogu wurde in Umuahia geboren, einer Kleinstadt im westafrikanischen Staat Nigeria. Ein Stipendium ermöglichte ihr den Schulbesuch und ein Studium in Wien. Ihre Geschichte erzählt von den Erfahrungen des Mädchens Teresa, das nach fünf Jahren in der europäischen Großstadt Wien in sein afrikanisches Heimatstädtchen zu Besuch kommt und die Eltern und die jüngere Schwester Elsie wiedersieht.

Es war noch ganz dunkel, als Elsie aufwachte. Sie drehte sich auf die andere Seite und wollte weiterschlafen, aber da fiel ihr ein: Heute kommt Teresa!

Teresa, die große Schwester, an die sie sich kaum noch erinnern konnte. Die vor fünf Jahren weggefahren war, mit dem Autobus in die Hauptstadt, nach Lagos, und von dort mit dem Flugzeug nach Norden geflogen war, weit nach Norden. Bis nach Wien. Ob Teresa überhaupt mit Elsie reden würde? Richtig reden, von Gleich zu Gleich? Schließlich war Elsie sieben Jahre jünger. Fast jeden Tag hörte sie: Du musst lernen wie Teresa. Du musst gut sein in der Schule wie Teresa. Dann bekommst du vielleicht auch ein Stipendium. Dann kannst du auch studieren. Wie die großen Geschwister. Dann hast du eine Chance.

Manchmal fand Elsie, dass es nicht einfach war, sieben große, kluge Geschwister zu haben. Wenn sie die Fünfte in der Klasse war – einer Klasse mit siebzig Schülern –, dann sagte der Vater: „Wieso nur die Fünfte? Du bist doch nicht dümmer als die anderen. Wo warst du, als die ersten vier es geschafft haben?"

Elsie wusste, wie wichtig es war, gut zu sein in der Schule. Es ging nicht nur um ein Stipendium, es gab überhaupt viel zu wenig Plätze an der Universität. Ohne abgeschlossenes Studium hatte man wenige Möglichkeiten. Elsie hatte selbst schon die jungen Leute gesehen, die an Straßenecken herumlungerten und auf eine Stellung warteten. Der Vater sagte, sie wollten sich nicht die Hände schmutzig machen und auf dem Land arbeiten.

Draußen fingen die Vögel zu lärmen an. Ein Hahn krähte. Elsie lief in die Badekammer und wusch sich gründlich. Sie zog einen Scheitel. Vorn war er schnurgerade, aber dann machte er einen Knick, wie die Straße zum Hauptplatz. Sie versuchte es noch einmal. Diesmal ging der Knick in die andere Richtung.

Aus der Küche hörte sie Klappern und Klirren und Schlagen. Sie öffnete die Tür. Hitze schlug ihr entgegen. Der ganze Herd stand voll mit brutzelnden Töpfen. Ma schlug Teig für Sesamkuchen ab. Tante Joanna zerstieß Pfefferkörner im Mörser.

Über dem Tisch hing eine Weltkarte. Die Orte, wo die Geschwister studierten, waren rot umrandet. Chicago, Duisburg, Wien ... Rings um die Weltkarte waren Ansichtskarten festgesteckt, die die Geschwister geschickt hatten.

„Nimm dir ein Brot“, sagte Ma.

Sonst richtete sie immer das Frühstück für Elsie. Heute hatte sie keine Zeit.

Immer wieder streckte eine Kusine, eine Tante, eine Nachbarin den Kopf zur Tür herein und fragte: „Sind sie schon da?“

Ma lachte jedes Mal. Sie wusste genau, dass in jedem Haus einer Ausschau nach dem Wagen hielt. Die Tanten und Kusinen hätten es noch vor Ma gewusst, wenn Teresa gekommen wäre.

„Elsie, hol die Papaya von der Veranda.“

„Elsie, hol Tomaten aus dem Garten.“

Elsie hol dies. Elsie hol das.

Elsie rannte hierhin und dorthin.

Trotzdem verging die Zeit nicht.

Dann hupte es plötzlich laut, alle Hunde in der Nachbarschaft bellten und kläfften, Türen knallten.

Teresa stand schon mitten in einem Menschenknäuel, als Elsie hinausgelaufen kam.

Teresa trug einen dunkelblauen Rock und einen dunkelblauen Pullover. Sie umarmte Elsie und lachte dabei. Sie roch anders.

Alle drängten ins Haus. Alle redeten durcheinander. Kleine Kinder brüllten. Ma rannte zum Herd und rührte so heftig in allen Töpfen, dass es auf die heiße Platte zischte und stank.

Den ganzen Tag über war ein Kommen und Gehen, ein Durcheinanderfragen und Durcheinanderreden.

Zwei Mädchen in Nigeria

Elsie ließ sich an den Rand drängen. Es fiel ihr auf, dass Teresa manchmal beim Erzählen stockte, ein Wort suchen musste und mit den Händen ruderte, als könnte sie es aus der Luft fangen wie eine Fliege.

Elsie wollte so vieles fragen. Sie wartete auf eine günstige Gelegenheit.

Als Ma am Abend Palmfaserfackeln anzündete, schnupperte Teresa wie ein Kaninchen und sagte: „Wie das riecht! Wie das riecht!"

Elsie wunderte sich. Wie roch das schon? Normal! Wie eben Palmfackeln rochen. Aber Teresa tat, als sei das etwas Besonderes.

Am nächsten Tag gingen Teresa und Elsie miteinander auf den Markt. Teresa rannte von einem Obsthaufen zum anderen, kaufte Papayas, Mangos, Kakipflaumen, frittierte Kochbananen, aß alles durcheinander und lachte, kaufte Bohnenbrei von der Uralten und kratzte den Teller leer und leckte sich die Lippen, als sei dieses Alltagsgericht das Köstlichste auf der Welt. Sie befühlte die bunten Stoffe, sie stand ewig lang vor den Muschelketten und sagte, so eine müsse sie unbedingt haben.

Elsie redete nur wenig.

Sie wollte sich vorstellen, wie das dort war, in Europa. Wie man dort lebte, weit weg von Ma und den Tanten und Kusinen und allen, die man kannte. Wie war das, wenn einem niemand zusah? Fühlte man sich da frei – oder fürchtete man sich?

Teresa steckte ihre Nase in eine Hibiskusblüte. Danach hatte sie einen gelben Fleck Blütenstaub auf der Nasenspitze.

Am Abend wollte sie ins Kino gehen. Sie war noch nie daheim im Kino gewesen, sagte sie. Eine Kusine und ihr Verlobter hatten sie eingeladen, zwei Cousins würden auch mitkommen. Pa verbot es ihr nicht direkt, aber er griff auch nicht in die Tasche und gab ihr kein Geld.

Teresa ging trotzdem.

Elsie konnte kaum glauben, dass die große Schwester wirklich so dumm war, dass sie nicht verstand, was der Vater gemeint hatte. Man ging doch nicht einfach abends ins Kino. Noch dazu ohne Eltern, durch die halbe dunkle Stadt. Da konnte wer weiß was passieren.

Als Teresa zurückkam, saßen alle stumm um den Tisch. Elsie hatte Herzklopfen. Teresa aber lachte, fing an zu erzählen, was sie gesehen hatte und wer noch im Kino gewesen war. Plötzlich fragte sie auch noch: „Was ist los? Was habt ihr?"

Elsie erwischte sich dabei, dass sie den Kopf schüttelte wie die alten Tanten, die Arme aus dem Schultergelenk schlenkern ließ und mit den Fingern schnalzte wie sie. Ttt Tttt. Neunzehn Jahre alt und so dumm? Die große Schwester, die immer die Beste oder zumindest die Zweitbeste in der Klasse gewesen war.

„Jetzt wissen wir, was du in Europa gelernt hast", sagte Pa. Teresa sah ihn fassungslos an.

Am nächsten Tag kamen Verwandte aus einem entfernten Dorf und belagerten Teresa mit immer neuen Fragen. Elsie merkte, dass Teresa keine besondere Freude daran hatte. Ihr Gesicht nahm einen merkwürdigen Ausdruck an, sie zog die Schultern vor, als ob ihr kalt wäre.

„Magst du nicht erzählen?", fragte Elsie.

„Doch. Nur ... das ist nicht so einfach ..."

„Bist du nicht gern dort?"

„Natürlich bin ich gern dort", antwortete Teresa.

Elsie glaubte ihr nicht recht.

Wenn das Zimmer überquoll von kleinen Kindern, die durcheinander wuselten, die durcheinander quiekten, die einem auf den Schoß krochen und einen an den Haaren zogen, dann strahlte Teresa. Und wenn die Tanten schwatzten und schwatzten über Dinge, die sie schon tausendmal und öfter beredet hatten, hörte Teresa zu, als sei das ungeheuer interessant.

Den blauen Rock und den blauen Pullover hängte sie in den Schrank. Sie nähte sich ein Kleid aus dem buntesten Stoff, den sie auf dem Markt fand. Elsies schickes schottisch kariertes Kleid aus dem Versandhaus machte keinen Eindruck auf sie.

Manchmal stand sie bloß da und schaute. In der Schule wollten alle wissen, was Teresa aus Wien erzählt hatte. Elsie musste die Geschichten selbst erfinden.

Am Ende der Woche fuhren sie zu den Großeltern aufs Dorf.

Elsie sah, wie Teresa mit den Fingern über die Palmfasern strich, die vor dem Haus aufgereiht waren.

Als sie zum ersten Mal Wasser holen ging, trug sie Schuhe, obwohl man auf den Stufen, die hinunter zur Quelle führten, so leicht ausrutschte. Später ging sie dann barfuß wie alle, aber sie ging, als hätte sie Angst, auf Dornen zu treten. Dabei waren doch gar keine Dornen auf dem Weg durchs Dorf. Der wurde jeden Tag sauber gefegt.

Auch jetzt, in den Ferien, hielt Ma Elsie zum Lernen an. „Du willst doch studieren!“

Elsie war nicht mehr so sicher. Die Schwester war lieb, aber in manchen Dingen kam sie ihr vor wie ein kleines Kind, das alles erst lernen muss – und gleichzeitig fremd und wissend.

Sonntag war Vollmond. Das ganze Dorf kam auf dem Dorfplatz zusammen. Es wurde getrommelt, gefidelt, gesungen und getanzt. Teresa sah eine ganze Weile nur zu. Dann lief sie in den Kreis und tanzte wie eine Besessene.

Plötzlich war sie verschwunden.

Elsie fand sie hinter der Hütte der Großeltern. Sie hatte die Stirn gegen eine Palme gelegt. Elsie stand eine lange Zeit neben ihr, bis sie sie endlich am Ärmel zupfte.

Teresa drehte sich erschrocken um, dann packte sie Elsie um die Mitte, hob sie hoch, schwang sie herum, stellte sie wieder auf die Füße und rief: „Komm tanzen!“

Ein kleines Mädchen konnte man vielleicht so herumwirbeln. Die quiekten dabei noch vor Vergnügen. Aber doch nicht eine Elfjährige! Elsie versuchte einmal mit Ma über Teresa zu reden.

Aber Ma schien sie gar nicht merkwürdig zu finden. Sie sagte nur: „Weißt du – das ist, wie wenn du im Fluss gebadet hast. Hinterher riechst du nach Fluss.“

Elsie verstand das nicht.

Anfangs, ja – da hatte Teresa fremd gerochen.

Aber jetzt nicht mehr.

Elsie lief zu den Kindern, die auf dem Dorfplatz Bockspringen spielten.

Am Abend dröhnten aus dem Nachbardorf Trommelschläge herüber. Aus allen Häusern und Hütten kamen Menschen gelaufen. Auch Elsie rannte.

Plötzlich hielt sie jemand fest.

„Was ist los?“, fragte Teresa.

„Hörst du doch!“

„Hören schon“, sagte Teresa.

„Dann komm!“, rief Elsie. „Die anderen sind alle schon da! Sie wollte nichts versäumen.

Teresa rührte sich nicht vom Fleck.

Hörte sie denn nicht, dass die Leute von der Mobilen Klinik im Nachbardorf eingetroffen waren? Morgen würden sie hierher kommen, da mussten Vorbereitungen besprochen werden, und hinterher würde es ein Fest geben. Einer der Ärzte war ein Neffe des alten Häuptlings, der …

Teresa stand da, Ratlosigkeit in den Augen. „Was ist mit dem Häuptling?“, fragte sie. „Ich verstehe die Trommeln nicht mehr.“

Elsies Scheu war plötzlich weg. Sie nahm Teresa an der Hand und führte sie zum Dorfplatz und übersetzte im Gehen, was die Trommel eben wiederholte.

Den Römern auf der Spur

Dagmar Scherf

Die Teufelsmauer

An einem schönen Donnerstagmorgen ging Gott am Waldrand spazieren, lauschte dem Gesang eines Buchfinken, pflückte ein Maiglöckchen und wollte gerade eine Heuschrecke in die Hand nehmen, als es in dem Brombeerstrauch neben ihm laut raschelte. Er blickte genauer hin und sah, wie der Teufel sich mühsam aus den Dornen herauswand und auf ihn zukam.

„Oho", sagte Gott, „du bist also auch hier! Findest du den Tag nicht auch ganz herrlich?" Der Teufel leckte sich die aufgerissene Haut, blinzelte in die Sonne und dann zu Gott herüber.

„Na ja", sagte er, „das ist ja alles ganz schön hier so am Waldrand, ich frage mich nur, warum du den Brombeeren Dornen gemacht hast und überhaupt …" Er ließ Gott gar nicht zu Wort kommen, sondern redete immer schneller und wütender weiter: „Du behandelst mich sehr, sehr ungerecht! Denn du beherrschst die ganze Welt, das heißt, du behauptest, dass sie ganz und gar dir gehört. Das ist aber überhaupt nicht wahr. Meine Macht über die Menschen wird immer größer, schau doch, wie sie sich gegenseitig hassen und umbringen, wie einer dem anderen das letzte Stück Brot wegnimmt, wie sie saufen und fluchen und faulenzen und – wenn sie schon arbeiten oder andere für sich arbeiten lassen: Schau nur, wie sie dir deine schöne Natur kaputtmachen …"

Gott seufzte laut und vernehmlich, wollte etwas sagen, aber der Teufel redete gleich weiter und machte dabei immer größere und stolzere Schritte, dass Gott kaum noch mitkam.

„Das alles ist mein Werk, das weißt du genau, und ich habe schwer geschuftet dafür! Jetzt bin ich ein König geworden hier auf der Erde, aber – ein König ohne Land, ohne Schloss, ohne Prunk und Pracht, die doch einem König zustehen. Das ist ungerecht, das widerspricht aller Logik!!" Der Teufel blieb stehen, stampfte mit seinen Hufen auf, dass der Erdboden zitterte, und sah Gott herausfordernd an.

„Gut, gut", sagte Gott besänftigend und dachte bei sich: „Jetzt muss ich mir etwas Schlaues einfallen lassen!" Er kratzte sich in seinem langen weißen Bart, blickte sinnend über die Felder, während der Teufel ungeduldig mit dem Schwanz wedelte. „Pass auf, du kannst so viel von dieser Erde haben, wie du willst …", sagte Gott. Als der Teufel das hörte, machte er einen Luftsprung. „… aber", fuhr Gott fort, „du sagst ja selbst, dass du dir deine Macht unter den Menschen aus eigener Kraft geschaffen hast. Darum musst du dir auch das Land, das du haben willst für deinen Königssitz, selbst erarbeiten: Das Stück meiner Erde, das du in einer Nacht vom Sonnenuntergang bis zum ersten Hähnekrähen mit einer geschlossenen Mauer umgeben kannst, das soll dir gehören!"

Spuren des Limes, der ehemaligen römischen Grenzmauer, in der Landschaft in Süddeutschland

Der Teufel packte Gott kurz bei der Hand, rief: „Topp – es gilt“, und rannte mit einem laut jaulenden Jubelschrei davon.

Gott rief ihm nach: „Denk dran, die Mauer muss geschlossen sein bis zum Hahnenschrei, sonst gilt unser Vertrag nicht!“

Der Teufel aber war schon über alle Berge, pfiff dreimal laut gellend auf den Fingern und war bald von einem großen Haufen seiner Diener umgeben. Da wimmelte es von lang und kurz geschwänzten Teufeln, von krummen und geraden Hörnern, von rötlichen und kohlrabenschwarzen Gesichtern. „Hört her“, schrie der Teufel und sprang auf einen Felsbrocken, „endlich hat der Herr des Lichts eingesehen, wie viel Macht ich hier auf Erden habe, endlich hat er zugegeben, dass ich für meine vorbildliche Arbeit auch einen Lohn haben muss, endlich gönnt er mir ein riesiges eigenes Königreich!“

Die Teufelsdiener johlten und klatschten Beifall, doch ihr Herr unterbrach sie barsch: „Aber das bedeutet eine Nacht lang harte Arbeit für euch! Wenn ihr es schafft, sollt ihr auch königlich dafür belohnt werden.“ Und er erklärte ihnen die von Gott gesetzten Vertragsbedingungen.

Als die Abendglocke von Oberhochstatt verklungen war, sauste der gesamte Teufelshaufen ins Tal und fing an zu mauern. Die Diener schleppten Steine, Mörtel und Sand an, ihr Herr dirigierte und trieb sie an: „Hier weiter, den Bach entlang, los, los, neue Steine, Mörtel drauf, so, jetzt den Berghang hoch …“

Die Diener flogen nur so hin und her, die Mauer wuchs und wuchs und war schon bald ein langes, helles Band, das im Mondschein leuchtete. Der Teufel heulte ein paarmal vor Begeisterung laut auf und hüpfte, während seine Diener fieberhaft arbeiteten, mit riesigen Sprüngen die Mauer entlang. „Macht weiter, weiter, immer geradeaus, nehmt den nächsten Wald auch noch mit und die Wiese dort und dann auch noch Höttingen …“

Als die Mauer schon über Höttingen hinausgewachsen war und die Diener nun allmählich einen Bogen bauen wollten um den Ring so langsam zu schließen, schrie der Teufel: „Weiter, weiter geradeaus, wir schaffen auch noch Weißenburg, nein – ganz Franken schaffen wir, ganz Franken soll mein Reich werden!!“ Und er johlte und polterte vor Begeisterung. Die Diener arbeiteten wie wild, schleppten gleich ganze Felsbrocken heran, schütteten eimerweise Mörtel darauf, setzten den nächsten Felsbrocken daneben …

Als gerade einer der lang geschwänzten Diener einen besonders schweren Steinbrocken aus der Solnhofener Gegend angeschleppt brachte, klang von Theilenhofen herüber das dünne Krächzen eines jungen Hähnchens. Das war zwar kaum zu hören, aber es war doch laut genug, um die anderen Hähne zu wecken, und bald krähte es aus allen Himmelsrichtungen.

Da packte den Teufel eine solche Wut, dass er mit einem fürchterlichen Schlag die Mauer umwarf und unter Donnern und Blitzen, gefolgt von seinen höllischen Maurergehilfen, verschwand.

Volksgut

Eine andere Sage über den Ursprung der Mauer

Ein Graf von Oettingen hinterließ zwei Söhne, Zwillinge, als er rasch starb. Die Erbfolge war nicht geregelt. Jeder von den beiden wollte regierender Graf werden. Es kam zum Kriege und da beide Söhne gleich viele Anhänger hatten, verlief der blutige Bruderkampf ziemlich ergebnislos. Bald siegte die eine Partei, bald die andere. Schließlich einigten sich die Kämpfenden dahin, dass sie die väterlichen Erblande teilen wollten. Um in Zukunft einen Streit zwischen den beiden und ihren Nachfolgern über den Besitz unmöglich zu machen, beschlossen sie eine hohe Mauer zu bauen, die das Land in genau zwei Teile trennen sollte. Als dann bald der eine Bruder kinderlos starb, ließ der andere die Mauer wieder größtenteils abtragen, um die Einigung des Reiches auch wieder äußerlich zu kennzeichnen. Darum ist jetzt auch die Mauer nicht mehr in ihrer ursprünglichen Höhe und Stärke zu sehen.

Volksgut
Die Teufelsader

Da man begann den Kölner Dom zu bauen, verdross es den Teufel mächtig. Der Teufel nahm daher Menschengestalt an, trat mit List zu dem Baumeister und sprach zu ihm: „Du übernimmst ein unausführbar schweres Werk! Was wettest du, dass ich eher einen Kanal lege vom Eifelgebirge bis nach Köln, ehe du deinen Bau vollendest? Einen Kanal, mittels dessen dieser Stadt Trinkwasser zufließen kann. Und ich meine fast, solcher Kanal wäre der Stadt nützlicher als noch eine Kirche zu den vielen, die Köln schon hat." – „Was soll ich wetten?", fragte der Baumeister. – „Wir wetten, dass der von uns sein begonnenes Werk alsbald einstelle, es sei vollendet, so weit es wolle, wenn das des anderen als vollendet erscheint." Der Dombaumeister ging den Vertrag ein und beide begannen ihr Werk. Hoch und höher wuchs der Dombau, nah und näher rückten von der Eifel aus die Säulen einer gewaltigen Wasserleitung. Da – als die Domtürme die Höhe des Krans erreicht hatten, da stand der Baumeister oben auf dem Gerüst und blickte hinab. Da sah er zu seinem Schrecken das Werk vollendet: Der Kanal war bis an den Dom herangerückt. Noch war er wasserleer; da schien in der Ferne ein weißer Punkt sich zu bewegen, näher und immer näher, und da kam das Wasser brausend geschossen und auf dem Wasser schwamm eine weiße Ente. Als der Baumeister sich überwunden sah, stürzte er sich von der Höhe des Turmes und des Baugerüstes in die Tiefe hinab und sein treuer Hund, der ihm auf das Gerüst gefolgt war, sprang ihm nach. Nimmer konnte der Dom vollendet werden. Aber auch jene Wasserleitung brach die mächtige Hand der Zeit. Das Volk nennt ihre Trümmer die Teufelsader.

Überreste der römischen Wasserleitung, die von der Eifel nach Köln führte

Alice Ammermann / Tilman Röhrig

Archäologen bei der Arbeit

Wenn wir wissen wollen, wie der Alltag eines Kindes vor 20 Jahren ausgesehen hat, können wir ältere Menschen fragen oder wir besorgen uns aus dem Archiv Zeitungen von jener Zeit. Schauen wir uns dann noch Ausschnitte aus Wochenschauen und Fernsehsendungen an, so können wir uns ein sehr gutes Bild davon machen, wie man damals gekleidet war, wie man tanzte und feierte, worüber man trauerte, welche Probleme zu lösen waren.

Um zu erfahren wie es vor 200 Jahren bei uns aussah, müssen wir schon größere Anstrengungen unternehmen. Film und Fotografie waren Anfang des 19. Jahrhunderts noch nicht erfunden. Aber es wurden Bilder gemalt. Kupferstiche zeigen uns, wie damals gebaut wurde, und manche Häuser aus dieser Zeit stehen noch in den Straßen zwischen den Bauten späterer Jahrhunderte. Kleider, noch gut erhalten, sind im Museum anzuschauen, ebenfalls die Gegenstände des täglichen Gebrauchs. Tagebücher, Briefe, Urkunden geben zahllose Hinweise, wie wir uns das Leben um 1800 vorzustellen haben.

Aber gehen wir einmal nicht 20, nicht 200, sondern 2000 Jahre zurück. Von damals ist wenig übrig geblieben: Trümmer, Mauerreste, halb verfallene Bauten, Scherben, Münzen, Schmuck, Knochen – das alles oft metertief im Erdreich verborgen.

Die Männer und Frauen, die Scherben und Reste, Abfälle und Münzen, Schmuck und Waffen früherer Jahrhunderte ausgraben, die diese Gegenstände so getreu wie möglich wieder herstellen lassen und die dann Alter und Bedeutung dieser Gegenstände bestimmen, nennen sich Archäologen.

Ihre Wissenschaft ist die Archäologie. Dieses griechische Wort bedeutet so viel wie ‚die Kunde von den Anfängen, von den frühen Dingen'. Mit Hacke und Spaten graben die Archäologen dort, wo sie mit Funden rechnen. Vermutet man wichtigere, eventuell leicht zerstörbare Reste in der Erde, wird mit feineren Werkzeugen – etwa mit einem Spachtel – vorsichtig die Erde abgetragen. Reste von Knochen und Tonwaren werden zunächst mit der Hand oder mit der Bürste gesäubert und in Kisten gesammelt.

Jeder Fund wird notiert und in einen Plastikbeutel mit genauer Beschreibung der Fundlage verpackt. Im Museumslabor werden dann alle Stücke grob sortiert, gleiche Materialien oder Stücke mit ähnlichen Merkmalen einander zugeordnet. Dabei hilft eine Skizze, auf der der genaue Fundort der Einzelteile vermerkt ist.

Jeder Fund wird ernst genommen, auch der unscheinbarste, denn die Archäologen von heute suchen nicht mehr nach sagenhaften Tempeln

Archäologen bei einer Ausgrabung

und Kunstschätzen wie ihre Kollegen vergangener Jahrhunderte. Sie wissen, dass sich aus einer Abfallgrube mehr Informationen über den Alltag der damaligen Bewohner ermitteln lassen, als aus dem kostbaren Armreif eines Statthalters.

Ähnlich einer heutigen Müllhalde enthalten Abfallgruben alles, was von den Menschen vergangener Zeit als unbrauchbar weggeworfen worden war. In diesen Resten kann der Archäologe lesen wie in einem Buch: Topfscherben geben Auskunft über Form, Verzierung und Alter der Gefäße; Bruchstücke von Stein- oder Metallgeräten zeigen, welche Werkzeuge und Waffen verwendet wurden und welche Formen sie hatten, vielleicht auch, ob sie Erzeugnisse eines mehr kriegerischen Volkes oder einer eher friedlichen Bevölkerung von Bauern und Hirten waren. Tierknochen in den Abfallgruben lehren, welche Haustiere man hielt und welche Tiere als Jagdbeute in die Siedlungen gelangten – wie man sich ernährte. Verkohlte Getreidekörner verraten schließlich, welche Getreidesorten in der Vorzeit angebaut wurden.

Brandspuren und Metallreste im Boden erzählen die Geschichte einer Belagerung und ihrer Verteidiger. Häufig findet man bei einer Ausgrabung dicke, waagrecht verlaufende Brandschichten, die entweder durch den von Brandhitze durchglühten Lehm rot oder durch angekohltes Holz schwarz gefärbt sind. Sie geben Kunde von Brandkatastrophen, Belagerungen und anderen Ereignissen, die den Platz, der gerade ausgegraben wird, in der Vergangenheit in Schutt und Asche legten.

Aus einem Geschichtsbuch

Der Limes

Römischer Legionär

Die Römer nannten die Grenze zum Germanenland Limes. Anfangs war dieser Limes nur ein Grenzweg, auf dem römische Soldaten Streife gingen. Weil die Germanen aber, wie uns ein römischer Schriftsteller berichtet, aus ihren Wäldern heraus immer wieder ins Römerland einfielen, wurde der Limes auf Befehl des Kaisers befestigt und immer stärker ausgebaut.

Vom Main bis zur Schwäbischen Alb führte der Limes fast schnurgerade über Berg und Tal durch das Gelände. Er schützte hier die römische Provinz Obergermanien. Deshalb heißt er *obergermanischer Limes*. Rund 100 km Palisadenzaun*, Graben und Wall waren von den Soldaten zu bauen. Hinter dem Wall wurden in Sichtweite 267 Wachtürme errichtet. Auf diesen Wachtürmen beobachteten 4 bis 5 Mann Tag und Nacht die Grenze. Bei Gefahr wurden Rauch- und Feuerzeichen oder Hornsignale von Turm zu Turm weitergegeben. In Notfällen erhielten die Wachsoldaten Verstärkung aus dem nächstgelegenen der acht hinter dem Limes erbauten Kastelle. Bei Lorch begann die römische Provinz Rätien. Hier wurde die Grenze mit einer 2 bis 3 m hohen Steinmauer und Wachtürmen geschützt. Dieser Teil des Limes verlief etwa 80 km nach Osten bis zur Donau bei Regensburg. Er wird *rätischer Limes* genannt. An verschiedenen Punkten des Limes gab es Grenzübergänge. Hier wurde der Personen- und Warenverkehr zwischen den Römern und Germanen überwacht. Die Germanen konnten Gefäße aus Ton und Glas, Schmuck sowie allerlei Werkzeug und Geräte aus Metall brauchen. Römische Händler kauften umgekehrt bei den Germanen vor allem Vieh, Pelze, Honig, Bienenwachs und Bernstein.

Obwohl der Limes schon seit vielen hundert Jahren zerstört ist, sind seine Spuren noch heute zu finden. Reste von Wall und Graben haben in den Wäldern die Zeit überdauert. Die Grundmauern vieler Wachtürme sind noch im Erdreich verborgen. Flurnamen und Sagen, Grenzen und Straßen erinnern an die rund 200 Jahre, in denen ein Teil unseres Landes eine Provinz des Römischen Weltreiches war.

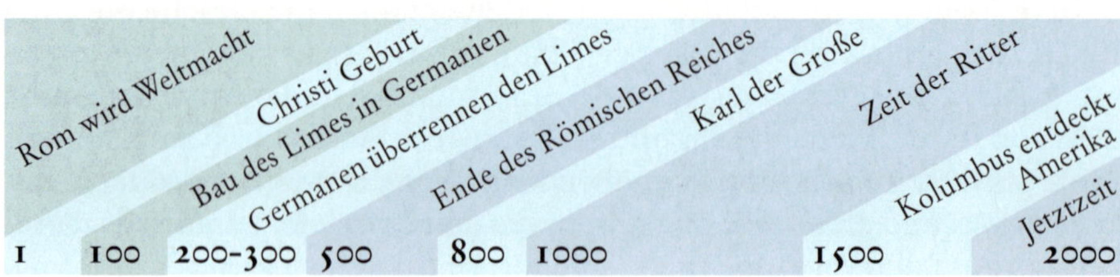

Aus einem Geschichtsbuch

Auf dem Lande

Das von den Römern eroberte Land gehörte zunächst einmal dem Kaiser. Dieser verpachtete es in Teilstücken an ehemalige Offiziere und Soldaten oder auch an Einheimische, die sich dann dort mit ihren Familien niederließen.

Die meisten Gutshöfe im Lande lagen an trockenen Hängen mit Wasser in der Nähe. Sie bestanden aus einem Herrenhaus, das zwei bis drei Stockwerke hoch sein konnte und dessen Vorderfront eine säulengetragene Vorhalle schmückte. Einzelne Räume waren beheizbar und mit Fußbodenmosaiken ausgeschmückt. Selbstverständliches Zubehör, oft auch der kleinen Gehöfte, war ein Privatbad, das entweder im Haus selbst untergebracht oder gesondert gelegen und mit dem Haupthaus durch einen Gang verbunden war. Zum Gutsbetrieb gehörten Nutzbauten wie Gesindehäuser*, Getreidespeicher, Scheunen, Ställe und Werkstätten. Das Ganze war mit einer Mauer von ca. 2 m Höhe zum Schutz gegen wilde Tiere und Räuber umgeben.

Die Römer hatten große Kenntnisse in der Landwirtschaft. Sie benutzten Geräte wie Hacken, Spaten, Sicheln, Pflugscharen aus Eisen. Sie düngten den Boden mit Kalk, Asche und Viehdung. Neben neuen Obst- und Gemüsesorten brachten sie auch den Weinanbau mit.

Römische Villa auf dem Lande (Zinnfigurendiorama, Limesmuseum Aalen)

Aus einem Geschichtsbuch

In den Städten

Römische Siedlungen, aus denen dann Städte entstanden, bildeten sich im Schutz der Kastelle, an Straßenkreuzungen und anderen verkehrsgünstigen Lagen oder auch in der Nähe von Heilquellen. Wie in Rom gab es dort bald gepflasterte Straßen, Häuser mit Kanalisation und Wasser-

Anzeige

IHR TOR ZUR

Aus Anlass der 30. Wiederkehr der Erhebung des Altars der Ubier* zur Colonie durch Kaiser Claudius machen wir auf die nach wie vor hervorragenden Ansiedlungsmöglichkeiten in der CCAA (Colonia Claudia Ara Agrippinensium*) und im Umland aufmerksam.

Als Bürger unserer Stadt haben Sie die gleichen Rechte wie als Bürger von Rom. Wo sonst finden Sie eine Stadt, die so verkehrsgünstig an den Ufern des mächtigen Rheinstroms liegt und über einen sicheren Hafen verfügt. Bonna im Süden, Novaesium (im Volksmund „Neuss") im Norden und Aquisgranum (im Volksmund „Aachen") mit seinen warmen Quellen im Westen sind über gut ausgebaute Straßen in bequemen Tagesreisen zu erreichen. Leder-, Töpfer-, Metall- und vor allem Glaswaren „made in CCAA" sind weit über die Grenzen der Provinz hinaus bekannt und beliebt.

Obwohl die Erhebung zur Hauptstadt der Provinz Niedergermanien erst geplant ist, verfügt die Stadt mit Arena, Theater, Thermen, Forum*, überdachten Einkaufsstraßen und eleganten Geschäften mit Luxusgütern aus allen Teilen des Reiches schon jetzt über alle Annehmlichkeiten einer Provinzhauptstadt. Die Rheinfront mit dem Tempel des Jupiter* auf dem Kapitolshügel*, dem Theater, dem Marstempel* – hier bewahren wir das Schwert von Julius Caesar auf –, dem Prätorium, in dem der Stadthalter seine Residenz hat, und dem Mercurius-Augustus-Tempel sucht an Schönheit und Pracht ihresgleichen.

Die Trinkwasserversorgung erfolgt über einen sechs Meilen langen Aquädukt*, durch den frisches Quellwasser herangeführt wird. Ein über 50 Meilen langer Aquädukt ist in der Planung. Er wird Wasser aus der Eifel heranführen und die Anlage öffentlicher Wasserspiele ermöglichen. Für gewerbliche Zwecke steht genügend Bachwasser zur Verfügung.

Keine Gefahr droht von den Germanen auf der anderen Rheinseite. Vor über 70 Jahren war der schwarze Tag, an dem Varus mit seinen Legionen von hier aufbrach und im Teutoburger Wald von den Germanen unversorgung, Marktplätze, Tempel, Theater, Zirkusanlagen. Sehr beliebt waren die *Thermen*, die geheizten Badehäuser. Man konnte dort heiß und kalt baden, schwitzen, sich massieren lassen, Gymnastik treiben. Immer traf man Bekannte, der neueste Klatsch wurde weitergetragen, auch Geschäfte wurden abgeschlossen. Oft waren den Thermen Bibliotheken und Gaststätten angeschlossen. *Wasserleitungen* brachten über viele Kilometer sauberes Quellwasser für die Thermen und den übrigen Verbrauch der Bevölkerung.

ZUKUNFT

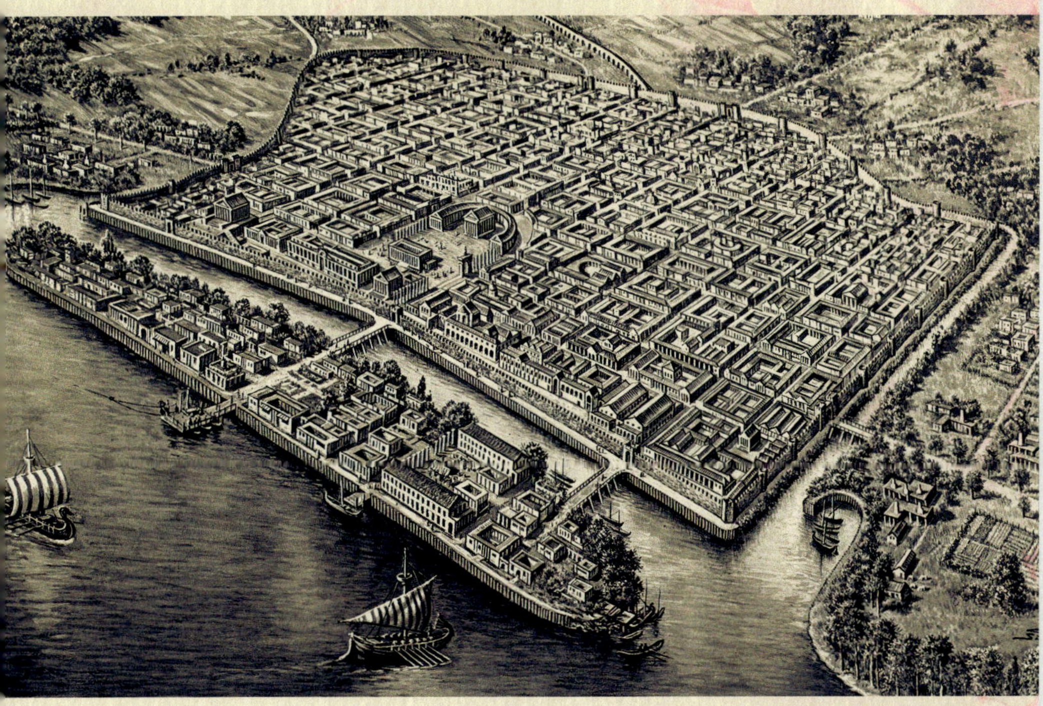

ter Führung des verräterischen Arminius vernichtend geschlagen wurde. Seither hat sich vieles verändert. Mit den Ubiern, die in der Stadt und im Umland leben, verbindet uns eine traditionell gute Freundschaft. Vor den übrigen Germanen schützen uns der Rhein und unsere neue mächtige und prächtige Stadtmauer mit ihren 28 Türmen und neun Toren. Außerdem sichern die besten Legionen des Reiches im Norden und Süden unserer Stadt die Rheingrenze. Insgeheim bewundern die Germanen ohnehin unsere feine Lebensart, und der Handel mit ihnen ist ein weiterer einträglicher Grund sich hier niederzulassen.

Tilman Röhrig

Auf dem Markt

Das Schreien der Marktleute ist schon von weitem zu hören. Mühsam rückt der Germane seine hochbeladene Kiepe* zurecht. Sie ist mit Fellen bepackt und an beiden Seiten baumeln pralle Lederbeutel mit Met*, von seiner Frau und den Töchtern selbst gebraut. Seit zwei Tagen ist er mit seinen drei jüngsten Kindern unterwegs. Heute Morgen hat er mit seinem Karren das Stadttor erreicht, aber die Wachen haben ihn nicht hereingelassen. Tagsüber dürfen nur militärische Wagen oder Karren mit Baumaterialien auf den Straßen der Stadt fahren. Also musste er sämtliche Waren in die Kiepe umladen, den ältesten Jungen beim Ochsenfuhrwerk zurücklassen und alles zu Fuß auf den Marktplatz schleppen. Töpfe, Becher, Öllampen und Krüge will er eintauschen.

Das Handeln und Feilschen ist in vollem Gang. Seine beiden Kinder laufen voran. Der Germane sieht, wie seine kleine Tochter an der kostbaren Tunika* einer reichen Römerin zupft. Na ja, die Kinder erbetteln sich ein paar von diesen Münzen. Der Germane grinst vor sich hin und schaut sich mehrere Stände der Tonwarenhändler an. Neben dem Ölstand hat der Tonwarenhändler Antonius seine Waren aufgestellt. Der Germane schiebt sich durch die Menge, vorbei an dem Früchtestand. Solches Obst hat der Germane noch nie gesehen. Es ist bunt und der Händler preist es mit lauter Stimme an. „Herrlich süße Birnen! Große saftige Trauben! Nüsse aus der neuen Ernte!“

‚Äpfel kenne ich ja‘, denkt der Germane, dann hat er den Stand des Antonius erreicht. Julius, der Sohn des Antonius, lehnt mit dem Rücken an einem Holzbalken. Er hält sich mit beiden Händen die linke Gesichtshälfte und jammert leise vor sich hin. Seit zwei Tagen kann er nicht mehr richtig kauen. Jede Bewegung mit dem Unterkiefer ist eine Qual. Der Schmerz pocht bis in den Hinterkopf. „Vater! – Au – beim Jupiter*!“ Antonius wendet kurz den Kopf. „Warte, Julius, ich bedien noch rasch den Kunden hier, dann geh’ n wir zum Medicus.“

Der Germane zeigt auf die Kannen. „Davon bekomme ich zehn. Und eh … zwanzig Becher. Und hier von den Öllampen auch noch zehn, na ja, und fünf Schüsseln.“

Julius hat die große Bestellung mit angehört. Er vergisst für einen Moment seine Zahnschmerzen. Sein Vater überschlägt schnell den Preis. „Das macht zusammen …“

Weiter kommt er nicht. Der Germane winkt ab. „Wir bieten vier Bärenfelle, zwei Geweihe und drei Lederbeutel voll mit Met.“

Antonius schüttelt bedauernd den Kopf. „Ich verkauf nur gegen Geld, ich tausche nicht.“

Im ersten Moment sieht ihn der Germane verständnislos an. Dann beginnt er zu fluchen, erst auf Antonius, dann auf die Römer und ihre neuen Methoden. Seine Felle sind doch besser als diese lumpigen Münzen! Aber Antonius zuckt bedauernd mit den Schultern. „Verkauf erst mal deine Felle, dann kannst du bei mir die Kannen, Lampen und was du sonst noch brauchst bekommen."

Der Germane will nicht aufgeben: „Die Felle sind besonders kostbar. Sie sind so dicht, das gibt's nur ganz selten! Hier fühl mal!"

Aber Antonius lässt sich nicht beeindrucken. „Lieber Mann, versteh doch […], ich verkaufe meine Waren nur gegen Geld. Da kann mich so leicht auch niemand übers Ohr hauen!"

Der Germane packt seine Felle wieder in die Kiepe und ruft nach seinen Kindern. […]

Julius sieht seinen Vater fragend an. Er hätte die Waren gegen die Felle eingetauscht. Doch Antonius schüttelt den Kopf. „Die Zeiten sind im ganzen Römischen Reich endgültig vorbei. Das ist für alle nur von Vorteil, nicht nur für die Händler." Dann ruft Antonius seinen Gehilfen Rectus. Rectus ist siebzehn Jahre alt, er hat krause Haare und, wie Antonius immer sagt, auch krause Gedanken. „Rectus, ich geh mit Julius rasch mal rüber zum Stand des Medicus. Bleib du jetzt hier."

Am gegenüberliegenden Ende des Marktplatzes hat der Medicus seinen Stand aufgebaut. Auf dem flachen Tisch sieht man neben großen und kleinen Messern, Zangen und Pinzetten verschiedene Flaschen und Töpfe mit Betäubungsmitteln, Wundsalben und Tinkturen.

Auf der Plattform direkt hinter dem Medicus warten in schweren Fußketten die Sklaven, die der Statthalter verkaufen lässt. Sie sind für den Bauunternehmer bestimmt, der sich von den Sklaven die kräftigsten Männer aussucht, um sie dann an die Straßenbautrupps weiterzuverkaufen. Bevor der Bauunternehmer einen Mann kauft, lässt er ihn gründlich von dem Medicus untersuchen. Gerade reißt der Gefangenenwärter einem Mann den Mund auf, der Medicus nimmt eine schmale Zange, und ohne auf das Jammern des Sklaven zu achten, zieht er ihm einen Backenzahn. Schmerzvoll schreit der Gefangene auf.

Julius fasst die Hand seines Vaters. „Bitte, Vater. Ich – ich hab überhaupt keine Schmerzen mehr. Bitte, lass uns gehen."

Antonius legt lachend den Arm um die Schulter des Jungen. „Also gut. Sehen wir uns noch ein bisschen um, aber dann soll sich der Medicus den Zahn wenigstens mal ansehen!"

Inzwischen ist der Germane wieder zum Stand des Antonius zurückgekehrt. Er vergewissert sich, dass der Tonwarenhändler selbst nicht da ist. Die Gelegenheit scheint günstig zu sein.

Der Gehilfe Rectus grüßt freundlich und fragt: „Braucht ihr Öllampen? Hier stehen sie in allen Größen!"

Der Germane grinst: „Na, willst du ein Geschäft machen? Dein Herr wird stolz auf dich sein."

Rectus kratzt sich vor Aufregung am Kopf. „Was für ein Geschäft?"

Jetzt greift der Germane mit beiden Händen die Trägergurte seiner Kiepe, nimmt den schweren Korb vom Rücken und stellt ihn direkt vor Rectus hin. „Siehst du", der Germane hält ein großes Fell hoch, „diesen Bären hab ich selbst erlegt." Rectus sieht den Germanen mit großen Augen an. Der Germane legt Rectus das Fell um die Schultern. „Für das Fell bekommst du zwanzig, ach, was sag ich, dreißig Sesterzen."

Jetzt legt der Germane dem staunenden Rectus noch zwei Felle um die Schultern. Der Gehilfe kann sich unter dem Gewicht kaum aufrecht halten. „Und nun begießen wir das Geschäft mit einem ordentlichen Schluck." Der Germane reicht dem verblüfften Rectus einen Beutel mit Met. „Na, komm, trink, trink so viel du willst!"

Rectus öffnet den Verschluss und setzt den Beutel an die Lippen.

„Trink nur. Ich räum inzwischen diese Becher ein, ein paar Kannen, die Öllampen und die Krüge." Damit greift der Germane gleich zwei Kannen und stellt sie vorsichtig in seinen Tragekorb.

Rectus will protestieren. „Also – ich weiß nicht, ich soll eigentlich gar nicht … Willst du nicht einen Augenblick warten. Mein Herr kommt sofort wieder zurück. Dann …" Der Germane lässt ihn nicht ausreden, drückt ihm noch den zweiten Beutel mit Met in die Hand und besteht darauf, dass Rectus zuerst einmal auf das Wohl seines Herrn trinkt.

Nachdem Antonius und sein Sohn den Schaustellern, den Pantomimen und Rednern zugeschaut haben, erreichen sie wieder den Stand des Medicus. […] Aufmunternd lächelt der Medicus Julius zu, klopft mit einem silbernen Stab die Zahnreihen ab. Plötzlich zuckt Julius zusammen.

„Aha! Da haben wir ja den Übeltäter. Ja, der muss raus!"

Der Medicus schaut den Jungen mitleidig an und wendet sich an den Vater. „Können Sie ein Betäubungsmittel bezahlen?"

„Natürlich, selbstverständlich", meint Antonius erleichtert.

Julius will aufstehen. „Betäubung mit dem Hammer?"

Der Medicus lacht. „Mit einem Hammer – nein! Ich bin doch kein Barbar. Du beißt jetzt auf dieses Kraut hier, es ist Mandragora und nach kurzer Zeit ist dein Kiefer betäubt!" Aufatmend lehnt Julius sich zurück. Der Medicus steckt Julius das Betäubungsmittel in den Mund, und nach wenigen Minuten kann er den kranken Backenzahn ziehen, ohne dass Julius viel Schmerzen spürt. Antonius bezahlt dem Medicus vier Sesterzen für das Zahnziehen und noch einmal zwei Sesterzen für das Betäubungsmittel und geht dann mit Julius zu seinem Verkaufsstand zurück. Entsetzt bleibt Antonius vor dem leer geräumten Verkaufstisch stehen. Rectus sitzt mit untergeschlagenen Beinen auf einem Bärenfell. Die zwei anderen hat er sich um die Schultern gelegt. Einen leeren Metbeutel hält er in der Hand. Als Rectus seinen Herrn sieht, lallt er selig: „Herr Antonius! Ich, ich hab das beste, das beste Geschäft gemacht, jawohl, seht nur!" Damit kippt Rectus einfach um und schläft sofort ein.

Otto Zierer

Waffenschmuggler am Limes

Wo von den Ausläufern des Waldgebirges ein holpriger Knüttelweg zum breiten Tal der Donau herabzieht, gewinnt man den ersten freien Überblick über Ebene und Römerstadt. Hier hält Guntram, der Führer der Kolonne, den vordersten Karren an. Die Ochsen unter den schweren Jochen kommen zum Stehen. Der riesengroße Frigiso gibt seinem Gaul die Fersen zu spüren und trabt nach vorn.

„Was ist los, Guntram? Warum hältst du?"

Der Pfadfinder deutet wortlos nach Südwesten. Jetzt erkennt auch Frigiso den dunstigen Schattenriss der römischen Lagerstadt. Das große, von Wall und Graben, Torwerk aus Ziegelgemäuer und hölzernen Wachtürmen umgebene Viereck auf der rechten Stromseite, gleich hinter der mächtigen Pfahlbrücke, muss die Festung Castra Regina oder nach germanischer Redeweise Regensburg sein.

„Eine mächtige Festung!", brummt einer der bärtigen Wäldler und kratzt sich den zotteligen Kopf. Er stammt aus der Gegend und weiß Bescheid. „Dort liegt die ganze dritte römische Legion, fast fünftausend Mann, in den Kasernen! Sie sind erst neu an die Donau verlegt, seit es im Wald so unruhig geworden ist."

„Wie werden wir mit der Grenzkontrolle zurechtkommen?", fragt der rotlockige Frigiso bedenklich.

„Nur ruhig, Frigiso!", beschwichtigt Guntram. „Tut nur alles mir nach!"

Zwei Stunden später holpern die Karren von dem Ziehweg auf die schön gepflasterte Römerstraße, die zur Brücke führt.

Vor dem dumpfen Gewölbe der ziegelgemauerten Porta (Pforte) liegt der Sperrbalken. Römische Wachsoldaten kommen aus den Kammern und fragen nach dem Woher und Wohin. Guntram kennt einige von den Römern und begrüßt sie freundlich. Er geht von Karren zu Karren, schlägt die Planen zurück und zeigt bereitwillig, was die Wagen geladen haben: Leder, Pelze, Wachs, Honig, etwas Linnen und Bernstein.

„Und wohin fahrt ihr?", will der römische Soldat wissen.

„Zu Markte, mein Freund! Und dann weiter nach Abbach, wo die großen römischen Ziegeleien sind. Wir wollen Ziegelsteine einkaufen. Unser Gaugraf gedenkt sich ein großes Haus nach Römerart zu bauen!"

„Ist schon recht!", lacht der Römer, „wird auch Zeit, dass ihr etwas Kultur von uns lernt!"

Die Germanen nehmen den Scherz nicht übel. Sie wissen ja, dass es bei den Römern viel zu lernen gibt. Wohin sie nur schauen, sehen sie Dinge, die Rom ins Land der Bauern und Wäldler gebracht hat: die steinernen Mauern, die Ziegelwände, die Fenster, Pforten, Kammern, den Kalk zum

Germanen an einem Limestor (Zinnfigurendiorama, Limesmuseum Aalen)

Vermörteln, die Speicher und Keller; und dort drüben die edleren Obstsorten im Garten: Pflaumen, Kirschen, Birnbäume und die kärglich gedeihenden Weinstöcke an der Sonnenseite! Selbst das Gärtchen am Wassergraben ist ein Zeugnis römischer Geschenke; denn da stehen Zwiebeln, Rettiche, Kohlköpfe und Artischocken.

Guntram zeigt sich von seiner besten Seite. Als die Kontrolle beendet ist, legt er einige römische Silberdenare in die Hand der Feldwebel und sagt, die römischen Soldaten sollten dafür aufs Wohl ihrer germanischen Freunde trinken. Dann fragt er, wann dieselbe Gruppe von Legionären wieder Dienst am Tor tue.

„Genau in sechs Tagen um diese Zeit", erwidert der Feldwebel.

„Dann auf Wiedersehen bis dahin!", ruft Guntram und schnalzt mit der Peitsche. „In sechs Tagen kommen wir mit Ziegelsteinen wieder. Dann müsst ihr nochmals auf unsere Gesundheit trinken!"

In Castra Regina oder Regensburg hat sich ein Kranz von Hütten und Werkstätten rings um das eigentliche Militärlager angesiedelt. Das Lager weist strenge Ordnung auf. Dort stehen die Kasernen in Reih und Glied. Ein Verwaltungsgebäude liegt in der Mitte, wo sich die zwei Hauptstraßen kreuzen, und an jeder Umgrenzung steht ein gemauertes Tor. Hier dürfen die Handelsleute nicht hinein.

Von der Eckfestung Regensburg aus verläuft der Grenzwall – nachdem er bis Kastell Eining der Donau gefolgt ist – über Berg und Tal als Wall, Graben und Turmkette bis hinauf zum Main. Regensburg ist daher nicht wie die Römerstädte des Hinterlandes ein kleines Abbild Roms, mit Rathaus, Forum*, Marktgebäuden, Tempeln und Bädern, sondern es gleicht einem großen Kriegslager. Die Häuser und Verkaufsstände der Händler und Schankwirte sind niedrig und fast armselig.

Dennoch finden die Germanen, was sie suchen. Gerne kauft ihnen ein römischer Aufkäufer ihre Waren ab und bezahlt dafür mit guten Silber- und sogar mit Goldstücken. Immer wieder fragen die Händler, ob denn Guntram und seine Gefährten nicht lieber römische Waren eintauschen wollten? Und sie zeigen, was in den Lagerschuppen an Herrlichkeiten der Mittelmeerwelt herumliegt.

Einige der Wäldler bekommen gierige Augen, wenn sie die glänzenden Spiegel, die Glasperlen, den glitzernden Schmuck, die schönen Schüsseln, Gläser, Tongefäße, verzierten Dolche und die feinen Stoffe sehen. Ein struppiger Blondschopf nestelt schon an seiner Halskette aus durchlochten Geldstücken, aber Guntram hält ihn zurück.

„Ein andermal!“, sagt er. Dann fährt die Karrenreihe der Germanen zur Siedlung hinaus und landeinwärts, wo ein Stück die Donau aufwärts die riesigen Ziegeleien von Abbach liegen.

Genau wie verabredet, rollen die Karren sechs Tage später wieder in die Torbogen der Porta Praetoria. Doch diesmal in umgekehrter Richtung: hinüber über den Strom und hinein in die Wälder.

Die Kontrolle ist kurz und oberflächlich. Ihre römischen Freunde sehen ja, dass auf Lagen von Stroh Ziegel und Dachpfannen geschichtet sind. Außerdem sind die Wächter begierig das Trinkgeld der Germanen beim Kneipenwirt anzulegen. Bald holpern und rattern die Karren auf den Holzbohlen der Brücke.

Der junge römische Rekrut Publius Macer denkt sich nicht viel, wie er das Klirren vernimmt, als die Ziegelfuhrwerke jenseits der Donau auf den Feldweg einbiegen. „Seltsam“, sagt er zu sich selber, „dass Ziegelsteine so klirren.“

In Wirklichkeit sind Frigiso und die Karrenleute Waffenschmuggler. Guntram, der Grenzgänger, hat den Markomannen* Frigiso zu einem römischen Händler gebracht, der entgegen dem strengen Verbot Schwerter, Speerspitzen und Panzer an die Germanen verkauft. Geld ist solchen Leuten wichtiger als die Sicherheit des Römerreiches.

Im Frühjahr 167 n. Chr. brechen plötzlich riesige Scharen gut bewaffneter Markomannen aus den Wäldern und überschreiten zwischen Passau und Wien den Strom. Römische Villen mit ihren Mosaikfußböden und prächtigen Sälen, Kastelle und blühende Städte gehen in Flammen auf. Jetzt muss Kaiser Marc Aurel von Rom mit einem Heer herbeieilen das Feuer zu löschen, das die Gewinnsucht der Händler mit entfachen half.

Cassius Dio

Die Schlacht im Teutoburger Wald

Im Jahr 9 nach Christus fand im Teutoburger Wald eine Schlacht zwischen den Legionen des römischen Statthalters Varus und germanischen Kriegern unter der Führung des Cherusker-Fürsten Arminius statt. Sie war der Beginn lang andauernder Kämpfe, mit denen sich die Germanen gegen die Besetzung ihres Landes durch die Römer wehrten. Der römische Geschichtsschreiber Cassius Dio (150–235 n. Chr.) berichtet darüber:

Städte wurden gegründet und die Barbaren [die Germanen] passten sich der römischen Lebensweise an, besuchten die Märkte und hielten friedliche Zusammenkünfte ab. Aber sie vergaßen auch nicht die Sitten ihrer Väter, ihre unabhängige Lebensweise und die Macht ihrer Waffen.

Solange sie sich nur allmählich und auf behutsame Weise an die römische Lebensart gewöhnen mussten, fiel ihnen das nicht schwer. Als aber Quintilius Varus im Jahr 7 den Oberbefehl über Germanien übernahm und sie zu rasch umerziehen wollte, indem er ihnen wie Unterworfenen Vorschriften machte und insbesondere von ihnen wie von Untertanen Abgaben eintrieb, da hatte ihre Geduld ein Ende. [...] Eine offene Empörung vermieden sie zunächst, weil sie die große Zahl der Römer sowohl am Rhein als auch im Innern ihres Landes sahen. Vielmehr empfingen sie Varus, als ob sie all seine Forderungen erfüllen wollten, und lockten ihn so weit vom Rhein weg in das Gebiet der Cherusker und zur Weser. Auch hier verhielten sie sich so friedlich und freundschaftlich, dass sie Varus zu dem Glauben verleiteten, sie würden sich auch ohne militärischen Zwang der Knechtschaft fügen. Aber als Varus nun nichts Böses erwartete, da erhoben sich als erste einige entfernt wohnende Stämme, und zwar nach abgesprochenem Plan, damit Varus, wenn er gegen diese zöge, auf dem Marsch leichter überrumpelt werden könne, da er ja durch Freundesland zu ziehen glaubte. Und kaum hatte sich herausgestellt, dass die vermeintlichen Freunde Feinde waren, da richteten diese auch schon unermessliches Unheil an. Das Gebirge [der Teutoburger Wald] war nämlich reich an Schluchten und die Bäume standen dicht an dicht, sodass die Römer mit ihrem Tross nur schwer vorankamen. Gleichzeitig brach noch heftiger Regen und Sturm los. In dieser verzweifelten Lage griffen die Barbaren, die alle Schleichwege kannten und von allen Seiten kamen, die manöverierunfähigen römischen Truppen an. [...]

Zwanzigtausend römischen Soldaten soll die Schlacht das Leben gekostet haben. Varus tötete sich selbst, als er sah, dass die Lage aussichtslos war. Die Römer mussten sich in der Folge bis zum Rhein zurückziehen. Der römische Kaiser Augustus soll, als er die Nachricht bekam, verzweifelt ausgerufen haben: „Varus, Varus gib mir meine Legionen wieder!“*

Auf dem Meer der Fantasie

James Krüss

Das Königreich von Nirgendwo

Das Königreich von Nirgendwo
Liegt tief am Meeresgrund.
Dort wohnt der König Soundso
Mit Niemand, seinem Hund.

Die Königin heißt Keinesfalls.
Sie ist erstaunlich klein,
Hat einen langen Schwanenhals
Und sagt beständig: Nein!

Und Keiner ist der Hofmarschall.
Er trinkt gern süße Luft.
Sein Haus (gleich neben Niemands Stall)
Besteht aus Kieselduft.

Die Köchin Olga Nimmermehr,
Die wohnt in Keiners Haus.
Sie putzt und werkelt immer sehr
Und kocht tagein, tagaus.

Am liebsten kocht sie Grabgeläut,
Mit Seufzern fein gemischt.
Das wird im Schloss zu Keinerzeit
Meist Niemand aufgetischt.

Oft macht die Katze Niemals hier
Zu Keinerzeit Tumult.
Dann sorgt sich Keiner um das Tier
Und Niemand kriegt die Schuld.

Man schimpft ihn tüchtig aus
und lässt Ihn prügeln noch und noch.
Für Nimmermehr gibt's Hausarrest
Und Keiner muss ins Loch.

Doch meist ist König Soundso
Sehr friedlich und human.
Drum liebt im ganzen Nirgendwo
Ihn jeder Untertan.

Ich selber ging mal seinerzeit
Zu einer Zeit im Mai
(Man tat so was zu meiner Zeit)
An Keinerzeit vorbei.

Das Meer war still. Und Keiner stand
Am Zaun, nach mir zu schaun.
Schloss Keinerzeit lag linkerhand
Und Niemand rechts am Zaun.

Das Königreich von Nirgendwo
Liegt irgendwo am Grund.
Dort wohnt der König Soundso
Mit Niemand, seinem Hund.

Joachim Ringelnatz

Das Lied von der Hochseekuh

Zwölf Tonnen wiegt die Hochseekuh.
Sie lebt am Meeresgrunde.
Ohei! – –Uha!
Sie ist so dumm wie ich und du
Und läuft zehn Knoten in der Stunde.
Ohei! – –Uha!

Sie taucht auch manchmal aus dem Meer
Und wedelt mit dem Schweife.
Ohei! – –Uha!
Und dann bedeckt sich ringsumher
Das Meer mit Schaum und Seife.
Ohei! – –Uha!

Die Kuh hat einen Sonnenstich
Und riecht nach Zimt und Nelken.
Ohei! – –Uha!
Und unter Wasser kann sie sich
Mit ihren Hufen melken.
Ohei! – –Uha!

Michael Ende

Der „Ewige Taifun"

„Ich weiß was", sagte ein dicker Junge mit einer hohen Mädchenstimme, „wir können spielen, dass die ganze Ruine ein großes Schiff ist, und wir fahren in unbekannte Meere und erleben Abenteuer. Ich bin der Kapitän, du bist der Erste Steuermann und du bist ein Naturforscher, ein Professor, weil es nämlich eine Forschungsreise ist, versteht ihr? Und die anderen sind Matrosen."

„Und wir Mädchen, was sind wir?"

„Matrosinnen. Es ist ein Zukunftsschiff."

Das war ein guter Plan! Sie versuchten zu spielen, aber sie konnten sich nicht recht einig werden und das Spiel kam nicht in Fluss. Nach kurzer Zeit saßen alle wieder auf den steinernen Stufen und warteten.

Und dann kam Momo. Hoch rauschte da die Bugwelle auf. Das Forschungsschiff „Argo" schwankte leise in der Dünung auf und nieder, während es in ruhiger Fahrt mit voller Kraft voraus in das südliche Korallenmeer vordrang. Seit Menschengedenken hatte kein Schiff es mehr gewagt diese gefährlichen Gewässer zu befahren, denn es wimmelte hier von Untiefen, von Korallenriffen und von unbekannten Seeungeheuern. Und vor allem gab es hier den so genannten „Ewigen Taifun", einen Wirbelsturm, der niemals zur Ruhe kam. Immerwährend wanderte er auf diesem Meer umher und suchte nach Beute wie ein lebendiges, ja sogar listiges Wesen. Sein Weg war unberechenbar. Und alles, was dieser Orkan einmal in seinen riesenhaften Klauen hatte, das ließ er nicht eher wieder los, als bis er es in streichholzdünne Splitter zertrümmert hatte.

Eine erste gewaltige Sturzwelle packte das stählerne Schiff, riss es in die Höhe, warf es auf die Seite und stürzte es in ein Wellental von gut fünfzig Metern Tiefe hinab. Schon bei diesem ersten Anprall wären weniger erfahrene und tapfere Seeleute als die der „Argo" zweifellos zur einen Hälfte über Bord gespült worden und zur anderen in Ohnmacht gefallen. Kapitän Gordon jedoch stand breitbeinig auf der Kommandobrücke, als sei nichts geschehen, und seine Mannschaft hatte ebenso ungerührt standgehalten. Nur die schöne Eingeborene Momosan, an solche wilden Seefahrten nicht gewöhnt, war in ein Rettungsboot geklettert.

In wenigen Sekunden war der ganze Himmel pechschwarz. Heulend und brüllend warf sich der Wirbelsturm auf das Schiff, schleuderte es turmhoch hinauf und abgrundtief hinunter. Und es war, als steigere sich seine Wut von Minute zu Minute, weil er der stählernen „Argo" nichts anhaben konnte.

Mit ruhiger Stimme gab der Kapitän seine Anweisungen, die dann vom Ersten Steuermann laut ausgerufen wurden. Jedermann stand an seinem Platz. Sogar Professor Eisenstein und seine Assistentinnen hatten ihre

Instrumente nicht im Stich gelassen. Sie berechneten, wo der innerste Kern des Wirbelsturmes sein musste, denn dorthin sollte die Fahrt ja gehen. Kapitän Gordon bewunderte im Stillen die Kaltblütigkeit dieser Wissenschaftler, die ja nicht wie er und seine Leute mit dem Meer auf Du und Du standen.

Ein erster Blitzstrahl zuckte hernieder und traf das stählerne Schiff, welches daraufhin natürlich ganz und gar elektrisch geladen war. Wo man hinfasste, sprangen einem die Funken entgegen. Aber darauf war jeder an Bord der „Argo“ in monatelangen harten Übungen trainiert worden. Es machte keinem mehr etwas aus.

Blitz auf Blitz und Donnerschlag auf Donnerschlag! Heulender Sturm! Haushohe Wogen und weißer Schaum! Meter für Meter kämpfte sich die „Argo“, alle Maschinen auf Volldampf, gegen die Urgewalt dieses Taifuns vorwärts. Die Maschinisten und Heizer in der Tiefe der Kesselräume leisteten Übermenschliches. Sie hatten sich mit dicken Tauen festgebunden, um nicht von dem grausamen Schlingern und Stampfen des Schiffes in den offenen Feuerrachen der Dampfkessel geschleudert zu werden.

Und dann endlich war der innerste Kern des Wirbelsturms erreicht. Aber welch ein Anblick bot sich ihnen da!

Auf der Meeresoberfläche, die hier spiegelglatt war, weil alle Wellen einfach von der Gewalt des Sturms flachgefegt wurden, tanzte ein riesenhaftes Wesen. Es stand auf einem Bein, wurde nach oben immer dicker und sah tatsächlich so aus wie ein Brummkreisel von der Größe eines Berges. Es drehte sich mit solcher Schnelligkeit um sich selbst, dass Einzelheiten nicht auszumachen waren.

„Ein Schum-Schum gummilastikum!“, rief der Professor begeistert und hielt seine Brille fest, die ihm der stürzende Regen immer wieder von der Nase spülte.

„Können Sie uns das vielleicht näher erklären?“, brummte Don Melu. „Wir sind einfache Seeleute und …“

„Lassen Sie den Professor jetzt ungestört forschen“, fiel ihm die Assistentin Sara ins Wort. „Es ist eine einmalige Gelegenheit. Dieses Kreiselwesen stammt wahrscheinlich noch aus den allerersten Zeiten der Erdentwicklung. Es muss über eine Milliarde Jahre alt sein. Heute gibt es davon nur noch eine mikroskopisch kleine Abart, die man manchmal in Tomatensoße, noch seltener in grüner Tinte findet. Ein Exemplar dieser Größe ist vermutlich das einzige seiner Art, das es noch gibt.“

„Aber wir sind hier“, rief der Kapitän durch das Heulen des Sturms, „um die Ursache des ‚Ewigen Taifuns‘ zu beseitigen. Der Professor soll uns also sagen, wie man dieses Ding da zum Stillstehen bringt!“

„Das“, sagte der Professor, „weiß ich allerdings auch nicht. Die Wissenschaft hat ja noch keine Gelegenheit gehabt es zu erforschen.“

In diesem Augenblick zupfte jemand den Professor am Ärmel. Es war die schöne Eingeborene.

„Malumba!“, sagte sie mit anmutigen Gebärden, „Malumba oisitu sono! Erweini samba insaltu lolobindra. Kramuna heu beni beni sadogau.“

„Sie sagt“, erklärte der Professor, „es gebe in ihrem Volk ein uraltes Lied, das den ‚Wandernden Taifun‘ zum Einschlafen bringen könne, falls jemand den Mut hätte es ihm vorzusingen.“

„Dass ich nicht lache!“, brummte Don Melu. „Ein Schlafliedchen für einen Orkan!“

„Was halten Sie davon, Professor?“, wollte die Assistentin Sara wissen. „Wäre so etwas möglich?“

„Man darf keine Vorurteile haben“, meinte Professor Eisenstein. „Oft steckt in den Überlieferungen der Eingeborenen ein wahrer Kern. Vielleicht gibt es bestimmte Tonschwingungen, die einen Einfluss auf das Schum-Schum gummilastikum haben. Wir wissen einfach noch zu wenig über dessen Lebensbedingungen.“

„Schaden kann es nichts“, entschied der Kapitän. „Darum sollten wir's einfach versuchen. Sagen Sie ihr, sie soll singen.“

Der Professor wandte sich an die schöne Eingeborene und sagte: „Malumba didi oisafal huna-huna, wawadu?“

Momosan nickte und begann sogleich einen höchst eigentümlichen Gesang, der nur aus wenigen Tönen bestand, die immerfort wiederkehrten:

„Eni meni allubeni wanna tai susura teni!“

Dazu klatschte sie in die Hände und sprang im Takt herum.

Die einfache Melodie und die Worte waren leicht zu behalten. Andere stimmten nach und nach ein und bald sang die ganze Mannschaft, klatschte dazu in die Hände und sprang im Takt herum. Es war ziemlich erstaunlich anzusehen, wie auch der alte Seebär Don Melu und schließlich der Professor sangen und klatschten, als seien sie Kinder auf einem Spielplatz.

Und tatsächlich, was keiner von ihnen geglaubt hatte, geschah! Der riesenhafte Kreisel drehte sich langsamer und langsamer, blieb schließlich stehen und begann zu versinken. Donnernd schlossen sich die Wassermassen über ihm. Der Sturm ebbte ganz plötzlich ab, der Regen hörte auf, der Himmel wurde klar und blau und die Wellen des Meeres beruhigten sich. Die „Argo“ lag still auf dem glitzernden Wasserspiegel, als sei hier nie etwas anderes gewesen als Ruhe und Frieden.

„Leute“, sagte Kapitän Gordon und blickte jedem Einzelnen anerkennend ins Gesicht, „das hätten wir geschafft!“ Er sagte nie viel, das wussten alle. Umso mehr zählte es, dass er diesmal noch hinzufügte: „Ich bin stolz auf euch!“

„Ich glaube“, sagte das Mädchen, das sein kleines Geschwisterchen mitgebracht hatte, „es hat wirklich geregnet. Ich bin jedenfalls patschnass.“

Sie sprachen noch eine Weile über das Abenteuer und erzählten sich gegenseitig Einzelheiten, die jeder für sich erlebt hatte. Dann trennten sie sich, um heimzugehen und sich zu trocknen.

Irene Rodrian

Ein Abenteuer mit dem kleinen Seeräuber und dem dicken Kapitän

Der kleine Seeräuber und der dicke Kapitän wussten nicht mehr, wie lange sie schon unterwegs waren. Sie hatten jedes Gefühl für Zeit und Ort verloren, und die beiden Schiffe schienen ihren Weg von selbst zu finden.

Da erhob sich vor ihnen eine weiße Nebelwand. Zuerst noch schmal wie ein Band aus weichen Daunen, dann näher und höher. Dichter und undurchdringlicher umgab sie der Nebel von allen Seiten. Es war, als würden sie mitten in einem dicken Watteballen stecken. Das war nicht feucht, kalt oder unangenehm, sondern warm und kuschelig wie ein gemütliches Federbett. Dazu ertönte mit einem Mal eine Stimme. So rein und klar und wunderschön, wie sie weder der Seeräuber noch der Kapitän je gehört hatten. Sie sang eine Melodie, so fein und glockenhell, dass dem kleinen Seeräuber vor Rührung die Tränen in die Augen traten und der dicke Kapitän sein Steuerruder herumriss, um der Stimme zu folgen, wo immer sie ihn hinlockte, und sei es ins Verderben.

„Riff in Sicht!“, krächzte da Don Poco, der Papagei, und gleich noch einmal: „Riff in Sicht!“

Der kleine Seeräuber beugte sich vor und kniff die Augen zusammen, um etwas zu erkennen. Riffe waren gefährlich spitze Felsen, die sich unter dem Wasser verbargen und an denen ein Schiff sehr wohl zerschellen konnte. Da sah er sie, eine ganze Kette kantiger Felsen, so scharf wie Haifischzähne. Nur in der Mitte ließen sie eine schmale Einfahrt frei.

Der kleine Seeräuber wandte sich um und wollte dem dicken Kapitän eine Warnung zurufen. Da sah er zu seinem Entsetzen, dass der direkt auf die Felsen zusteuerte. „Halt“, rief der Seeräuber, „halt, Kapitän! Zurück, zurück!“ Aber der Kapitän hörte ihn nicht. Er hörte nur die silberhelle Stimme und die wundersame Melodie, die genau von dem Riff herzukommen schien.

Der Seeräuber überlegte nicht lang. Er nahm ein Tau und gab Don Poco ein Zeichen. Der packte ein Ende mit dem Schnabel und flog so schnell er konnte zum Schiff des Kapitäns und wickelte es dreimal um den Mastbaum. Der Seeräuber zog und zog mit aller Kraft, und Mono und der Löwe halfen ihm dabei. Endlich, in letzter Sekunde, drehte sich das Schiff vom Kapitän schwerfällig herum und folgte dem des Seeräubers widerwillig durch die schmale Einfahrt.

Kaum waren sie hindurchgelangt, da veränderte sich die Welt um sie herum. Der Nebel lichtete sich und das Wasser war veilchenblau und glatt wie Samt. Silbrige Fische tummelten sich darin und über ihren Köpfen tschilpten und tirillierten Vögel. Vor ihnen lag ein goldgelber Sandstrand und dahinter war sie, die Insel der Tiere.

„Ich bin sehr ungehalten“, sagte plötzlich eine mürrische Stimme neben ihnen. Auf einem Felsen saß eine wunderschöne Frau. Sie hatte langes goldenes Haar und einen bunt gefiederten Vogelkörper, so schön und schillernd wie alle Seidenballen der Welt.

„Ich erkenne deine Stimme“, seufzte der Kapitän, „und ich liebe dich!“

„Heckmeck“, sagte die schöne Frau, „warum bist du mir dann nicht gefolgt?“

„Aber, ich wollte ja …“, stammelte der Kapitän, jedoch die Frau unterbrach ihn ungeduldig.

„Wollen ist nicht genug. Dieser kleine Schlauberger da hat sich eingemischt.“ Sie funkelte den kleinen Seeräuber böse an.

„Jetzt weiß ich, wer du bist“, freute der sich, „du bist Sirene*, die Sagengestalt, die mit ihrer süßen Stimme die Seefahrer ins Verderben lockt.“

„Früher war das jedenfalls mal so“, die Sirene räusperte sich, „aber heutzutage wisst ihr ja nicht mehr, was Liebe ist.“

„Nein, du irrst!“, schluchzte der Kapitän, „mein Herz gehört nur dir, ich folge dir, wohin du mich lockst!“

„Dummes Zeug.“ Die Sirene winkte unwirsch mit einem Flügel. „Geht an Land. Wir sehen uns später. Ich muss noch ein paar Stimmübungen machen.“ Und damit schwebte sie davon.

Der kleine Seeräuber sah sich nach einem Platz um, an dem sie die

Schiffe festmachen konnten. Da sah er zu seiner größten Überraschung, dass schon ein Boot da war. Ein altmodischer schwerfälliger Kahn mit einem vielfach geflickten Segel, dem man nicht zutraute, dass es auch nur eine leichte Brise aushielt. Es war also doch noch ein anderer Mensch auf der Insel. Dem Seeräuber war etwas beklommen zumute, als er an Land ging. Mono und Don Poco zeigten ihm den Weg, der Löwe folgte ihm schwerfällig. Und der dicke Kapitän mit Babette im Arm stolperte hastig hinter ihnen her. „Wartet doch auf mich! Lasst mich nicht allein!"

„Wer ist da allein?!", donnerte plötzlich eine heisere Stimme. Don Poco flatterte erschreckt auf den Kopf des Löwen, der knurrend seine Zähne zeigte. Neben einem wuchtigen Felsen hockte ein dünner alter Löwe mit zerzaustem Fell und einem kantig großen Adlerkopf auf den Schultern.

„Ich bin Greif, der Türhüter", dröhnte er, „zeigt eure Einladungen vor! Menschen sind nur in Tierbegleitung zugelassen!" Neben dem Greif stand ein Mann. Er war größer als der dicke Kapitän, aber neben dem Greif wirkte er fast klein. Er hatte zottig weißes Haar und einen buschigen Vollbart und vor sich einen großen Klumpen Lehm, aus dem er ein Abbild des Türhüters Greif zu formen versuchte.

„Nicht bewegen", sagte er, und der Greif hob den Kopf und warf sich in Positur. „Ich bin Bildhauer", erklärte der Mann dem kleinen Seeräuber, „schon viele Bildhauer haben den Greif in Jahrtausenden modelliert, aber meine Skulptur wird die schönste und die berühmteste werden."

Der Greif reckte sich ein bisschen.

„Und wie bist du ohne Tierbegleitung reingekommen?“, fragte der Kapitän, der zwischen dem Lehmklumpen und dem Löwen-Adler keine Ähnlichkeit entdecken konnte. Der Bildhauer antwortete nicht, aber der kleine Seeräuber hatte die Antwort schon entdeckt. Sie saß auf der Schulter des Bildhauers und war noch kleiner als der Seeräuber. Und sie war von durchscheinender Schönheit. Ein zartrosa Gesicht unter langem Silberhaar und ein zierlicher Körper in einem weiten Gewand, das so licht und unwirklich war wie ein Atemwölkchen in kalter Winternacht. Der kleine Seeräuber spürte, wie sein Herz einen Schlag lang aussetzte. „Du bist die Muse*“, flüsterte er, „die Muse, die den Künstler begleitet.“

„Ha“, grunzte der Bildhauer und nahm einen neuen Klumpen Ton, „trau ihr nicht, sie ist treulos und unberechenbar. Und sei still, ich muss die Zeit nutzen!“ Er ging einen Schritt zurück und zupfte sich am Bart.

„Na, ja“, meinte der Greif, „um ganz ehrlich zu sein, ich habe schon Skulpturen gesehen, die mir ähnlicher waren.“

In diesem Augenblick beugte sich die durchscheinend schöne Muse vor und schmatzte dem Bildhauer ein dickes Küsschen aufs Ohr. Der wurde sofort ganz lebendig, formte den Lehm, änderte hier und fügte dort hinzu, und siehe da, aus dem Lehm erwuchs ein zweiter Greif. Schön und würdevoll. Und sehr ähnlich.

„Schon besser“, lobte der großzügig, dann erinnerte er sich wieder an die neuen Besucher. „Steht hier nicht im Weg rum. Ihr stört den Künstler! Macht Euch mit der Insel und den anderen Gästen bekannt, bevor das Fest beginnt. Und merkt Euch eins!“ Seine Stimme begann zu grollen. „Lügen, Streiten und Kämpfen sind hier strengstens verboten.“

„Was? Ich soll nicht kämpfen dürfen“, polterte der dicke Kapitän, „wozu habe ich denn dann meinen größten Feind dabei?!“

Der kleine Seeräuber trat den Kapitän so fest gegen das Schienbein, dass der vor Schmerz aufschrie. „Benimm dich doch ausnahmsweise ein einziges Mal anständig“, zischte er ihm zu, „wir sind hier Gäste!“ Und dann zerrte er den dicken Kapitän mit an Land. Der riss sich wütend los.

„Ich weiß sehr wohl, wie man sich benimmt. Jeder Kapitän weiß sowas. Und außerdem“, fügte er leiser hinzu, „wie soll ich denn überhaupt lügen, streiten und kämpfen, wenn mich außer dir keiner versteht.“

„Los, kommt“, sagte da plötzlich Babette, die schwarze Katze, zu Don Poco und dem Löwen, „wenn der in so einer Laune ist, dann ist es besser, wir lassen ihn allein, sonst blamiert er uns noch.“

„Genau“, sagte Mono, und: „Schließlich ist das ein friedliches Fest“, fügte der Löwe hinzu. Don Poco zwinkerte dem kleinen Seeräuber zu und flog davon, und die anderen Tiere folgten ihm.

Der dicke Kapitän sah ihnen mit offenem Mund nach. „Hast du das gehört“, flüsterte er andächtig, „Babette hat gesprochen.“

Der kleine Seeräuber nickte. „Das ist das Geheimnis; solange wir auf dieser Insel sind, können wir die Sprache der Tiere verstehen.“

Gottfried August Bürger

Münchhausens Tänzchen im Fischmagen

Einst war ich in großer Gefahr im Mittelländischen Meer umzukommen. Ich badete an einem Sommernachmittag unweit Marseille und empfand die See so angenehm, dass ich mich schwimmend immer weiter vom Strand entfernte. Da sah ich plötzlich einen großen Fisch mit weit aufgerissenem Rachen in höchster Geschwindigkeit auf mich zuschießen. Es war durchaus unmöglich ihm zu entkommen. Unverzüglich drückte ich mich so klein zusammen wie nur möglich, indem ich meine Füße zur Brust heraufzog und die Arme dicht an den Leib schloss. In dieser Stellung schlüpfte ich dem Fisch zwischen seinen Kiefern hindurch bis in den Magen hinab. Hier herrschte, wie man sich leicht denken kann, vollständige Finsternis, aber auch eine nicht unbehagliche Wärme.

Da ich dem Burschen nach und nach Magendrücken verursachte, wäre er mich gern wieder losgeworden, wie ich aus mancherlei Anzeichen erkennen konnte. Weil es mir nicht an Raum fehlte, spielte ich ihm durch Tritt und Schritt, durch Hüpfen und Hopsen gar manchen Possen*. Am meisten beunruhigte es ihn aber, als ich schließlich gar ein Tänzchen wagte, und zwar einen „Schottischen“, den ich so in seinen Magen hineinstampfte, dass ihm offensichtlich Hören und Sehen verging. Er erhob sich vor Schreck senkrecht mit seinem Leibe aus dem Wasser.

Hierdurch wurde er aber von der Besatzung eines eben vorbeisegelnden italienischen Handelsschiffes entdeckt und sogleich mit Harpunen erlegt. Als er an Bord gehievt wurde, hörte ich den Kapitän mit seinen Leuten beratschlagen, wie sie ihn am vorteilhaftesten zerlegen sollten, um die größte Menge Öl zu gewinnen. Da ich nun Italienisch verstand, geriet ich in die schrecklichste Angst, ihre Messer könnten mich zugleich mit dem Burschen zerstückeln. In der Annahme, dass sie an Schwanz und Kopf beginnen würden, stellte ich mich in der Mitte des Magens auf. Meine Furcht schwand indessen bald, da ich merkte, dass sie mit der Öffnung des Unterleibes anfingen. Ich konnte deutlich hören, wie sie Fettschicht um Fettschicht abhoben, denn der Bursche hatte wahrhaftig ordentlich Speck angesetzt. Bald sah ich durch die immer dünner werdende Bauchwand Licht schimmern und nun hielt ich den Augenblick für gekommen mich zu melden. Ich schrie den Matrosen aus voller Lunge zu, wie angenehm es mir wäre, die Herren begrüßen zu dürfen und durch sie aus einer Lage erlöst zu werden, in der mir der Erstickungstod sicher gewesen wäre. Unmöglich lässt sich das Erstaunen auf allen Gesichtern schildern, als sie aus dem Fischbauch eine Menschenstimme herausdringen hörten. Das Erstaunen wuchs natürlich noch, als sie mich in meiner ganzen Größe, nur mit einer Badehose bekleidet, aus dem Fischleib herausspazieren sahen.

Jonathan Swift

Gullivers Reise nach Liliput

Das Schiff fuhr nach Ostindien und die ersten Monate ging alles gut. Aber Ende Oktober gerieten wir in einen fürchterlichen Sturm, der kein Ende nehmen wollte. Drei Matrosen wurden über Bord gespült, zwei von einem Mast erschlagen, sieben starben durch Überanstrengung, die Messinstrumente fielen aus, der Kapitän wusste nicht mehr, wo wir waren, und am 5. November lief das Schiff bei Nacht und Nebel auf ein Riff. Die „Antilope“ zerbrach und versank.

Ich weiß nur noch, dass ich mit fünf Matrosen in einem Rettungsboot saß und dass wir aus Leibeskräften ruderten, um von dem Felsen fortzukommen. Nach ungefähr einer Stunde kenterte das Boot. Es war noch immer tiefe Nacht und ich hielt mich mühsam über Wasser, ohne Hoffnung und dennoch entschlossen meine letzte Minute bis zur letzten Sekunde zu verteidigen. Da, mit einem Mal, fühlte ich Grund unter den Füßen! Ich richtete mich auf. Ich watete und stolperte vorwärts. Das Wasser wurde flacher und flacher. Ich betrat festen Boden. Ich spürte kurzes weiches Gras. Wo befand ich mich? Nirgends blinkte ein Licht. Nirgends ertönte ein Laut. Nirgends gab es einen Weg oder ein Haus, nirgendwo einen Menschen. Nun, fürs Erste war ich gerettet! Ich ließ mich ins Gras sinken und schlief ein.

Als ich am nächsten Morgen erwachte, schien mir die Sonne so grell ins Gesicht, dass ich mich umdrehen wollte. Doch ich konnte mich nicht umdrehen! Nun wollte ich die Hände vors Gesicht legen. Aber die Hände rührten sich nicht! Dann wollte ich mich aufsetzen. Es misslang! Ich wollte den Kopf heben. Auch das war unmöglich! Ich konnte ihn nicht einmal zur Seite drehen, so sehr riss es mich an den Haaren. Erschöpft und von der Sonne geblendet, schloss ich die Augen. Noch einmal versuchte ich, jetzt blitzwach und mit aller Kraft, mich zu setzen, zu drehen und zu wenden. Es war alles vergeblich. Bei der leisesten Bewegung taten mir die Haut und Haare, die Knochen und Gelenke so abscheulich weh, dass ich in einem fort „Oh!“ und „Aua!“ rief.

Ich war gefesselt. Doch wer, um alles in der Welt, hatte das Kunststück fertig gebracht, ohne dass ich aufgewacht war? Und womit hatte mich dieser Mensch gefesselt? Ich spürte keine Stricke, keine Ketten, keine Eisenklammern und keine Kupferdrähte. Und trotzdem lag ich, von den Fußknöcheln bis zu den Fingerkuppen und Haarspitzen, wie angeschmiedet und festgenagelt auf der Erde. Nur die Augäpfel und die Augenlider konnte ich bewegen, sonst nichts. War ich auf eine Zauberinsel geraten? Hatte man mich verhext? Während ich so dalag und hilflos in den blauen Himmel starrte, spürte ich, wie irgendetwas meine Hosenbeine heraufkrabbelte und sich vielfüßig auf mir fortbewegte. Waren es Ameisen? Oder Spinnen? Waren sie giftig? Dachten sie, ich sei tot?

Als sich das verdächtige Gekrabbel meiner Brust näherte, hob ich mit einem energischen Ruck, der mir sehr weh tat, den Kopf um ein paar Zentimeter, blickte auf meine Weste, schrie auf und ließ den Kopf wieder ins Gras fallen. Das war doch nicht möglich! Wisst ihr, was ich gesehen hatte? Mindestens vierzig Menschen, keiner größer als mein kleinster Fingernagel! Alle miteinander auf meiner Brust! Und alle bewaffnet! Manche mit Lanzen und Speeren, manche mit Pfeil und Bogen und ihr Offizier, winziger als ein Nürnberger Zinnsoldat, mit einem Degen! Fast die Hälfte der kleinen Kerle purzelte, weil ich geschrien hatte, vor Schreck von mir herunter und drei von ihnen brachen sich beim Sturz, wie ich später erfuhr, Arme und Beine.

Jetzt wusste ich also, warum ich bei Nacht geglaubt hatte, die Gegend sei unbewohnt! Ich hatte nach erleuchteten Fenstern und nach Menschen Ausschau gehalten, aber doch nicht nach Zwergen! Noch dazu nach Zwergen, die fünfzigmal kleiner waren als die kleinsten Zwerge, die ich jemals auf Jahrmärkten bestaunt hatte!

Während ich die Augen schloss, um besser nachdenken zu können, merkte ich, dass ich die linke Hand ein wenig bewegen konnte. Ich nahm alle Kraft zusammen und riss sie vom Boden los. Es gelang! Ich bekam den Arm bis zum Ellbogen frei! Drähte, dünn wie Spinnweben, Pflöcke, zierlich wie Fliegenbeine, hingen an den Fingern und am Ärmel, kaum zu erkennen und allesamt aus feinstem Stahl! Doch ehe ich die sonderbaren Fesseln näher betrachten konnte, prasselten mir Hunderte von winzigen Pfeilen ins Gesicht. Sie brannten wie Feuer. Zum Glück konnte ich mit der befreiten Hand die Augen bedecken! Und auch dass ich die Lederweste trug, hatte sein Gutes. So heftig und kräftig die Soldaten auf meiner Brust ihre Speere, Lanzen und Degen in mich hineinzustoßen versuchten, so wenig brachten sie zuwege, weil sich ihre Waffen im Westenleder verbogen. Trotzdem schien es mir angebracht, mich nicht mehr zu bewegen. Und kaum lag ich still, hörten sie tatsächlich auf, mich mit ihren Speeren und Pfeilen zu belästigen.

Erst nach Monaten, als ich die Landessprache verstand, erfuhr ich, dass ihr Land Liliput heiße und ein Kaiserreich sei.

Aus der orientalischen Märchensammlung Tausendundeine Nacht

Sindbads zweite Reise

Zwar hatte ich bei mir selbst den Entschluss gefasst, den Rest meiner Tage ruhig und bequem in meiner Heimatstadt Bagdad zu verleben. Aber nach einiger Zeit packte mich wieder die Sehnsucht nach der weiten Welt und ich beschloss von neuem auf Reisen zu gehen, fremde Städte und Inseln zu schauen, Handel zu treiben und Geld zu verdienen. So rüstete ich mich denn für eine neue Reise aus mit Waren und Handelsgegenständen aller Art und bestieg zusammen mit andern Kaufleuten ein hübsches und neues Schiff und fuhr übers Meer. Wir hatten eine gute Fahrt. Insel um Insel besuchten wir, kauften und verkauften daselbst und trieben vorteilhaften Tauschhandel.

Eines Tages landeten wir auf einer Insel, die gar lieblich anzusehen war, reich mit früchtebeladenen Bäumen bestanden und voll duftender Wiesen und süßer Bäche. Aber keine Sterbensseele war darauf zu entdecken. Wir stiegen alle aus, lustwandelten unter den Bäumen, lauschten dem Gesang der Vögel und priesen Gott um so vieler Schönheit willen. An einem klaren Quell, der unter hohen Bäumen floss, ließ ich mich mit einigen anderen nieder und wir aßen daselbst, was wir vom Schiff mitgenommen hatten. Der Wind aber wehte dort so wohlig und linde und ich fühlte mich so leicht und froh, dass mich Schläfrigkeit überkam. Ich begab mich etwas abseits, legte mich nieder und versank in einen tiefen Schlaf. Als ich wieder erwachte, fand ich mich allein. Niemand mehr von allen Passagieren war auf der Insel. Ich erhob mich und lief zum Strand und da sah ich denn auch in weiter Ferne das Schiff mit vollen Segeln davoneilen. Nun begriff ich, dass man mich vergessen hatte und dass ich nun allein in öder Einsamkeit sei. Nichts hatte ich bei mir, weder Habseligkeiten noch Speise und Trank. Da ward ich in meiner Verlassenheit traurig und müde und fing an mein Los zu beweinen und mir selber Vorwürfe zu machen, dass ich wieder die Plagen einer Reise auf mich genommen hatte, statt in Ruhe und Bequemlichkeit zu Hause zu bleiben. Aber schließlich dachte ich bei mir selbst: „Wir sind alle von Gott und zu ihm kehren wir zurück."

Ich erhob mich, durchwanderte die Insel nach rechts und links und stieg schließlich auf einen hohen Baum, von dessen Gipfel aus ich Umschau hielt. Doch gewahrte ich nichts als Himmel und Wasser, Inseln und sandige Dünen, Bäume und Vögel. Als ich jedoch schärfer ausspähte, sah ich in der Ferne einen großen, weißen Gegenstand. Ich stieg vom Baum herunter und lief dorthin. Und als ich näher kam, sah ich, dass es eine große, hoch in die Luft ragende weiße Kuppel von mächtigem Umfang war. Ich schritt rings um sie herum, doch fand ich weder Tür noch Treppe. Die Kuppel zählte fünfzig starke Schritte im Umfang. Da erwog ich denn bei mir, wie ich wohl hineinzukommen vermöchte, als mit einem Male die Sonne vor meinen Augen verhüllt wurde und die Luft sich verfinsterte. Ich hob meinen Blick und sah einen riesigen Vogel von gewaltigem Leib und weiten Schwingen daherschweben. Da fiel mir ein, was ich einst von Reisenden gehört hatte, dass auf einer Insel ein riesiger Vogel, Roch geheißen, lebte, der seinen Jungen Elefanten zum Futter bringe. Und ich erkannte nun, dass die Kuppel nichts anderes war als das Ei des Roch. Schon ließ sich der Vogel auf die Kuppel nieder, breitete seine Schwingen zum Brüten darüber aus und schlief ein. Da fasste ich mir Mut und trat näher. Ich löste den Turban, drehte ihn zu einem Strick, gürtete ihn mir um den Leib und band mich an einem Fuß des Vogels fest, indem ich bei mir sprach: „Vielleicht wird er mich in ein bewohntes Land tragen, wo ich der Rettung näher bin als auf dieser einsamen Insel."

Die ganze Nacht wachte ich, am Fuß des Vogels festgebunden. Als nun aber das Frührot aufstieg und der Morgen anbrach, erhob sich der Vogel mit einem gewaltigen Schrei und stieg mit mir so hoch in die Lüfte empor, dass ich schon glaubte, er habe die Wolken des Himmels erreicht. So flog er über Meer und Land und stieß endlich in einsamer und felsiger Gegend auf die Erde nieder. Sobald ich den Boden erreicht hatte, löste ich schnell meinen Turban vom Fuß des Vogels und lief auf die Seite. Der Vogel aber packte mit Klauen und Schnabel eine Schlange von ungeheurer Größe und flog mit ihr davon.

Als ich nun weiterging und um mich blickte, sah ich, dass ich mich in einem tiefen und breiten Tal befand, das auf allen Seiten von hohen, steilen, unersteiglichen Bergen umschlossen war. Nun merkte ich, dass ich noch übler daran war als auf der Insel. In meiner Not betete ich zu Gott und stärkte so meine Seele. Ich schritt weiter durch das Tal und fand nun, dass sein Boden mit den schonsten und größten Diamanten dicht besät war. Ich sah aber auch, dass das ganze Tal von Schlangen wimmelte, lang wie ein Palmbaum und so groß, dass sie Elefanten hätten verschlingen können. Doch merkte ich auch, dass diese Schlangen sich am Tage aus Angst vor dem Vogel Roch und vor andern Adlern in Höhlen versteckt hielten. Da aber der Tag sich neigte und die Nacht über die Berge stieg, suchte ich nach einem Versteck, wo ich vor den Schlangen sicher sei. Ich fand eine Höhle, kroch hinein und rückte einen großen Stein vor den Eingang. Dort lag ich nun die ganze Nacht, schlaflos aus Angst vor den Schlangen, die ich draußen im Tal kriechen sah. Und als der Morgen anbrach und die Schlangen sich verkrochen hatten, trat ich aus meiner Höhle hinaus, wie ein Trunkener taumelnd von dem langen Wachen, vor Hunger und Schrecken.

Und während ich nun so in Verzweiflung durchs Tal wanderte, fiel plötzlich ein großes Stück Fleisch vom Himmel neben mir nieder. Da fiel mir ein, was ich vor langer, langer Zeit einmal von Pilgern und Reisenden vernommen habe, dass es nämlich ein fernes Tal gäbe, das Diamantental genannt, in das niemand hinuntersteigen könne; dass indessen die Kaufleute, die in Diamanten Handel trieben, auf die Felsen zu steigen pflegten, dort ein Schaf schlachteten, es abhäuteten und zerschnitten und dann die Fleischstücke von jenen Bergen auf den Boden des Tals fallen ließen, auf dass dann Diamanten an ihnen festkleben blieben. Um die Mittagszeit aber ließen sich Geier und Adler ins Tal hernieder, packten die Fleischstücke mit den Krallen und trugen sie samt den anklebenden Diamanten empor auf die Gipfel der Berge. Dann eilten die Kaufleute herzu, verscheuchten mit lautem Geschrei die Vögel und lösten die Steine vom frischen Fleische ab.

Nun wusste ich, wie ich zu retten war. Ich füllte eifrig meine Taschen, meinen Gurt, den Turban und alle Falten meiner Kleider mit einer großen Menge der erlesensten Steine. Dann band ich mich an das größte der Fleischstücke fest, legte mich auf den Rücken und nahm das Fleisch auf meine Brust. Und mit einem Male kam auch schon ein Adler niedergefahren, packte das Fleisch mit seinen Klauen und stieg mit ihm in die Luft empor, während ich an dem Fleisch hing. Hoch droben auf einem Berggipfel ließ er das Fleisch und mich nieder und schon erhob sich hinter ihm lautes Geschrei und Holzgeklapper, sodass der Vogel erschreckt davonflog. Und während ich mich nun von dem Kadaver losband und mich mit blutbesudelten Kleidern erhob, kam auch schon der Kaufmann gelaufen, der den Adler verscheucht hatte. Er trat zu dem Fleisch, drehte es um und schien sehr erstaunt keine Steine daran zu finden. Da trat ich rasch auf ihn zu und sagte: „Fürchte dich nicht, ich bin ein Mensch wie du. Ich bin ein Kaufmann und bin auf gar seltsame Weise ins Tal hinuntergelangt und habe mich an dein Fleisch gebunden und von dem Adler herauftragen lassen. Ich habe einen großen Haufen Diamanten bei mir und will dir davon schenken, was dich zufrieden stellen soll. Denn jeder einzelne Stein, den ich bei mir habe, ist besser als alles, was du sonst hät-

test bekommen können.“ Da kamen auch die anderen Kaufleute herzu, ich erzählte meine Geschichte und gab schließlich dem Eigentümer des Fleischstückes, an das ich mich festgebunden hatte, eine Menge meiner wertvollen Steine. Alle aber staunten und priesen Gott um meine wunderbare Rettung.

Darnach stiegen wir zusammen vom Gebirge hinab ins Land und kamen schließlich in eine große Stadt, die am Meer lag. Viel Seltsames habe ich auf dieser Reise gesehen. In jener Stadt aber tauschte ich einen Teil meiner Diamanten um Güter des Landes ein, erhielt auch Silber und Gold dafür und trieb Gewinn bringenden Handel. Und schließlich bestieg ich ein Schiff, fuhr heimwärts und gelangte in meine Heimatstadt Bagdad zurück. Reich beladen mit Diamanten und Gold, Gütern und Waren suchte ich mein Haus auf, begrüßte meine Angehörigen und Freunde und begann wieder in Ruhe und Bequemlichkeit zu leben. Dies ist das Ende meiner zweiten Reise und morgen, so Gott der Erhabene will, erzähle ich auch die Geschichte der dritten meiner sieben Reisen.

Volksmärchen von den Lofoten

Die Zauberinsel

Hoch im Norden soll eine Insel liegen, die von guten Geistern bewohnt wird und Udröst heißt. Bisher ist es noch keinem Menschen gelungen den richtigen Kurs zu dieser Insel zu finden. Nur Sonntagskinder haben manchmal das Glück die Zauberinsel zu betreten und diejenigen, die dort wohnen, kennen zu lernen.

So erging es vor vielen Jahren einmal einem Fischer, der auf der südlichen Lofoteninsel Vaeröy vor der norwegischen Nordküste lebte. Er war ein armer Mann, der sich und seine Familie recht und schlecht mit dem Fischfang durchbrachte.

Einmal hatte er sich weit aufs Meer gewagt, weil er hinter einem gewaltigen Dorsch herjagte. Plötzlich senkte sich Nebel auf sein Boot herab, so dicht, dass der Fischer die Orientierung verlor und fürchtete, niemals mehr nach Vaeröy zurückzukommen. In seiner Verzweiflung betete er zu Gott und rief alle Nothelfer um Hilfe an.

Da sah er plötzlich eine alte Schiffsplanke dicht vor sich auf dem Wasser treiben, auf der drei große Raben hockten, die ihn aufmerksam betrachteten.

Vielleicht liegt in der Nähe eine Insel, auf die ich mich retten kann, dachte der Fischer. Er nickte den Raben zu und im gleichen Augenblick brach die Sonne durch den Nebel und vor ihm lag eine grüne Insel.

Glücklich und dankbar ruderte der Fischer darauf zu und landete auch sicher am Strand. Wie erstaunt war er aber, als er riesige goldene Kornfelder mit hohen Halmen und so dicken Ähren erblickte, dass er meinte eine solch fruchtbare Insel noch niemals vorher gesehen zu haben. Am meisten aber verwunderte ihn eine Ziege, die auf einer saftigen Wiese graste und Hörner aus echtem Gold am Kopf trug. Voller Staunen stand er wie erstarrt da.

„Willkommen auf Udröst, Fischer Isaak!“, hörte er plötzlich eine Stimme. Als er sich umwandte, stand ein freundlicher alter Mann da und streckte ihm die Hand entgegen.

„Woher kennst du mich?“, fragte der Fischer erstaunt.

„Ich kenne alle, die in Not sind“, sagte der Alte und fragte sogleich: „Was kann ich für dich tun?“

Da erzählte ihm der Fischer, was auf See geschehen war, und bat auch um etwas zu essen und um ein Bett für die Nacht.

„Komm mit mir! Ich lade dich ein!“, sagte der Alte freundlich und führte den Fischer zu seinem Haus. Unterwegs fragte er: „Hast du meine drei Söhne gesehen? Sie sind auf dem Meer.“

Bedauernd antwortete der Fischer, dass er nur drei Raben begegnet sei, die auf einer Schiffsplanke in der Stunde seiner größten Not an ihm vorbeitrieben.

„Das waren sie!“, lachte der Alte und stellte für seinen Gast Brot und Milch auf den Tisch.

Im gleichen Moment hörte der Fischer wildes Flügelschlagen vor dem Haus und bald darauf traten drei junge Männer ein. Sie begrüßten ihn herzlich und setzten sich zu ihm.

„Wir wollen heute noch auf dem Meer fischen!“, sagten sie dann. „Hast du nicht Lust mit uns zu fahren?“

Der Fischer war dankbar für alles, was ihm auf der Insel gegeben worden war. Deshalb sagte er sogleich: „Ich will euch gern helfen!“

Da fuhren sie mit einem Segelboot auf das Meer hinaus und fingen in kürzester Zeit so viele Fische, dass der Fischer nicht aus dem Staunen herauskam. Schließlich hatte er auch sein Handwerk gelernt, aber noch niemals so schnell so viele Fische gefangen.

Als sie mit dem reichen Fang nach Udröst zurückkamen, luden sie ihn ein bei ihnen zu übernachten. Und am nächsten Morgen schenkten sie ihm einen Teil der Fische, die sie gefangen hatten. Dankbar trug der Fischer die Fische in sein Boot.

„Könnt ihr mir noch sagen, in welche Richtung ich steuern muss, um wieder nach Vaeröy zu kommen?“, fragte er beim Abschied.

„Mach dir keine Sorgen!“, rief der Alte freundlich. „Meine Söhne werden dir den richtigen Weg zeigen!“

Kaum hatte der Fischer mit seinem Boot die Insel verlassen, da senkte sich wieder ein dichter Nebel auf ihn herab. Da war er wieder verlassen und voller Angst wie am Tag zuvor. Doch plötzlich hörte er erneut Rabenschreie und auf dem Wasser vor ihm trieben auch wieder die drei

Raben auf ihrer Schiffsplanke. Da steuerte der Fischer sein Boot so, dass er hinter den drei Raben herfahren konnte. Als der Nebel verschwand, tauchte wirklich Vaeröy vor ihm auf. Sogleich wollte sich der Fischer bei den Raben bedanken, doch sie waren verschwunden.

So trug der Fischer die Fische, die sie ihm geschenkt hatten, zu seiner Hütte und hängte sie zum Trocknen auf. Am nächsten Morgen brachte er sie zum Markt und verkaufte sie gut. Wie staunte er aber, als er nach Hause kam und entdeckte, dass wieder neue Fische zum Trocknen aufgehängt waren … Fische, die er nicht gefangen hatte.

Seit diesem Tag hatte die Not des Fischers ein Ende.

Jeden Morgen hingen neue Fische vor seiner Hütte, die er auf dem Markt verkaufen konnte. Er brauchte niemals mehr zum Fischen auf das Meer hinauszufahren und hatte doch immer Fische, die er zum Markt tragen und verkaufen konnte. Sein Leben lang war deshalb der Fischer den guten Geistern von Udröst dankbar.

Die Schreie der Raben von Udröst kann man heute noch manchmal hören. Aber die Zauberinsel hat seitdem kein Mensch mehr betreten.

Aus Homers „Odyssee“, nacherzählt von Auguste Lechner

Skylla und Charybdis

Odysseus, der griechische Held, der durch seine List mit dem Trojanischen Pferd den Krieg um Troja siegreich entschieden hat, befindet sich mit seinen Gefährten auf der Rückfahrt zu seiner Heimatinsel Ithaka. Hierbei wird ihr Schiff durch ungünstige Winde, die der ihnen feindlich gesonnene Meeresgott Poseidon geschickt hat, von seinem Kurs abgetrieben und sie werden in gefährliche Abenteuer verwickelt.

Sie waren indessen den Klippen so nahe gekommen, dass der Lärm der Brandung zu einem brüllenden Donnern anschwoll, das die Felsen erdröhnen ließ. Angstvoll ruderten sie in die schreckliche Enge. Zur Rechten schlang just das Meeresungeheuer Charybdis mit grässlichem Gurgeln das Wasser in ihren Schlund, der wie ein Trichter hinabreichte in die grausige Tiefe. Es wirbelte und drehte sich darin mit fürchterlicher Schnelligkeit, dass die Männer Schwindel packte, während sie mit entsetzten Augen hinunterstarrten, wo zuweilen für einen Augenblick der Sand und die dunkel glänzenden Kiesel des Meeresgrundes erschienen.

Der Steuermann lenkte das Schiff gegen die Klippe zur Linken, damit der Wirbel es nicht erfasse. Als er an der hohen, glatten Felswand entlangsteuerte, schien ihm mit einem Male das Sonnenlicht trübe zu werden. Um die Klippe zog ein seltsamer schwärzlicher Dunst, der fast die Höhle droben in der Wand verbarg.

Und während die Männer noch die schreckensbleichen Gesichter der Charybdis zuwandten, zuckte es über ihnen wie schwarze Blitze aus dem Dunst hervor ... Sechs schlangenhafte Hälse fuhren herab und auf jedem saß ein grässliches Haupt mit drei Reihen von Zähnen im Rachen.

Odysseus fuhr herum, als er die Schreie der Gefährten hörte, welche die sechsköpfige Skylla ergriffen hatte. Aber er vermochte ihnen nicht mehr zu helfen. Das Ungeheuer schwang die Männer hoch durch die Luft und verschlang sie sogleich am Eingang der Höhle.

Stöhnend vor Grauen und ohnmächtigem Grimm wandte sich Odysseus ab. Ja, Circe* hatte abermals Recht: Gegen Skylla gab es keine Waffe! Schnelle Flucht war die einzige Rettung! Er warf einen Blick über das Schiff. Wahrhaftig, er brauchte die Ruderer nicht erst anzutreiben: Sie hockten auf ihren Bänken, keuchend, die Gesichter von Entsetzen verzerrt, und die Ruder flogen auf und nieder, auf und nieder mit wahnwitziger Schnelligkeit.

So jagte das Schiff durch die Enge, vorüber am heulenden Schlund der Charybdis und am Felsen der Skylla, und dann waren sie draußen und vor ihnen lag wieder das weite graue Meer. Allmählich wagten sie zu glauben, dass sie dem Verderben entronnen waren. Sie hoben die Köpfe, blickten mit verstörten Augen um sich und lauschten zurück nach dem Donner der Wogen, die gegen Felsen prallten. Ja, wieder einmal waren sie gerettet! Aber sie hatten sechs Gefährten verloren und sie waren unendlich müde von dem ausgestandenen Schrecken und dem mühseligen Rudern. Und Ithaka war noch weit und der Beherrscher der Meere zürnte Odysseus.

Helga Gebert

Wassergeister von A bis Z

Afanc – ein Wasserungeheuer. Halb glich er einem Riesenbiber, halb einem Krokodil. Er lebte in einem See im Norden von Wales. Wer in diesen See fiel, ob Mensch, ob Tier, wurde vom Afanc in die Tiefe gerissen. Im 17. Jahrhundert, so geht die Sage, befreite ein kühnes Mädchen die Waliser von dem Ungeheuer. Sie setzte sich auf einen Stein am Seeufer und lockte den Afanc zu sich. Der Afanc, betört von ihrer Schönheit, legte seinen Kopf auf ihren Schoß und schlief ein. Man fesselte das schlafende Ungeheuer mit Eisenketten. Zwei Ochsengespanne und ein Dutzend Männer waren nötig um den Afanc ans Land zu ziehen.

Sage aus Wales

Boobrie – ein riesengroßer Wasservogel. Er haust in den Gewässern Schottlands und verschlingt Ziegen und Schafe, Kühe und Kälber. Der Boobrie trägt ein nachtschwarzes Federkleid, sein Schnabel ist so lang wie ein Stuhlbein und scharf gebogen, an den Füßen hat der Boobrie Schwimmhäute und Bärenkrallen, seine Stimme aber klingt wie das Brüllen eines gereizten Stieres. *Schottische Sage*

Kappa – ein Schiffsgeist, der im Japanischen Meer haust. In der Gestalt eines Menschen sucht er die Schiffe und Dschunken auf und bittet um eine Schöpfkelle. Der Schiffer, der ihm diese ausleiht, ist verloren; der Kappa schlüpft in sein Schiff und schöpft es mit der Kelle voll Wasser, bis es sinkt. Japanische Schiffer haben daher eine Kelle mit durchlöchertem Boden an Bord. Die werfen sie, unter Aufsagen bestimmter Sprüche und Gebete, dem Schiffsgeist an den Kopf und die Erscheinung verschwindet. In seiner wahren Gestalt hat der Kappa einen leuchtend rot und grün gefleckten Schildkrötenleib, gewaltige Klauen und einen Affenkopf.

Japanische Sage

Poseidon – einer der zwölf olympischen Götter, der mächtige Beherrscher der Meeresflut, der Erdumgürter, aber auch der Erderschütterer genannt. Die Römer nannten ihn Neptun. Er lebte mit seiner Frau Amphitrite, der Meeresgöttin, und seinem Sohn Triton in einem prächtigen Palast auf dem Grunde des Meeres bei Ägä. Der Poseidon wird meist mit dem Dreizack in der Hand, dem Zeichen seiner Macht dargestellt. Er sitzt in seinem Wagen, von Pferden mit kupfernen Hufen gezogen und von Delphinen umgeben. Begleitet wird er von seinem Sohn Triton, dem Schlangenmann. Bläst Triton in sein Muschelhorn, so zieht über dem Meer ein Sturm auf. Aber auch der mächtige Poseidon kann mit seinem Dreizack die Fluten erregen oder aber – mit einem einzigen Schlag auf das Wasser – die Wellen bändigen und das Meer beruhigen. Berührt Poseidon mit seinem Dreizack die Erde, sprudeln Quellen und Brunnen hervor.

Griechische Sage

Skylla, Charybdis und Glaucus – Skylla war die schöne Tochter des Meergottes Phorgys, Charybdis die Tochter Poseidons. Glaucus aber war ein armer Fischersmann. Glaucus aß von dem Gras, das am Meeresufer wächst, das bekam ihm nicht und er sprang wie im Wahn in das Wasser. Er ertrank jedoch nicht – er wurde eine der vielen Gottheiten des Meeres. Glaucus traf Skylla und verliebte sich in sie. Doch Skylla wies ihn verächtlich zurück. Der unglücklich verliebte Glaucus wandte sich in seiner Not an die Zauberin Circe und bat sie um Hilfe. Circe* aber verliebte sich in den schönen Glaucus und in ihrer Eifersucht verwandelte sie die liebliche Skylla in ein Ungeheuer, in das hässlichste Wesen der Welt. Sechs Köpfe trägt seither Skylla: geifernde Hundeköpfe und Schlangenschädel. Sie sitzt in einer Meerenge an der Küste Siziliens, der Charybdis gegenüber. Charybdis, die Poseidontochter, wurde zur Strafe für den Diebstahl mehrerer Ochsen in einen Wasserstrudel verwandelt. Dreimal täglich saugt Charybdis das Wasser auf, mit allem, was darin lebt, und spuckt es wieder aus. Und Skylla, das sechsköpfige Ungeheuer, verschlingt alles Erreichbare: Schiffe mit Mast und Segel, mit Stumpf und Stiel, mit Mensch und Tier.

Griechische Sage

Tiamat – die assyrisch-babylonische Göttin des Urmeeres. Sie wurde als Drache dargestellt. Nach einem furchtbaren Kampf mit Gott Marduk unterlag Tiamat. Marduk schlug Tiamat in zwei Teile und schuf aus den beiden Hälften ihres Körpers den Himmel und die Erde.

Vodyany – ein überaus hässlicher Wassermann. Er haust unter den Mühlrädern, in Mühlbächen und in allen fließenden Gewässern vom Balkan bis zum Ural. Der Vodyany ist rosig und fett, sein Bauch ist rund, sein Altmännergesicht aufgedunsen und seine Nase dick und rot; Kleider kennt der Vodyany nicht, er kommt immer nackt daher. Der Vodyany wird stets gefürchtet, vor allem im Frühjahr, wenn er aus seinem Winterschlaf erwacht und heißhungrig und übel gelaunt über dem Wasser erscheint. Dann opfern die Menschen dem Vodyany Früchte und Tiere um ihn milde zu stimmen. Der Müller wirft ein schwarzes Schwein in den Mühlbach; der Fischer schüttet Öl in das Wasser und der Imker schenkt dem Vodyany seinen ersten Bienenschwarm. In der Schweiz nennt man den Vodyany den Houggä-Ma und opfert ihm Milch und Käse.

Zar Wodjannik – Im stillen, klaren Ilmensee, in der Nähe von Nowgorod, haust der ungeheuerliche Wassermann Zar Wodjannik mit seiner Frau, der sanften Zarin Wodjanniza. Sie leben in einem weiß getünchten Kuppelpalast, tief unter dem Wasser des Sees. Der Zar Wodjannik sitzt dort auf seinem Thron, umgeben von Lachsen und Stören, Aalquappen mit dicken Lippen, schnurrbärtigen Welsen und geharnischten Krebsen. Zar Wodjannik liebt die Musik über alles. Wenn zum Klang der Gusli-Saiten* russische Lieder ertönen, dann lupft es den ungeheuerlichen, riesigen Wassermann aus seinem Thron, dann springt er und stampft, schwenkt seinen Pelzmantel und klatscht in die Hände. Sein Tanzen bringt den stillen, klaren Ilmensee zum Schäumen, haushohe Wellen erheben sich; die Flüsse treten über die Ufer und die Fischer ertrinken in den Fluten. „Haltet ein!“, bittet dann die sanfte Zarin Wodjanniza die Sänger und Guslispieler. „Während wir uns hier unter dem Wasser erfreuen, leiden die Menschen da oben.“ Die Musik verstummt, der Wassermann lässt sich erschöpft auf seinen Thronsitz plumpsen, das Wasser beruhigt sich, und der Ilmensee liegt wieder da, still und klar, als lebten nur Lachse, Aalquappen und Welse in seiner Tiefe.

Russische Sage

Teil 3
Informationen

Merkseiten zu den Unterrichtsvorhaben

Leseabenteuer in Hieroglyphien

LESEN ÜBEN

Lesen ist weit mehr als das Wiedererkennen von Buchstaben und Wörtern in Sätzen und Texten. Es geht vor allem darum, in bestimmten Situationen die Aussagen und den Sinn von Texten möglichst zügig und zuverlässig zu erfassen. Um in den vielen unterschiedlichen Lesesituationen des privaten, schulischen und beruflichen Lebens erfolgreich bestehen zu können, müssen Menschen ihre Lesefähigkeiten beständig weiterentwickeln.

So kompliziert die gedanklichen Abläufe beim Lesen auch sein mögen, so gibt es doch Techniken und Tricks, mit deren Hilfe man sich das Lesen erleichtern kann. Lesen kann man also üben und trainieren, und zwar allein und mit anderen zusammen.

Wenn ihr einen Text schnell und gründlich verstehen wollt, müsst ihr euch auf das Wesentliche konzentrieren und dürft euch nicht von Äußerlichkeiten der Textgestaltung (z. B. Schriftgröße, Art der Schrift, ungewöhnliche Anordnung von Buchstaben und Wörtern) ablenken lassen. Meist funktioniert das Lesen auch, ohne dass ihr euch alle Buchstaben (in einem Wort) oder Wörter (in einem Text) in allen Einzelheiten bewusst macht. Leser können also Lücken im Text von sich aus ergänzen. Indem ihr die Fähigkeit Lücken in Wörtern oder Texten zu ergänzen durch Übung vertieft, lernt ihr Texte schneller und mit weniger Anstrengung zu lesen.

Wer aktiv liest, tut sich beim Lesen leichter: Gute Leser stellen beim Lesen Vermutungen an, wie es im Text weitergeht. Sie „ahnen", welche Wörter im weiteren Verlauf des Textes auftreten werden und auf welche Weise ein Satz grammatisch zum Ende kommen wird. Beim Lesen nutzen sie schließlich auch ihr Wissen von den Sachverhalten, von denen der jeweilige Text handelt. Gute Leser sind allerdings auch in der Lage sich beim Lesen zu korrigieren, wenn ihre Vermutungen über den Textverlauf nicht zutreffen.

Auch das laute und sinngestaltende Lesen könnt ihr üben. Dabei solltet ihr zunächst die Möglichkeiten der Stimme erproben (laut–leise, hoch–tief, schnell–langsam, sanft–aggressiv, flüssig–zögernd etc.). Beim Lesen könnt ihr den Zuhörern auf diese Weise die Gefühle vermitteln, die für das Textverständnis wichtig sind. Mit kurzem Innehalten und Pausen an den richtigen Stellen im Satz (und auch im Text) sowie durch die Betonung der sinntragenden Wörter könnt ihr den Zuhörern helfen, vorgelesenen Texten zu folgen und diese zu verstehen.

Jeder Mensch entwickelt seine eigenen Tricks sein Lesen zu beschleunigen und sein Textverständnis beim Lesen zu verbessern. Es lohnt sich, über solche Tricks zu sprechen und diese auszutauschen.

Was tun mit Geschichten? GESCHICHTEN VERSTEHEN

Im Unterricht beschäftigt ihr euch öfter mit Geschichten, wobei ihr euch dann genauer mit den Texten befasst. Dabei sind folgende Schritte sinnvoll:

- Ihr äußert zunächst spontan eure Meinung zu der Geschichte,
- ihr setzt euch mit der Meinung anderer Leser zu der Geschichte auseinander,
- ihr diskutiert über das Verhalten der Personen in der Geschichte und versucht es zu beurteilen,
- ihr erprobt im Rollenspiel unterschiedliche Möglichkeiten, wie eine Geschichte vielleicht weitergehen und enden könnte und wie sich die Personen dabei verhalten,
- ihr erzählt die Geschichte aus der Sicht einer anderen Person.

Manchmal könnt ihr eine Geschichte noch besser verstehen, wenn ihr die innere Situation und die Beweggründe der Personen anhand des Textes zu erklären versucht („innere Handlung"). Ihr solltet euch dazu in die Personen hineinversetzen, indem ihr – in einer Gedankenkette – ihre Gefühle und Gedanken aufschreibt.

Wenn ihr schwierigere Geschichten untersuchen und erklären wollt, könnt ihr zunächst – auf dem Rand oder auf einem Zettel – notieren, was euch beim ersten Lesen so durch den Kopf geht. Anschließend könnt ihr fragen:

- Was für eine Überschrift hat die Geschichte? Kann sie zum Verständnis beitragen?
- Hat die Geschichte einen auffälligen Schluss? Wie ist er zu verstehen und zu erklären?
- Ist die Geschichte in einer auffälligen Sprache geschrieben? Welche Wörter und Wendungen fallen auf und wie tragen sie zur Wirkung der Geschichte bei?
- Erzählt die Geschichte ein Geschehen vollständig oder greift sie nur einen Ausschnitt heraus? Was könnte dann der Geschichte vorausgegangen sein und wie könnte sie weitergehen?

Ihr könnt auch auf Erlebnisse, Erfahrungen und Stimmungen mit Texten (z. B. Gedichten, Geschichten) und Bildern reagieren, die ihr sammelt oder auch selbst gestaltet und die ihr dann in einer Mappe („Portfolio") ablegt und aufbewahrt.

Ihr könnt euch auch von einer Geschichte zum Schreiben einer eigenen Geschichte anregen lassen, oder ihr schreibt zu zweit oder zu mehreren einen „Fortsetzungsroman".

Bilder, Klänge, Gedichte SPRACHSPIELE UND GEDICHTE

Mit Wörtern könnt ihr eine ganze Menge machen – ihr könnt Dinge damit erklären oder Geschichten erzählen oder aber ganz einfach spielen.

Auch viele Schriftsteller tun das gerne: Sie spielen mit Sprache.

Dabei verändern Wörter ihr Aussehen und mehrere Wörter werden auf ungewöhnliche Weise zusammengesetzt. Probiert es doch selbst einmal! Aus Wörtern werden Bilder und plötzlich sind da Bilder, die man lesen kann.

Auf diese Weise schreiben Schriftsteller auch Gedichte. Wenn ihr Gedichte lest, werdet ihr merken: Gedichte muss man sehen, lesen und hören. Das Hinhören ist genauso wichtig wie das Hinsehen. Denn man kann auch mit Geräuschen, Lauten und Klängen „malen", durch sie ein Bild entstehen lassen, eine Vorstellung wecken, etwas, das auch bleibt, wenn man die Augen schließt und den Text nur hört. Ein „o" klingt anders als ein „i", ein „w" anders als ein „s". Es ist nicht gleich, welche Klänge ein Schriftsteller in seinem Gedicht verwendet. Manchmal versucht er sogar einen Klang möglichst oft in seinem Gedicht vorkommen zu lassen. Ihr könnt die Wirkung von Gedichten besser verstehen, wenn ihr untersucht, mit welchen Lauten und Klängen der Schriftsteller arbeitet. Ihr könnt das aber auch durch eigenes Schreiben einmal selbst ausprobieren.

Es war einmal, es war keinmal MÄRCHEN

Sicher könnt ihr euch an Märchen erinnern, die euch früher erzählt oder vorgelesen worden sind (S. 40/41).

Bestimmte Merkmale sind für Märchen typisch; das„Märchenpuzzle" (S. 42/43) verdeutlicht sie euch:

- die Ausgangssituation, in der Menschen sich oft in Not befinden,
- die bösen und guten Personen als Gegenspieler,
- die wichtigsten Elemente, die die Märchenhandlung bestimmen (dazu gehören Aufgaben und Prüfungen, die Helden erfüllen bzw. bestehen müssen, wunderbare Gegenstände, Tiere oder Zauberwesen, die helfend oder strafend eingreifen, Sprüche und magische Zahlen),
- der Schluss, der bei den meisten Märchen zum Happyend führt.

Die bekanntesten deutschen Märchen sind von den Brüdern Grimm gesammelt worden. Sie ließen sie sich erzählen, schrieben sie auf und bearbeiteten sie dann für die Buchausgabe der „Kinder- und Hausmärchen". (S. 44/45)

Viele unserer Märchen stammen aus dem Orient und wurden über lange Zeit mündlich überliefert. Es gibt ganz verschiedene Situationen, in denen Märchen erzählt wurden; z. B. wurden Märchen erzählt, um die Langeweile zu vertreiben, um die Arbeit zu erleichtern oder um den Lebensunterhalt zu verdienen. Auch heute werden noch Märchen erzählt von Eltern, Lehrern, Märchenerzählern; oder man hört sie auf Kassetten bzw. CDs (S. 46/47).

Märchen gibt es in aller Welt. Sie enthalten vieles, was uns vertraut und unseren Märchen ähnlich ist, z. B. zauberkräftige Gegenstände und Wesen, Prüfungssituationen, ein gutes Ende … Sie enthalten aber auch Fremdes, was auf die unterschiedlichen Lebensbedingungen der Menschen in den Entstehungsländern der Märchen hinweist (S. 48–51).

Märchen haben immer wieder zu neuem Erzählen angeregt. Und auch ihr könnt sie weitererzählen, z. B. den Schluss eines Märchens verändern, eine andere Person zur Hauptfigur machen, das Märchen in die Gegenwart versetzen, oder ihr könnt auch ganz neue Märchen erfinden.

Wozu eigentlich Bücher?

BÜCHERWELT

Menschen lesen Bücher aus unterschiedlichen Gründen, z. B. um sich zu unterhalten, um sich zu informieren, ... In unserem Leser-Haus auf S. 54/55 könnt ihr verschiedene Leser kennen lernen und euch auch selbst Gedanken machen, wer welche Bücher liest und warum er das tut.

Auch Hägar und Balthasar Bux geben unterschiedliche Antworten auf die Frage, warum Bücher ihnen wichtig sind (S. 56/57).

Die Leseerfahrungen von Astrid Lindgren (S. 58) und die Bücherlandkarte (S. 59) geben euch Anregungen, was ihr lesen könnt. Wenn ihr selbst von euren Leseerfahrungen berichtet und eine eigene Bücherlandkarte malt, helft ihr anderen bei der Büchersuche.

Balthasar Bux weiß genau, was für Bücher er lesen möchte (S. 60). Wenn ihr selbst das noch nicht so genau wisst, gibt euch die Seite zur „Lesefuttersuche“ (S. 61) Anregungen, wie ihr dabei weiterkommen könnt.

Die Texte auf S. 62/63 schließen den Kreis zum Auftakt des Kapitels und geben einen Ausblick hinaus aus dem „Leser-Haus“ in die Welt: Bücher eröffnen uns Welten, erweitern unsere Weltsicht und leiten uns an, Menschen und Dinge zu verstehen. Dass wir Bücher lesen können, unterscheidet uns von allen anderen Lebewesen.

Sprechende Bilder

BILDER LESEN

Neben der Sprache sind Bilder die wichtigsten Verständigungsmittel in unserer Gesellschaft. Fernsehen, Filme, Zeitungen und Zeitschriften, Werbung, Comics und Bildergeschichten benutzen Bilder, um durch sie oder mit ihrer Hilfe Informationen zu vermitteln:

- Bilder können wie Texte Geschichten erzählen; das kennt ihr vom Fernsehen und Film, von den Comics und Bildergeschichten.
- Bilder können aber auch etwas zeigen oder euch über etwas informieren (z. B. im Lexikon oder in der Zeitung).
- Sie können Anweisungen geben oder mitteilen, wie etwas funktioniert (z. B. in einer Gebrauchsanweisung).
- Sie können beeinflussen (z. B. in der Werbung).
- Sie können aber auch zum Lachen reizen (z. B. in einer Witzzeichnung) oder Empfindungen und Gefühle ausdrücken (z. B. in der Malerei).

Viele Bilder erhalten ihre eindeutige Aussage oft erst durch ihren Verwendungszusammenhang. Wird ein Bild also in einen anderen Zusammenhang gestellt, verändert es möglicherweise seine Aussage. Das Bild einer Katze hinter Gittern sagt z. B. in einer Tierschutzzeitung etwas anderes aus als in einem Prospekt einer Fluggesellschaft (S. 69).

Ihr könnt selber mit Bildern umgehen und sie zu bestimmten Zwecken benutzen. Ihr könnt mit ihrer Hilfe andere über etwas informieren und auf etwas aufmerksam machen (S. 70/71); da Bilder leichter und schneller gelesen werden können als Texte und den Betrachter des Bildes unmittelbar ansprechen, sind sie in vielen Fällen ein besonders wirkungsvolles Informations- und Ausdrucksmittel. Oder ihr könnt die Geschichten erzählen, die in bestimmten Bildern stecken (S. 72/73).

Wir stellen unsere Schule vor PROJEKT

Beim Arbeiten im Projekt solltet ihr euch an sechs erprobte Schritte halten:

1 **Vorplanung und Organisation (S. 74/75)**

Im ersten Schritt besprecht und plant ihr gemeinsam den Anlass und das Thema des Projekts, die beteiligten Gruppen, mögliche Programmpunkte usw., z. B. mit den sechs W-Fragen: wer? – wann? – wo? – was? – wie? – warum / wozu?

2 **Arbeiten in Teilgruppen:**
Ideen sammeln und Arbeitsschritte festlegen (S. 76/77)

Hier sammeln die Projektgruppen Ideen, z. B. mit der Methode „Brainstorming“ oder einem „Ideen-Baum“, und erstellen dann einen „Laufzettel“ (eine „Checkliste“) mit den Punkten, die bedacht und erledigt werden müssen.

3 **Arbeiten in Teilgruppen:**
Material beschaffen, sichten und erarbeiten (S. 78–80)

Da besorgen sich die Gruppen Material, das sie sichten, auf Tauglichkeit prüfen und bearbeiten, z. B. zu einer Spielvorlage, einer Ausstellung, …

4 **Arbeiten in Teilgruppen:**
Ergebnisse / Produkte herstellen (S. 81–83)

Anschließend stellen die Projektgruppen aus den Vorarbeiten fertige Ergebnisse (Produkte) her, z. B. für eine Schulrallye, ein kleines Theaterstück, …

5 **Projekt-Ergebnisse vorstellen (S. 84)**

An einem bestimmten Tag stellen die Projektgruppen ihre Ergebnisse vor, z. B. im Rahmen eines Aktionstages. Dazu müssen die Gruppen vorher das Programm abstimmen.

6 **Projekt-Ergebnisse bewerten (S. 85)**

In einem so genannten Bewertungsschritt wird das Projekt im Rückblick von den Beteiligten kritisch eingeschätzt und daraufhin beurteilt, ob es sich gelohnt hat, was es gebracht hat, was sich vielleicht beim nächsten Mal besser machen lässt …

Wort- und Sacherklärungen

Die hier erklärten Wörter und Sachverhalte sind in den Texten mit einem * gekennzeichnet.

Ambra: wachsartige Darmausscheidung des Pottwals mit aromatischem Geruch; begehrter Rohstoff für Parfüm
apathisch: gleichgültig, teilnahmslos
Aquädukt: Bauwerk, mit dem Wasserleitungen Täler überbrücken
Arara: Ara, südamerikanischer Langschwanzpapagei
Arrak: Schnaps, meist aus Reis gebrannt

Bader: früher Wärter öffentlicher Badeanstalten, auch Barbier und Heilpraktiker
Barbieren: Bart scheren, Haare schneiden
Büdner: Kleinbauer, Tagelöhner

Circe: auch Kirke; Tochter des Sonnengottes Helios; in der „Odyssee" wird erzählt, dass sie Odysseus „becircte", damit er sich in sie verliebe und für immer auf ihrer Insel bleibe; nach einem Jahr gab sie den heimwehkranken Odysseus jedoch wieder frei und warnte ihn vor den Gefahren, die er auf seinem Weg noch zu überstehen hatte; zu Circe siehe auch Seite 217–218 unter „Skylla, Charybdis und Glaucus"
Colonia Claudia Ara Agrippinensium: (lateinisch: Claudische Ansiedlung „Altar der Agrippina") Name der Stadt Köln (Colonia) zur Römerzeit; entstanden 50 n. Chr. aus der ubischen Stadt Oppidum Ubiorum (↗ Ubier) durch Ausbau und Befestigung; benannt nach der 15 n. Chr. in der Stadt geborenen Gemahlin des 41 bis 54 n. Chr. in Rom herrschenden Kaisers Claudius

Dannegol Pulaku: Gottheit des Hirtenvolkes der Fulbe

Erpelchen: männliches Entchen
Espe: Zitterpappel; Laubbaum mit gut zum Schnitzen geeignetem Holz
Feldscher: versah früher beim Militär auf dem Schlachtfeld Sanitätsdienste; war von Beruf meist ↗ Barbier (Feld-Scherer)
Fjäll: (schwedisch) Bezeichnung für die hochgelegenen Naturgebiete in Schweden
Forum: lateinisch für: Marktplatz

Galataturm: Turm in der türkischen Stadt Istanbul
Gesindehäuser: Häuser für das Gesinde (Dienstboten, Knechte und Mägde)
Gusli: ein im 18. Jahrhundert in Russland gebräuchliches harfenähnliches Instrument

Hakawati: berufsmäßige Geschichtenerzähler im Orient
Hakim: Arzt, Gelehrter oder Richter im Orient
Hieroglyphen: Zeichen der altägyptischen Bilderschrift, einer der ältesten Schriften

Imam: (arabisch: Vorbild, Führer) Oberhaupt einer islamischen Gemeinde
indiskret: ohne die gebotene Zurückhaltung und Verschwiegenheit

Jalousie: (französisch) Rollladen
Japu-Federn: Federn des südamerikanischen Japu-Vogels
Jupiter: höchster Gott der Römer, Lenker des Kosmos; wurde im Tempel auf dem ↗ Kapitolshügel verehrt
Jurte: zerlegbares, mit Filzdecken bespanntes Rundzelt der wandernden Hirtenvölker (Nomaden) Asiens

Kadi: arabisches Wort für Richter
Kapitolshügel: religiöses Zentrum römischer Städte mit Tempel
Kiepe: Rückentragekorb
Knoten: Geschwindigkeitsmaß in der Schifffahrt; 1 Knoten (kn) = 1 Seemeile pro Stunde (sm/h) = 1,852 Kilometer pro Stunde (km/h)
Krone: schwedisches Geldstück vor der Einführung des Euro
Kumt: Kummet, Pferdegeschirr

Latakia: Al Lādhiqīyah, Stadt in Syrien
Legion: römischer Truppenverband, 4000–6000 Soldaten

Machorka: russische Tabaksorte
Makomannen: germanischer Stamm; kämpfte 167–180 n. Chr. gegen die Römer
Mars: römischer Gott des Krieges
Met: Honigwein
Minarett: Turm einer islamischen Moschee
Moschee: islamische Gebetsstätte, Gotteshaus
Moschus: Drüsenausscheidung des in Asien lebenden männlichen Moschushirsches, die in der Parfümindustrie benutzt wird

Muezzin: islamischer Moscheediener, der die Gläubigen täglich fünfmal vom ↗ Minarett aus zum Gebet ruft
Musen: griechische Sagengestalten; neun Töchter des Göttervaters Zeus; Beschützerinnen von Musik, Gesang, Tanz, Dichtung und Wissenschaft. Von erfolgreichen Künstlern sagt man, sie seien „von einer Muse geküsst worden".

Öre: schwedisches Geldstück vor Einführung des Euro; 100 Öre ergaben 1 Krone

Palisadenzaun: Zaun aus in die Erde gerammten, oben zugespitzten Holzpfählen
Pantinen: Pantoffeln, einfache Schuhe
Pestiki: russische Bezeichnung für die jungen Triebe des Schachtelhalms
Possen: (der) derber, lustiger Streich; vgl. „die Posse": derb-komisches Theaterstück
Pud: altes russisches Gewicht (16,4 kg)

Romasprache: Romani, Sprache der ↗ Roma
Roma: bedeutet in der Romasprache „Mensch"; Bezeichnung der Roma für ihr Volk; die in Deutschland lange gebräuchliche Bezeichnung ↗ Zigeuner wird heute als herabsetzend (diskriminierend) angesehen und soll deshalb nicht mehr benutzt werden.
Rûbänd: Gesichtsschleier, mit dem strenggläubige islamische Frauen in Persien (Iran) ihr Gesicht verhüllen

Serail: persisch-türkisch: Großes Haus, Palast
Sirenen: In der griechischen Sagenwelt („Odyssee") Meeresdämoninnen, die durch ihren schönen Gesang Seeleute an ihr Land locken, wo deren Schiffe an den Klippen zerschellen und sie selbst von den Sirenen gefressen werden. Odysseus (siehe S. 215) vermied dieses Schicksal, indem er seinen Gefährten die Ohren mit Wachs verschloss und sich an den Schiffsmast fesseln ließ.
Söller: balkonartiger Anbau an Schlössern
Sorbet: (der oder das) Fruchtsaftgetränk oder halbgefrorener Nachtisch
Suleyken: Von dem Schriftsteller Siegfried Lenz erfundenes Örtchen in seiner Jugendheimat Masuren, in dem er Schelmengeschichten spielen lässt, die er im Erzählband „So zärtlich war Suleyken" veröffentlicht hat.
Sulitelma: Stadt in Nordschweden
Sultân Sänämâ: Herrscherin Sänämâ (Sultân = arabisch: Herrscher)

Tophane: (türkisch: Kanonengießerei) großes, aus dem 8. Jahrhundert stammendes Fabrikgebäude mit acht Kuppeln in Istanbul, in dem im ehemaligen osmanisch-türkischen Reich die Kanonen hergestellt wurden
Torneträsk: See in Nordschweden
Tort: Kränkung, Beleidigung
Tschâdor: Ganzkörperschleier; Gewand, mit dem strenggläubige islamische Frauen in Persien (Iran) sich von Kopf bis Fuß verhüllen
Tukan: „Pfefferfresser", spechtartiger Vogel in Südamerika
Tunika: Gewand der römischen Frauen und Männer; eine Art Umhang, oft mit einem Gürtel zusammengehalten

Ubier: Germanenstamm; ursprünglich zwischen Main und Lahn ansässig; 38 v. Chr. von dem römischen Feldherrn Agrippa in die Gegend von Köln umgesiedelt.
Ihr Siedlungszentrum Oppidum Ubiorum (Ubier-Stadt) wurde 50 n. Chr. zur römischen Festung ↗ Colonia Agrippinensis ausgebaut, aus der später Köln wurde.

Velo: schweizerisch für: Fahrrad
Vietnamkrieg: Von 1957 bis 1975 dauernder Krieg zwischen Südvietnam und dem kommunistischen Nordvietnam. 1965 bis 1973 wurde Südvietnam von den USA unterstützt. Unzählige Menschen verloren durch den Krieg ihr Leben und viele flüchteten vor ihm ins Ausland.

Wesir: (arabisch: Stütze, Träger) Minister in islamischen Staaten

Zigeuner: In Deutschland lange Zeit üblicher Name für die Volksangehörigen der Sinti und ↗ Roma, der heute nicht mehr benutzt werden soll, da er auch als Schimpfwort gebräuchlich ist und von den Sinti und Roma als herabsetzend (diskriminierend) empfunden wird. Die Sinti und Roma stammen ursprünglich aus Indien und zogen zwischen dem 11. und 16. Jahrhundert von dort bis nach Europa. Hier wurden sie als nicht sesshaftes Volk nur unwillig geduldet und auch immer wieder verfolgt. Zwischen 1940 und 1945 wurden von den in Deutschland herrschenden Nationalsozialisten unter Adolf Hitler über eine halbe Million Sinti und Roma als „undeutsche Elemente" ermordet. Heute leben in Deutschland noch ca. 50 000 Sinti und 20 000 Roma.

Themenverzeichnis

Außer den in den Kapitelüberschriften genannten Themen bietet der Band noch folgende Themen, die in Einzeltexten oder Textgruppen enthalten sind:

Textartenverzeichnis

Fabeln, Parabeln

Gedichte

Jugendbuchausschnitte

Kalendergeschichten

Legenden

Lügengeschichte

Märchen

siehe Kapitel „Märchen" auf S. 40-53

Sagen

Sachtexte

Schwänke, Schelmengeschichten

Sprachspiele, Konkrete Poesie

Szenische Texte, Spieltexte

Autoren- und Quellen-verzeichnis

Hinweis: In den Angaben zu den Autoren und Texten sind auch Lesetipps enthalten.

Äsop

Fabeldichter, lebte vermutlich im 6. Jahrhundert v. Chr. in Griechenland als Sklave

Eine Schwalbe macht noch keinen Sommer 149

aus: Der Ochse und das Harfenspiel. Verlag Neues Leben, Berlin (Ost) 1974

Ammermann, Alice

Archäologen bei der Arbeit 189

aus: Ammermann/Röhrig/Schmidt: Der Sklave Calvinus. Falken Verlag, Niedernhausen 1979

Anday, Melih Cevdet

1915 in Istanbul/Türkei geboren, Lehrer und Schriftsteller

Der kommende Tag 147

aus: Der Drachen im Baum. Gedichte, Erzählungen, Märchen, Spiele. Hrsg. und aus dem Türkischen übersetzt von Yüksel Pazarkaya. Verlag Jugend und Volk, München und Wien 1976, S. 140

Auer, Martin

1951 in Wien geboren; ist u.a. Schauspieler und Zauberkünstler, veröffentlicht Gedichte und Erzählungen für Kinder und Erwachsene. Lesetipp: Der wunderbare Zauberer Oz

Ich hatte einen Traum 87

aus: Überall und neben dir. Gedichte für Kinder. Hrsg. von Hans-Joachim Gelberg. Beltz & Gelberg Verlag, Weinheim und Basel 1986, S. 153

Bachér, Ingrid

1930 in Rostock geboren, lebt in Goch am Niederrhein. Journalistin und Schriftstellerin; erhielt 1980 für ihr Buch „Morgen werde ich fliegen" den Österreichischen Kinder- und Jugendbuchpreis

Das Kind und die Katze 92

aus: Kinderland, Zauberland. Hundert und eine Geschichte für Kinder von 6 bis 99. Hrsg. von Hans-Joachim Gelberg. Paulus Verlag, Recklinghausen 1967, S. 165–168

Barthelmeß-Weller, Usch

1945 in Konstanz geboren, Kindergärtnerin, Autorin und Filmemacherin, lebt in Berlin

Gegen dieses blöde „Jungen-gegen-Mädchen" 105

aus: Menschengeschichten. Drittes Jahrbuch der Kinderliteratur. Hrsg. von Hans-Joachim Gelberg. Beltz & Gelberg Verlag, Weinheim und Basel 1975, S. 95/96

Bayrami, Mohammad Reza

(siehe S. 161)

Djalal reitet um sein Leben 161

aus: Bayrami: Djalal reitet um sein Leben. Verlag Nagel & Kimche/BAOBAB, Zürich 1999 S. 22–28. Aus dem Persischen von Jutta Himmelreich

Birken, Herbert

Achmed, der Narr 124

aus: Birken: Der weise Hofnarr Achmed. Hoch Verlag, Düsseldorf. Bearbeitet von Gerhard Zehnter. Stockmann Buchverlag, Bochum und München o. J.

Borchers, Elisabeth

1926 in Hornberg/Niederrhein geboren, Verlagslektorin und Lyrikerin

Oktober 153

aus: Borchers: Und oben schwimmt die Sonne davon. H. Ellermann Verlag, München 1965

Bote, Hermann

Um 1460 geboren, vermutlich um 1520 in Braunschweig gestorben. Verfasser der Geschichten um Till Eulenspiegel

Till Eulenspiegel in Bayreuth 123

aus: Ein kurzweilig Lesen von Till Eulenspiegel und was er für seltsame Possen getrieben hat. Enßlin & Laiblin Verlag, Reutlingen o. J.

Braz, Júlio Emílio

(siehe S. 168)

Diese Angst 168

aus: Braz: Diese Angst. Verlag Nagel & Kimche, Zürich 1996, S. 6–16. Aus dem brasilianischen Portugiesisch von Bettina Neumann

Brecht, Bertolt

1898 in Augsburg geboren, gestorben 1956 in Berlin (Ost). Schrieb Gedichte, Theaterstücke, Filmbücher, Romane und Erzählungen, darunter auch viele Gedichte und Texte für Kinder

Märchen 95

aus: Werkausgabe edition suhrkamp, Band 11, Suhrkamp Verlag, Frankfurt/Main 1968, S. 7

Brender, Irmela

1935 in Mannheim geboren, war Journalistin und Verlagslektorin, ist Schriftstellerin, Rundfunkautorin und Übersetzerin, lebt in Sindelfingen

Vom Küchenjungen in Dornröschens Schloss 52
Das Rumpelstilzchen hat mir immer Leid getan 52
aus: Neues vom Rumpelstilzchen und andere Hausmärchen von dreiundvierzig Autoren. Hrsg. von Hans-Joachim Gelberg. Beltz & Gelberg Verlag, Weinheim und Basel 1976 (gekürzt)

Brentano, Clemens

1778 in Ehrenbreitstein / Rhein geboren, gestorben 1842 in Aschaffenburg. Lyriker und Erzähler, sammelte Volkslieder, die er dann veröffentlichte

Wiegenlied 147
aus: Werke, Band 1. Hrsg. von Curt Hohoff. Carl Hanser Verlag, München o. J.

Bürger, Gottfried August

1747 in Molmerswende / Harz geboren, gestorben 1794 in Göttingen. Er sammelte als Dichter u. a. die volkstümlichen Geschichten um den Lügenbaron von Münchhausen und veröffentlichte diese in dichterisch überarbeiteter und erweiterter Form.

Münchhausens Tänzchen im Fischmagen 207
aus: Münchhausens wunderbare Reisen. Die phantastischen Geschichten des Lügenbarons und seiner Nachfolger. Herausgegeben von Erwin Wackermann. Deutscher Taschenbuch Verlag, München 1968

Busta, Christine

1915 in Wien geboren, gestorben 1987 ebenda; Bibliothekarin und Lyrikerin

April 148
aus: Christine Busta: Das Buch vom Winter. Jugend und Volk Verlag, Wien 1985, S. 194

Cassius Dio

Um 150 n. Chr. in Nikäa / Kleinasien geboren, 229 n. Chr. ebenda gestorben, römischer Geschichtsschreiber

Die Schlacht im Teutoburger Wald 196
aus: Cassius Dio: Romaika istoria 65, S. 18–23, Materialien des Museums Kalkriese

Claudius, Matthias

1740 in Reinfeld / Holstein geboren, gestorben 1815 in Hamburg. War Bankrevisor, Zeitungsredakteur und Dichter; sein bekanntestes Gedicht bzw. Lied ist „Der Mond ist aufgegangen“

Ein Lied hinterm Ofen zu singen 153
aus: Werke. Hrsg. von Urban Roedl. J. G. Cotta'sche Buchhandlung Nachfolger, Stuttgart 1957

Döhl, Reinhard

1934 in Wattenscheid geboren, lebt in Stuttgart als Hochschullehrer

Apfel 32
aus: konkrete poesie. Anthologie. Herausgegeben von Eugen Gomringer. Verlag Philipp Reclam jun., Stuttgart 1972, S. 38

Ende, Michael

1929 in Garmisch-Partenkirchen geboren, 1985 in Stuttgart gestorben. Seine berühmtesten und preisgekrönten Kinder- und Jugendbücher sind „Jim Knopf und Lukas der Lokomotivführer“, „Momo“, „Die unendliche Geschichte“ und „Der Wunschpunsch“

Der „Ewige Taifun“ 200
aus: Ende: Momo. K. Thienemanns Verlag, Stuttgart 1973

Eine rätselhafte Leidenschaft 57
Bastians Lieblingsbücher 60
aus: Ende: Die unendliche Geschichte. K. Thienemanns Verlag, Stuttgart 1979

Fischbach, Wolfgang

1949 in Bielstein geboren, Illustrator, Grafiker und Autor, lebt in Wuppertal

Wir haben eine Neue 109
aus: Überall und neben dir. Gedichte für Kinder. Hrsg. von Hans-Joachim Gelberg. Beltz & Gelberg Verlag, Weinheim und Basel 1986, S. 162

Fontane, Theodor

1819 in Neuruppin geboren, 1898 in Berlin gestorben. War Apotheker, Journalist und Reiseschriftsteller, bevor er sich in fortgeschrittenem Alter ganz der Schriftstellerei widmete

Herr von Ribbeck auf Ribbeck 151

aus: Sämtliche Werke, Band 20. Hrsg. von Edgar Groß und Kurt Schreinert. Nymphenburger Verlagshandlung, München 1962, S. 249 f.

Garbe, Burckhard

1941 in Berlin geboren, Sprachwissenschaftler, Verfasser sprachspielerischer und visueller Texte, lebt in Göttingen

Baum 32
aus: Sta(a)tus quo. Ansichten zur Lage visueller Texte und Collagen 1972–82. Edition Herodot, Göttingen 1982

Stadt 33
aus: Almanach 9 für Literatur und Theologie. Hammer Verlag, Wuppertal 1975, S. 70

Gebert, Helga

1935 in Freiburg geboren, Autorin, Illustratorin und Herausgeberin vor allem im Bereich der Märchen und Sagen, lebt bei Freiburg

Wassergeister von A bis Z 217
aus: Meermädchen und Wassergeister. Märchen. Aus dem Englischen übersetzt und mit Federzeichnungen ausgestattet. Gullivers Bücher Band 68. Beltz & Gelberg Verlag, Weinheim und Basel 1985

Goethe, Johann Wolfgang von

1749 in Frankfurt/Main geboren, 1832 in Weimar gestorben. Er ist der wohl berühmteste deutsche Dichter, der ein umfangreiches Werk mit Gedichten, Theaterstücken, Romanen und wissenschaftlichen Schriften hinterließ.

Die Frösche 154
aus: Goethes Werke, Band 1. Hrsg. von Erich Trunz. Wegner Verlag, Hamburg 1958, S. 336

Gomringer, Eugen

1925 in Cachuela Esperanza/Bolivien geboren, lebt in Erkersreuth/Oberfranken. Er gilt als einer der Väter der Konkreten Poesie.

Wind 32
aus: Worte sind Schatten. Die Konstellationen. Hrsg. von Helmut Heißenbüttel. Rowohlt Verlag, Reinbek 1969

Grimm, Brüder

Jacob, geboren 1785 in Hanau, gestorben 1863 in Berlin, und Wilhelm, geboren 1786 in Hanau, gestorben 1859 in Berlin. Rechts-, Sprach- und Altertumswissenschaftler; sammelten und veröffentlichten nebenbei die umfangreichste deutsche Märchen- und Sagensammlung

Die drei Königssöhne 44
aus: Grimms Märchen in ursprünglicher Gestalt. Nach der Ölenberger Handschrift von 1810. Herausgegeben von M. Lemmer, Frankfurt 1964

Die drei Federn (Ausschnitt) 45
aus: Kinder- und Hausmärchen gesammelt durch die Brüder Grimm. Insel Taschenbuch Verlag, Frankfurt am Main 1974, Zweiter Teil. S. 18

Der gestiefelte Kater (Ausschnitt) 65
aus: Kinder- und Hausmärchen in 2 Bänden. Hrsg. von Heinz Rölleke. Diederichs Verlag, Köln 1982

Gückel, Jürgen

Journalist

Hund mit Heilfürsorge- und Pensionsanspruch 134
aus: Göttinger Tageblatt vom 4. 5. 2002, S. 11

Guggenmos, Josef

1922 in Irsee/Allgäu geboren, lebt ebenda. Veröffentlicht Lyrik, Kindergedichte und Jugendliteratur. Besonders bekannt wurde sein Buch „Was denkt die Maus am Donnerstag?“

Der Wind 31
aus: Guggenmos: Immerwährender Kinderkalender. Österreichischer Bundesverlag, Wien/München 1958, S. 112

Hacks, Peter

1928 in Breslau geboren, schreibt Theaterstücke, Hörspiele, Fernsehspiele und Kindergedichte

Der Herbst steht auf der Leiter 151
aus: Hacks: Der Flohmarkt. Gedichte für Kinder. Benziger Verlag, Zürich und Köln 1973, S. 12

Hardt, Jan

Eine Ewigkeit/Ein Augenblick 28
aus: Marion Bolte (Hrsg.): Total verknallt. Rowohlt Taschenbuchverlag, Reinbek bei Hamburg 1984, S. 40

Hauff, Wilhelm

1802 in Tübingen geboren, 1827 in Stuttgart gestorben;

veröffentlichte unter den Titeln „Das Wirtshaus im Spessart“ und „Die Karawane“ zwei spannende Märchensammlungen
Reisende erzählen Märchen 47
aus: Hauff: Die Karawane. Lesehefte für den Literaturunterricht. Ernst Klett Schulbuchverlag, Stuttgart 1987, S. 7

Hebel, Johann Peter

1760 in Basel geboren, 1826 in Schwetzingen gestorben. War Pfarrer und Schulleiter, schrieb Gedichte, Geschichten, Schwänke und Anekdoten. Wurde besonders bekannt durch seine volkstümlichen Kalender, die neben Informationen zum Jahr, Wetterregeln, praktischen Ratschlägen für Familie und Beruf auch erbauliche und lehrreiche Geschichten enthielten, die seither Kalendergeschichten genannt werden.
Das wohlfeile Mittagessen 122
aus: Erzählungen und Aufsätze des Rheinländischen Hausfreundes, Band 1. Hrsg. von Wilhelm Zentner. Verlag Braun, Karlsruhe 1968

Heckmann, Herbert

1930 in Frankfurt am Main geboren, schreibt Romane, Erzählungen und Kinderbücher
Tor! 98
aus: Renate Boldt/Uwe Wandrey (Hrsg.): Da kommt ein Mann mit großen Füßen. Tag- und Nachtgeschichten. Rowohlt Taschenbuchverlag, Reinbek 1973, S. 95
Pit kommt zu einem Hund 130
aus: Dichter erzählen Kindern. Gertraud Middelhauve Verlag, Köln 1966

Heidenreich, Elke

1943 in Essen geboren, schreibt für Kinder und Erwachsene, lebt in Köln

Blick in meine Bücherwelt 63
aus: In meine Bücher lege ich mein Herz. Geschichten zu Bildern von Quint Buchholz. Carl Hanser Verlag, München 1997. S. 28

Herder, Johann Gottfried

1744 in Mohrungen/Ostpreußen geboren, 1803 in Weimar gestorben
Die Sonne und der Wind 150
aus: Herder: Sämtliche Werke. Cotta, Stuttgart und Tübingen o. J.

Hesse, Hermann

Geboren 1877 in Calw im Schwarzwald, schrieb Gedichte, Romane und Erzählungen; Literaturnobelpreis 1946, gestorben 1962 in Montagnola/Tessin
Gewitter im Juni 150
aus: Hesse: Die Gedichte. Suhrkamp Verlag, Frankfurt am Main 1992, S. 705
Der Falke des heiligen Franziskus 144
aus: Hesse: Sämtliche Werke, Band 1: Jugendschriften. Darin: Franz von Assisi. Das Leben des Heiligen Franziskus. Suhrkamp Verlag, Frankfurt am Main 2001, S. 653 f.

Heym, Stefan

1913 in Chemnitz geboren, gestorben 2002 in Israel, Verfasser zahlreicher zeitkritischer Romane
Wie es mit Rotkäppchen weiterging 53 (Ausschnitt)
aus: Heym: Märchen für kluge Kinder. Goldmann Verlag, München 1984, S. 55

Hohler, Franz

1943 in Biel/Schweiz geboren, Schriftsteller und Kabarettist. Sein Jugendbuch „Tschipo“ bekam 1978 den Oldenburger Jugendbuchpreis
Tschipo 89
aus: Hohler: Tschipo. Otto Maier Verlag, Ravensburg 1990, S. 7–14

Homer

Sagenumwobener griechischer Dichter, lebte vermutlich im 8. Jahrhundert v. Chr.
Skylla und Charybdis 215
aus: Die Abenteuer des Odysseus. Eine Neubearbeitung des Sagenstoffs für die Jugend von Auguste Lechner. Verlagsanstalt Tyrolia, Innsbruck 1978; als Taschenbuch bei Arena

Jandl, Ernst

1925 in Wien geboren, gestorben 2000 ebenda; schrieb vor allem sprachspielerische Gedichte und Texte
lauter 30
aus: Jandl: Sprechblasen. Luchterhand Verlag, Neuwied und Berlin 1968
Ausgang 31
aus: Das Einhorn sagt zum Zweihorn. Hrsg. von Gert Loschütz. Gertraud Middelhauve Verlag, Köln 1974
auf dem land 34
aus: Jandl: Laut und Luise. Walter Verlag, Olten und Freiburg 1966

Janosch

1931 als Horst Eckert in Zaborze/Oberschlesien geboren, Illustrator und Kinderbuchautor; wurde durch seine Bilderbücher vom kleinen Bä-

ren und kleinen Tiger berühmt
Die Bärenweihnacht 155
aus: Ein Hauch vom Paradies. Tierlegenden aus zwei Jahrtausenden. Hrsg. von E. Jooß und H. Kirchhoff. Herder Verlag, Freiburg o. J., S. 119

Jörg, Sabine

1948 in Ahlsfeld geboren, Kinder- und Jugendbuchautorin und Medienpsychologin
Computer-Miri 113
aus: Oder die Entdeckung der Welt. 10. Jahrbuch der Kinderliteratur. Hrsg. von Hans-Joachim Gelberg. Beltz Verlag, Weinheim und Basel 1997, S. 162

Kaléko, Mascha

1912 in Chrzanów (Galizien) geboren, Lyrikerin, 1975 in Zürich gestorben
Der Frühling 148
aus: Das himmelgraue Poesie-Album der Mascha Kaléko. Arani Verlag, Berlin 1971

Kant, Uwe

1936 in Hamburg geboren, schreibt vor allem für Kinder, lebt in Berlin
Die Geschichten liegen doch auf der Straße 29
aus: Oder die Entdeckung der Welt. 10. Jahrbuch der Kinderliteratur. Hrsg. von Hans-Joachim Gelberg. Beltz Verlag Weinheim und Basel 1997, S. 8

Kanta, Abdoua

(siehe S. 171)

Lelee, das Hirtenmädchen 171
aus: Kanta: Lelee, das Hirtenmädchen. Verlag Nagel & Kimche, Zürich 1994, S. 75–85. Aus dem Französischen von Annelies Burckhardt und Anna Katharina Ulrich

Khalil, Taha

(siehe S. 165)
Der erste Schultag 165
aus: Khalil: Das Heft meines Freundes. Verlag Nagel & Kimche. Zürich 1998, S. 14–19. Aus dem Arabischen von Burgi Roos

Kefer, Linus

1909 in Garsten/Österreich geboren, war Journalist, schrieb Gedichte, Erzählungen, Romane
Lautlos 146
aus: Lyrik aus dieser Zeit. Bechtle Verlag, München 1963

Kilian, Susanne

1940 in Berlin geboren, war Lehrerin und Buchhändlerin, lebt in Wiesbaden und schreibt Kinder- und Jugendgeschichten
Träumen 88
Der Brief 108
aus: Kilian: Kinderkram. Kinder–Gedanken–Buch. Erzählungen und Texte. Beltz & Gelberg Verlag, Weinheim und Basel 1987, S. 34 bzw. 82

Kirsch, Sarah

1935 in Limlingerode/Südharz geboren; schreibt vor allem Gedichte, lebt in Tielenhemme/Schleswig-Holstein
Regenlied 150
Copyright bei der Autorin

Kirsten, Rudolf

1886 in Quersa/Sachsen geboren; 1972 gestorben; war Volksschullehrer und Jugendbuchautor
Das Blatt 152
aus: Kirsten, Hundertfünf Fabeln. Logos Verlag, Zürich 1960

Kleberger, Ilse

1921 in Potsdam geboren, Ärztin und Autorin von Kinder- und Jugendbüchern, Novellen, Kurzgeschichten, Sachbüchern und Gedichten
Sommer 149
aus: Das Buch vom Sommer. Hrsg. von H. Domenego. Jugend und Volk Verlag, Wien 1985, S. 119

Krüss, James

1926 auf der Insel Helgoland geboren, gestorben 1997 auf der Insel Gran Canaria. Er arbeitete nach dem Kriegsdienst und dem Lehrerstudium zunächst bei Zeitungen und Rundfunkanstalten, beim Fernsehen und bei Schallplattenfirmen, schrieb dann aber zahlreiche Kinder- und Jugendbücher, Bilderbuchgeschichten, Gedichte, Hörspiele, Übersetzungen, Romane und auch Schlagertexte.
Das Königreich von Nirgendwo 198
aus: Krüss: Mein Urgroßvater und ich. Verlag Friedrich Oetinger, Hamburg 1964, S. 178
Der Uhu und die Unken 35
aus: James' Tierleben. Boje Verlag, Erlangen 1965
Das T 36
aus: Krüss: ABC und Phantasie. Otto Maier Verlag, Ravensburg 1963

Das Feuer 37
aus: Krüss: Der wohltemperierte Leierkasten. Bertelsmann Jugendbuchverlag, Gütersloh 1961

Kunert, Günter

1929 in Berlin geboren, schreibt für Erwachsene und Kinder, lebt in Kaisborstel/Holstein
Bücherlesen 63
aus: Ich Du Er Sie Es. Gedichte. Ravensburger Buchverlag Otto Maier, Ravensburg 1988

Lechner, Auguste

1905 in Innsbruck/Österreich geboren, Jugendschriftstellerin, Autorin jugendgemäßer Nacherzählungen der antiken und mittelalterlichen Sagen
Skylla und Charybdis 215
aus: Die Abenteuer des Odysseus. Eine Neubearbeitung des Sagenstoffs für die Jugend von Auguste Lechner. Verlagsanstalt Tyrolia, Innsbruck 1978; als Taschenbuch bei Arena

Lenz, Siegfried

1936 in Lyck/Masuren geboren, schreibt Romane und Erzählungen, lebt in Hamburg
So war es mit dem Zirkus 116
aus: Lenz: So zärtlich war Suleyken. Erzählungen. Verlag Hoffmann und Campe, Hamburg 1955, S. 131

Lindgren, Astrid

1907 bei Vimmerby (Schweden) geboren, 2001 dort gestorben; eine der meistgelesenen Kinderbuchautorinnen. Lesetipps: Die Brüder Löwenherz, Ronja Räubertochter
Das grenzenloseste aller Abenteuer 58
aus: Oetinger Lesealmanach 1987/88, Oetinger Verlag, Hamburg 1987
Pippi Langstrumpf geht zur Schule 79
aus: Lindgren: Pippi Langstrumpf. Oetinger Verlag, Hamburg 1987, S. 46–50

Logau, Friedrich von

1604 in Brockuth/Schlesien geboren, 1655 in Liegnitz gestorben; schrieb vor allem kurze Sinngedichte (Epigramme)
Die deutsche Sprache 35
aus: Gerhard Wolf (Hrsg.): abhanden mit der Hand, abfußen mit dem Fuß. Antons liebste Wort-Spiel-Verse. Gerhard Wolf, Janus Press, Berlin 1996, S. 6

Maar, Paul

1937 in Schweinfurt geboren, zunächst Kunsterzieher, dann freier Schriftsteller; schreibt Kinderbücher und Kindertheaterstücke, Lesetipp: Türme
Die sind alle gemein 20
aus: Maar: Robert und Trebor. Jugendroman. Oetinger Verlag, Hamburg 1985, S. 29 ff.
Regen 33
aus: Maar: Onkel Florians fliegender Flohmarkt. Friedrich Oetinger Verlag, Hamburg 1977
Die Geschichte vom bösen Hänsel, der bösen Gretel und der Hexe 52
aus: Maar: Der tätowierte Hund. Friedrich Oetinger Verlag, Hamburg 1968

Manzoni, Carlo

1909 geboren in Mailand/Italien, Verfasser lustiger Szenen
Ein dreister Kunde 126
aus: Manzoni: 100 x Signor Veneranda. Verlag Langen-Müller, München 1966

Marti, Kurt

1921 in Bern geboren, Schriftsteller und Pfarrer, lebt in Bern
gedicht von gedichten 40
aus: Marti: Werkauswahl in fünf Bänden, Band 5: Gedichte. Verlag Nagel & Kimche, Zürich 1996

McEwan, Ian

1948 in Aldershot (England) geboren, schreibt Erzählungen und Romane, lebt in Oxford und London
Der Tagträumer 96
aus: MacEwan: Der Tagträumer, Diogenes Verlag, Zürich 1995, S. 9 und 13 f.

Mörike, Eduard

1804 in Ludwigsburg geboren, 1875 in Stuttgart gestorben; war Zeitungsredakteur, Pfarrer und Lehrer, schrieb Gedichte, Balladen, Märchen und Novellen
Er ist's 148
aus: Mörike: Sämtliche Werke. Herausgegeben von Gerhard Baumann und Siegfried Grosse. J. G. Cotta'sche Buchhandlung Nachfolger, Stuttgart 1961, S. 42

Morgenstern, Christian

1871 in München geboren, 1914 in Meran gestorben, hat vor allem humorvolle, sprachspielerische und ironische Gedichte geschrieben; am bekanntesten sind seine „Galgenlieder“
Wenn es Winter wird 154
aus: Klein Irmchen. Zbinden Verlag, Basel 1978, S. 51

Nhuong, Huynh Quang

1946 in einem Dorf im Zentralgebirge von Vietnam geboren, im Krieg schwer verwundet; musste deshalb Vietnam 1969 verlassen, lebt heute an den Rollstuhl gefesselt in den USA. Für sein Jugendbuch

„Mein verlorenes Land“, in dem er seine Kindheit in Vietnam erzählt, erhielt er 1987 den Deutschen Jugendliteraturpreis.
Fischotterjagd 158
aus: Nhuong: Mein verlorenes Land. Übersetzt von Helga Pfetsch. Verlag Sauerländer, Aarau 1986; auch als dtv junior-Taschenbuch

Nordquist, Sven

1946 in Helsingborg geboren, ist einer der bekanntesten Illustratoren Schwedens, bekam für seine Kinderbücher den Deutschen Jugendliteraturpreis.
Pettersson zeltet 121
aus: Nordquist: Pettersson zeltet. Oetinger Verlag, Hamburg 1993

Nöstlinger, Christine

1936 in Wien geboren, bekannte Kinder- und Jugendbuchschriftstellerin. Lesetipp: Das Austauschkind
Tomas 102
aus: Nöstlinger: Ein und alles. Ein Jahrbuch. Beltz & Gelberg, Weinheim 1992

Onubogu, Florence

(siehe S. 180)
Ich verstehe die Trommeln nicht mehr 174
aus: Ich verstehe die Trommeln nicht mehr. Erzählungen aus Afrika. Hrgs. von Renate Welsh. Verlag Jungbrunnen, München-Wien 1979

Peck, Robert Newton

Geboren in Vermont/USA, amerikanischer Schriftsteller
Mein bester Freund 135
aus: Ich möchte einfach alles sein. Geschichten, Gedichte und Bilder aus der Kindheit, ausgewählt von Uwe-Michael Gutzschhahn. Hanser Verlag, München. Übersetzt von Ulli und Herbert Günther

Peters, Monika

1936 in Duisburg geboren, schreibt Gedichte und Erzählungen, lebt in Wien
Spielverderber 97
aus: Allert-Wybranietz, Kristiane (Hrsg): Schweigen brennt unter der Haut. Heyne Verlag, München 1991, S. 84

plauen, e. o.

1903 als Erich Ohser in Untergettengrün/Vogtland geboren, Zeichner und Karikaturist, gestorben 1944
Vater hat geholfen 79
aus: plauen: Vater und Sohn. Gesamtausgabe, Südverlag Konstanz 1982

Popa, Vasko

1922 im Banat geboren, schrieb Lyrik, 1991 in der Wojwodina gestorben
Du wirst gefragt, was dein Gedicht bedeutet 38
aus: Ein Gedicht und sein Autor. Hrsg. von Walter Höllerer. Literarisches Colloquium, Berlin 1967. Übersetzt von Karl Dedecius

Richter, Jutta

1955 geboren, studierte Theologie und Publizistik, veröffentlichte Romane, Erzählungen und Kinderbücher, lebt in der Nähe von München
Die Schatzsucherin 102
aus: Das neue rotfuchs-Vorle-

sebuch. Rowohlt Taschenbuchverlag, Reinbek 1989, S. 55

Ringelnatz, Joachim

1883 als Hans Bötticher in Wurzen/Sachsen geboren, 1934 in Berlin gestorben, schrieb vor allem humoristische, sprachspielerische Gedichte
Morgenwonne 146
Das Lied von der Hochseekuh 199
aus: Das Gesamtwerk. Henssel Verlag, Berlin 1982–85

Rodrian, Irene

1937 geboren, schreibt Kinder- und Jugendbücher sowie Kriminalromane, lebt in München
Ein Abenteuer mit dem kleinen Seeräuber 203
aus: Rodrian: Fabelhafte Abenteuer mit dem kleinen Seeräuber auf allen Meeren und seinem größten Feind, dem dicken Kapitän.Thienemann Verlag, Stuttgart 1985, S. 19–25

Röhrig, Tilman

1945 in Hennweiler/Hunsrück geboren, war Schauspieler, jetzt Autor von Kinder- und Jugendbüchern, Hörspielen und Fernsehfilmen. Sein Buch „Thoms Bericht“ erhielt einen Jugendbuchpreis.
Archäologen bei der Arbeit 184

Auf dem Markt 190
aus: Ammermann/Röhrig/Schmidt: Der Sklave Calvinus. Falken Verlag, Niedernhausen 1979

Ruck-Pauquèt, Gina

1931 in Köln geboren, war u. a. zahnärztliche Assistentin, Fotomodell, Modefachfrau, Vertreterin und Reporterin. Seit 1958 lebt sie in Oberbayern und schreibt Erzählungen, Gedichte und Texte für Funk und Fernsehen.

Ist ja auch nichts für ein Mädchen 106
aus: KinderBilderLeseBuch. Wir sind Freunde. Elefanten-Press-Verlag, Berlin 1983, S. 112

Um fünf an der Brücke 110
aus: Eine Badewanne voll Geschichten. Betz Verlag, München 1974

Saxby, John

1925 geboren, war Pilot und Anwalt bevor er zu schreiben begann, lebt in London

Der Turmfalke 136
aus: Ich möchte einfach alles sein. Geschichten, Gedichte und Bilder aus der Kindheit, ausgewählt von Uwe-Michael Gutzschhahn. Hanser Verlag, München. Aus dem Englischen von Irene Rumler

Schami, Rafik

1946 in Damaskus/Syrien geboren, kam 1971 nach Deutschland, studierte Chemie, seit 1983 freier Schriftsteller, zahlreiche Bücher, z. B. „Eine Hand voller Sterne" und „Erzähler der Nacht", lebt in Kirchheimbolanden

Märchenerzähler des Orients: die Hakawatis 46
aus: Rafik Schami: Erzähler der Nacht. Beltz & Gelberg Verlag, Weinheim und Basel 1989

Scherf, Dagmar

1942 geboren, war Lektorin, seit 1981 freie Schriftstellerin, lebt in Friedrichsdorf

Die Teufelsmauer 180
aus: Das neue Sagenbuch. Herausgegeben von Herbert Günther. Otto Maier Verlag, Ravensburg 1980, S. 158

Schmidt, Wolfgang

undsoweiter 32
aus: Das Wasserzeichen der Poesie oder Die Kunst und das Vergnügen Gedichte zu lesen. In 164 Spielarten vorgestellt von Andreas Thalmayr. Die andere Bibliothek, Greno Verlagsgesellschaft, Nördlingen 1985, S. 354

Schnurre, Wolfdietrich

1920 in Frankfurt am Main geboren, 1989 in Kiel gestorben, lebte ab seinem 8. Lebensjahr in Berlin, wo sein Vater Naturschutzbeauftragter war. Als Schriftsteller wurde er vor allem durch seine Kurzgeschichten berühmt; eine Sammlung besonders schöner findet sich in dem Band „Als Vaters Bart noch rot war".

Professor Wettersteins Blumen 119
aus: Geschichtenspaß. Geschichten für ein ganzes Jahr. Hrsg. von Carola Schäfer. Arena Verlag, Würzburg 1996

Schottelius, Justus Georg

1612 in Einbeck geboren, 1676 in Wolfenbüttel gestorben, Sprachgelehrter und Dichter

Donnerlied 38
aus: Gedichte des Barock. Hrsg. von Ulrich Maché und Volker Meid. Verlag Philipp Reclam jun., Stuttgart 1980, S. 163.

Sichelschmidt, Gustav

1913 geboren, war Oberbibliotheksrat und Autor

Lustiger Mond 147
aus: Die Wundertüte. Alte und neue Gedichte für Kinder. Reclam Verlag, Stuttgart 1989, S. 113

Stephan-Kühn, Freya

1943 geboren, Lehrerin für Geschichte und Latein in Mönchengladbach, Autorin der Jugendsachbuchreihe „Viel Spaß (mit den Römern/mit den alten Ägyptern/im Mittelalter)"

Ihr Tor zur Zukunft 188
aus: Viel Spaß mit den Römern. Arena Verlag, Würzburg 1989

Stern, Horst

1922 in Stettin geboren, Journalist und Schriftsteller, zahlreiche Bücher und Fernsehsendungen zum Thema Tier

Todesursache Liebe 140
aus: Mit Tieren per Du. Otto Maier Verlag, Ravensburg 1969

Swift, Jonathan

1667 in Dublin/Irland geboren, gestorben ebenda 1745, angloirischer Dichter und politischer Journalist; berühmt wurde er durch seine 1726 erschienene fantastische Reiseerzählung „Gullivers Reisen"

Gullivers Reise nach Liliput 208
aus: Swift: Gullivers Reisen. insel taschenbuch, Insel Verlag, Frankfurt am Main

Tscharuschin, Jewgeni

Russischer Schriftsteller

Der nächtliche Gast 142
aus: Der Atem der Wildnis. Hrsg. von Sylvia Kainz. Verlag Jugend und Volk, Wien. Übersetzt von Hans Baumann

Ulrichs, Timm

1940 in Berlin geboren, lebt als freischaffender Künstler in Hannover

stets 32
aus: konkrete poesie. Anthologie. Herausgegeben von Eugen Gomringer. Verlag Philipp Reclam jun., Stuttgart 1972, S. 141

Waalkes, Otto

1948 in Emden geboren, meist nur „Otto" genannt; Komiker und Blödelbarde, der durch Fernsehsendungen, Tourneen, Schallplatten, Bücher und Filme bekannt wurde

Die verflixte Rechenaufgabe 127
aus: Das zweite Buch OTTO. Heyne Taschenbuchverlag, München 1984, S. 36

Wendt, Irmela

1916 im Fürstentum Lippe geboren, war Volksschullehrerin, seit 1979 freie Schriftstellerin, veröffentlichte Erzählungen, Gedichte und Kinderbücher

Uli und ich 24
aus: Geh und spiel mit den Riesen. Herausgegeben von Hans-Joachim Gelberg. Beltz & Gelberg Verlag, Weinheim 1971, S. 311

Zechner, Heinz J.

1955 in Leibnitz geboren, ist Lehrer und Schriftsteller, lebt in St. Georgen / Steiermark

Gedichte 38
aus: Großer Ozean. Gedichte für alle. Hrsg. von Hans-Joachim Gelberg. Beltz Verlag, Weinheim und Basel 2000, S. 127

Zierer, Otto

Historiker, Verfasser zahlreicher geschichtlicher und kulturgeschichtlicher Sachbücher, auch Jugendbücher

Waffenschmuggler am Limes 193
aus: Zierer: 4000 Jahre erzählte Geschichte. Von der Fahrt ins Weihrauchland bis zur ersten Mondlandung. Arena Verlag, Würzburg 1987, S. 99–102

Zimmermann, Tanja

Eifersucht 26
aus: Marion Bolte (Hrsg.): Total verknallt. Rowohlt Taschenbuchverlag, Reinbek bei Hamburg 1984

Ungenannte Verfasser

Das kluge Mädchen und der Dieb 123
aus: Orientalische Frauenmärchen. Verlag S. Fischer, Frankfurt am Main o. J.

Eine andere Sage über den Ursprung der Mauer 182
nach der „Oettingischen Bibliothek", 1. Band, 1758

Die Teufelsader 183
nach: Niederrheinisches Sagenbuch. Steiger Verlag, Moers 1930

Der Limes 186

Auf dem Lande 187

In den Städten 188
aus: TEMPORA Geschichtsstunden 6 BW. Ernst Klett Schulbuchverlag, Stuttgart 1991, S. 60, 62 f.

Ihr Tor zur Zukunft 188
siehe Autorenverzeichnis unter Stephan-Kühn

Sindbads zweite Reise 210
aus der orientalischen Märchensammlung „Tausendundeine Nacht"

Die Zauberinsel 213
aus: Gutenacht-Geschichten für ein ganzes Jahr. Patmos Verlag, Düsseldorf 1986, S. 135

Ich möchte einen Freund 28
aus: Kinder sehen unsere Welt. Liepman Verlag, Zürich

Schrift-Bilder 30
nach: Reinhold Wagner, Formen spielerischen Lernens im Deutschunterricht der Grundschule. Prögel Verlag, Ansbach 1982, S. 84

Wetterumschlag 30
Originalbeitrag von Günter Waldmann

Schülertext 34
Schülertext einer 5. Klasse des Ricarda-Huch-Gymnasiums Gelsenkirchen; während einer Erprobung des Kapitels geschrieben

Zigeuner erzählen Märchen 47
aus: Zigeunermärchen aus Ungarn. Hrsg. von Tibor Bartos. Fischer Taschenbuchverlag, Frankfurt am Main 1976

Das Märchen von Sänämâ 184
aus: Märchen des Orients. Hrsg. und übertragen von Arthur Christensen. Eugen Diederichs Verlag, Köln und Düsseldorf 1958, S. 82

Abbildungsverzeichnis

Seite 9: Hauskatze. Foto: Herbert Schnierle-Lutz, Bad Teinach; **Seite 44:** Die Brüder Grimm bei Dorothea Viehmann. Vorlage: AKG, Berlin. **Seite 46:** Märchenerzählerin Sigrid Früh, Kernen. Foto: Helga Golz, Zühlsdorf. **Seite 46:** Märchen-CD-Cover: Jutta Mirtschin, Berlin. **Seite 53:** Cartoon von Chas Addams. ©The Cartoon Bank., New York. **Seite 56:** Hägar. Comic von Dirk Browne. ©1992 by King Features Syndicate Inc., Distr. Bulls. **Seite 62:** Bücherturm. Illustration von Quint Buchholz. Aus: „In meine Bücher lege ich mein Herz". Geschichten zu Illustrationen von Quint Buchholz. Carl Hanser Verlag, München 1997. **Seite 64:** „Der gestiefelte Kater". Münchner Bilderbogen. Vorlage: Stiftung Preußischer Kulturbesitz / Staatsbibliothek Berlin. **Seite 66/67:** Katzenbilder: **Nr. 1:** Hauskatze. Foto: Uwe Häntsch, Berlin; **Nr. 2:** Tablettenverabreichung. Aus: Katzen A-Z. Das Lexikon für Katzenfreunde. Schneider Verlag, München 1978; **Nr. 3:** Ägyptische Katzenstatue. Bastet, Schutzgöttin in Gestalt einer Katze, 6. Jh. v. Chr., Bronze. Musee de Louvre, Paris. Foto: akg-images/Erich Lessing; **Nr. 4:** Aus: Wilhelm Topsch/Reinhard Michl: Katze, liebe Katze. Friedrich Oetinger Verlag, Hamburg 1990; **Nr. 5:** Katzenskelett. Aus: Katzen A-Z. Das Lexikon für Katzenfreunde. Schneider Verlag, München 1978; **Nr 6:** Kater Moog. Aus: Judith Kerr: Moog, der vergessliche Kater. Ravensburger Buchverlag 1977; **Nr. 7:** Katzenabbildung auf einer Tierfutterdose. Tix Katzennahrung; **Nr. 8:** Comicbild Tom und Jerry. ©Cinetext, Frankfurt/Main. **Seite 69:** Katzen hinter Gittern. Deutscher Tierschutzbund e. V., Bonn **Seite 70: oben links:** Fauchende Katze. Foto: Natalie Fobes/CORBIS, Düsseldorf; **oben rechts:** Katerchen hinter Gitter. Foto: Tierheim Siegen; **Mitte:** Katze beim Sprung durch brennenden Reifen. Foto: Philips Gould/CORBIS; unten links: Katze beim Tierarzt. Foto: dpa Dieter Klar; **unten rechts:** Schlafende Katze. Foto: Herbert Schnierle-Lutz, Bad Teinach. **Seite 71: oben links:** Katze im Zirkus. Foto: Harujoshi Yamaguchi/REUTERS; **oben rechts:** Katze auf Strommast. Foto: B. Beuermann, Göttingen; **unten links:** Katze mit Schal. Foto: CORBIS; **unten rechts:** Katze in Schlagfalle. Foto: Deutscher Tierschutzbund e.V., Bonn. **Seite 72: oben:** Katze und Taube. Gemälde von Govert Camphuysen, Amsterdam 1672. Aus: Die Maler und die Katzen. Klett-Cotta, Stuttgart 1988; **unten:** Eine Überschwemmung. Gemälde von John Everett Millais, Southhampton 1829. Manchester City Arts Gallery. **Seite 73: oben links:** Katze und Gans. Foto: Julie Habel/CORBIS; **oben rechts:** Katze und Affe. Foto: Sukree Sukplank/REUTERS; **Mitte:** Katze in Liegestuhl. Foto: Roy Morsch/CORBIS; **unten:** Katze und Bär im Berliner Zoo. Foto: Vennenbernd/dpa. **Seite 79:** Bildgeschichte von e.o. plauen. ©Gesellschaft für Verlagswerte GmbH, Kreuzlingen. **Seite 83:** Fotos: privat **Seite 107:** Bildgeschichte von Erich Rauschenbach. Aus: KinderBilderLesebuch. Wir sind Freunde. Elefanten-Press-Verlag, Berlin 1983. **Seite 121:** Petterson zeltet. Illustration von Sven Nordquist. ©Oetinger Verlag, Hamburg. **Seite 134:** Polizeihund bei der Arbeit. Foto: B. Beuermann, Göttingen. **Seite 137:** Turmfalke. Foto: James Amos/CORBIS. **Seite 141:** Junger Steinmarder. Foto: Reinhard Tierfoto, Heiligkreuzsteinach. **Seite 157:** Schulmädchen in Nigeria. Foto: Lawrence Manning/CORBIS. **Seite 159:** Vietnamesischer Junge auf einem Wasserbüffel. Foto: Steve Raymer/CORBIS. **Seite 163:** Wolfsrudel. Foto: Jeff Vanuga/CORBIS. **Seite 164:** Wolf. Foto: Tim Davis/CORBIS. **Seite 167:** Schulklasse in Syrien. Foto: Dean Conger/CORBIS. **Seite 169:** Straßenkinder in Brasilien. Foto: Bilderberg. **Seite 173:** Fulbe-Hirten bei ihrer Herde. Foto: Kevin Flemming/CORBIS. **Seite 176:** Zwei nigerianische Mädchen. Foto: Owen Franken/CORBIS. **Seite 179: oben rechts:** Aquädukt bei Vussem. Hans Helmut Wiskirchen: Diareihe Römische Antike. Ernst Klett Schulbuchverlag, Stuttgart 1990; **unten links:** Römische Torburg Porta Nigra in Trier. Foto: Jeiter, Bavaria Bildagentur; **unten rechts:** Römisches Amphitheater bei Xanten. Foto: Löhr, IFA Bilderteam. **Seite 181:** Archäologische Ausgrabung. Foto: M. Obertreis/dpa. **Seite 183:** Ausgegrabene römische Wasserleitung bei Köln. Foto: Rheinisches Landesmuseum, Bonn. **Seite 186:** Römischer Legionär. Aus: Willi Beck: Der Limes in Süddeutschland. Theiss Verlag, Stuttgart 1980. **Seite 187:** Römische Landvilla. Zinnfigurendiorama, Limesmuseum Aalen. **Seite 189:** Köln zur Römerzeit. Zeichnung von Erich Saalfeld. Vorlage: AKG, Berlin. **Seite 194:** Germanen an einem Limestor. Zinnfigurendiorama, Limesmuseum Aalen. **Seite 231:** Martin Auer. Foto: Alexa Gelberg, Beltz & Gelberg, Weinheim. **Seite 232: links:** Irmela Brender. Foto: Wiebke Kahns; **rechts:** Michael Ende. Foto: dpa. **Seite 233: links:** Goethe. Vorlage: AKG, Berlin; **rechts:** Josef Guggenmos. Foto: Alexa Gelberg, Beltz & Gelberg, Weinheim. **Seite 234:** Elke Heidenreich. Foto: Katja Lenz/dpa. **Seite 235: links:** Abdoua Kanta. Foto: Nagel & Kimche, Frauenfeld; **rechts:** James Krüss. Foto: dpa. **Seite 236:** Siegfried Lenz. Foto: Kövesdi, Ullstein Bilderdienst. **Seite 237: links:** Christine Nöstlinger. Foto: Alexa Gelberg, Beltz & Gelberg, Weinheim; **rechts:** Jutta Richter. Foto: BMG Ariola/Global Records. **Seite 238:** Wolfdietrich Schnurre. Foto: dpa. **Seite 239:** Otto Waalkes. Foto: dpa/Kai Nietfeld.
Alle übrigen Abbildungen: Uwe Häntsch, Berlin.